민주학교란
무엇인가

민주학교란 무엇인가

초판 1쇄 발행 2020년 2월 24일

지은이 | 이대성, 이병희, 이지명, 이진희, 최종철, 홍석노

발행인 | 최윤서
편집장 | 허병민
디자인 | 김수경
펴낸 곳 | 교육과실천
도서문의 | 02-2264-7775
인쇄 | 031-945-6554 두성 P&L
일원화 구입처 | 031-407-6368 ㈜태양서적
등록 | 2018년 4월 2일 제2018-000040호
주소 | 서울특별시 중구 창경궁로 18-1 동림비즈센터 505호
ISBN 979-11-90113-07-6 (13370)

민주시민 교육과정에서
민주적 학교문화까지

민주학교란
무엇인가

이대성, 이병희, 이지명, 이진희, 최종철, 홍석노 지음

교육과실천

우리가 추구하는 존엄, 정의, 평화, 민주주의는 손에 잡히는 실체가 아니라 미완의 진행형으로 존재한다. 하지만 이 가치를 추구하는 가운데 우리는 더 나은 삶을 살게 된다. 저자들은 끊임없이 민주주의 본질에 대해 묻고 이를 실천의 원리로 삼는 학교, 민주학교가 어떻게 가능한지, 학교 구성원들이 어떻게 더 나은 삶을 살 수 있는지를 확인시켜준다. 또한, 저자들은 학교가 '실천적 존엄의 공간'으로 전환되고, 학교 구성원의 '삶의 자궁'이 확장될 수 있는 길을 안내하고 있다. 이 책이 많은 교육 관련자의 손에 들렸으면 좋겠다.

이수광, 재단법인 경기도교육연구원 원장

독재 사회의 특징이 수동성이라면, 민주 사회의 최고 미덕은 능동성이다. 민주 사회에서는 개인적 자유와 사회적 협력의 범위가 극적으로 증대하므로, 누군가 실제로 행위하지 않으면 논의되고 제안된 모든 것이 한갓 가능성으로만 남는다. 민주학교가 아무리 좋은 것이어도 누구든 실행해야 실제로 좋은 것이 되고, 민주학교가 처음에 썩 매력적으로 보이지 않아

도 다듬고 잘 가꾸면 서로 본받고 싶어 하는 범례가 될 수도 있다. 이 책의 저자들은 교육 정책의 일선에서 갈고 닦은 교육 이론과 실무, 행정 경험에 바탕하여 민주학교를 '민주학교에 대한 상상'이라는 겸손한 표현으로 그려낸다. 하지만 그들의 그림은 아직 구현되지 않았다는 면에서는 상상일지 몰라도, 진취적인 교육적 입장을 반영하고 있다는 점에서 현실적 정책서이며, 일선 현장에서 궁금해하는 내용을 충실하게 다루고 있다는 점에서 유용한 안내서이기도 하다. 민주학교가 제안된 후로부터 길지 않은 시간이 흘렀음에도 이러한 역작을 저술한 저자들의 노고를 치하하며, 민주학교를 꿈꾸는 모든 이의 필독서가 되어 그로부터 더욱더 많은 추가적 결실이 뒤따르기를 기원한다.

정원규, 서울대학교 사회교육과 교수

남들보다 먼저 새로운 길을 개척해간다는 것은 생각처럼 쉬운 일이 아니다. 민주학교의 길을 누구보다 먼저 걸어간 사람들이 있고 이 책은 그들의 고민과 실천이 담겨 있는 소중한 보고이다. 함께 살아가는 따뜻한 사회를 꿈꾸는 이 땅의 시민들에게 지금 학교와 교육이 어떤 길을 가야 할지, 그 방향과 방법까지 세심하게 제시하고 있다. 민주학교의 개념과 배경, 혁신학교와의 관계, 민주적인 학교문화와 교육과정의 문제를 넘어 학교의 시민사회화까지 제시하는 이 책이 교육의 본질을 찾는 노력에 나침반이 되길 희망한다.

최형규, 서종중학교 교장

모두가 행복한 학교를 꿈꾼다. 그러나 행복이라는 게 그리 쉽게 오지 않는다. 누군가의 수고와 노력이 더해져야 가능한 이야기이다. 민주주의가 그렇다. 만 18세가 되어야 선거권을 가질 수 있는 학생들이 다니는 학교에서 민주주의를 만나기가 쉽지 않은 이유다. 우리는 이제껏 학교를 민주적으로 바꾸기 위해 노력해왔다. 그러다 보니 못 보던 것들이 보였다. 학생들이 생활하는 교실에서부터, 학생들이 배우는 학교의 교육과정이 민주적이어야 한다는 삶으로서의 민주주의에 관한 이야기이다. 민주학교는 민주시민교육에 대한 현장의 요구와 새로운 교육 정책이 만나 시작되었다. 교실민주주의의 시작이기도 하다. 민주적인 학교가 유지되기 위해서라도 민주주의는 교실에서부터 이야기되어야 한다. 민주학교는 2019년 전국적으로 193개의 학교에 씨를 뿌렸다. 이 책을 통하여 민주학교의 중요성과 학교를 민주적으로 만들기 위한 다양한 생각거리를 제공해준 저자들에게 고마움을 전한다.

장경훈, 당동초등학교 교사

2019년 교육계의 가장 큰 화두를 찾으라면, 단연 학교 민주시민교육이라 할 수 있다. 특히 공직선거법 개정에 따른 만 18세 학생유권자의 등장으로 학교에서 민주시민교육의 중요성이 커지고 있다. 하지만 민주시민교육은 모의 선거, 논쟁 수업, 사회참여 활동 등 창의적 체험학습 및 사회 교과의 일부 활동으로 인식될 뿐, 학교 전체를 민주시민교육의 장으로 전환하고자 하는 논의는 부족한 실정이다. 이런 상황에서 학교를 민주주의의 원리에 따라 운영하고, 사회정의교육의 장으로서 방향을 제시한 이 책은 '민주학교'를 꿈꾸고 실현하고 싶은 모든 이에게 학교 교육의 목적과 방향, 구체적인 현장의 고민과 실천 방법을 보여준다.

김용진, 인천광역시교육청 민주시민교육과 장학사

제3장 민주학교, 학교문화가 중요하다

제4장 민주학교의 지속적 성장을 위하여

얼마 전 학부모와 대화를 나눈 적이 있다. 그는 자신의 아이가 학교에서 무척 행복하게 생활하고 있다고 했다. 하지만 아이가 대학 진학을 고민하지 않고 마냥 행복하게 생활하는 모습이 부모가 보기에는 걱정스럽다고 솔직한 자신의 마음을 털어놓았다. 최근 고등학교 교장 선생님과도 전화 통화를 한 적이 있다. 그 교장 선생님은 알찬 교육과정과 수업, 동아리 활동을 통해 어떻게 하면 학생들의 진로를 확장할 수 있을지 고민하고 있었다. 그러면서 교장 선생님은 학생들의 의견을 진지하게 듣고 학생들의 관점에서 교육의 방향을 결정하려고 하는데 오히려 그렇게 하는 것이 한편으로는 그들의 흥미와 관심 위주로 진로의 폭을 제한할 것 같아서 걱정된다고 했다. 이처럼 학교 구성원의 생각과 욕구는 다양하고 현실적일 뿐만 아니라, 우리가 추구하는 학교의 이상과 직접적으로 연결되지 못하는 경우도 많다.

학교는 우리가 행동하는 대로 만들어진다

그럼 우리는 어떻게 행동해야 하는가? 마음 가는 대로, 원하는 대로 행동해도 되는 것인가? 아니면 학교공동체의 비전을 위해 개인적 감정과 이익 관심은 조건 없이 접어야만 하는가? 민주적인 학교의 본질과 구체적 모습에 대해서는 비판적으로 검토하지 않더라도 학생과 학부모는 학교생활 경험을 통해, 교사는 교직 생활 경험을 통해 식감 또는 직관으로 알고 있다. 우리는 민주적인 학교의 모습은 모두 비슷하다고 생각하고, 또 비민주적인 학교는 모두 제각각의 이유로 민주적이지 않다고 알고 있다.

민주학교를 상상하다

최근 민주시민교육에 대한 관심이 커지면서 학교라는 장소에서의 민주주의와 관련된 용어들(학교민주주의, 학교민주화, 학교자치, 교육자치, 민주학교 등)이 여기저기에서 다양하게 사용되고 있다. 그렇지만, 이러한 용어들은 그 경계가 모호해 서로 겹치기도 하여 학교 구성원들이 개념의 늪에 빠져 있는 듯하다.

'민주학교는 무엇인가?' 보통 '~은 무엇인가?' 라는 물음은 검토하고자 하는 개념에 대해 대화 참여자들의 이해와 접근 방식이 서로 다를 때 주로 제기된다. 특히 민주주의가 굴곡지게 성장하고 진화하는 것처럼 학교가 민주적으로 성장하는 그 역동적인 모습을 민주학교라는 하나의 틀로 설정해서 말하기 어려운 일이다. 동시에 학교 구성원이 생각하는 민주적인 학교의 모습도 저마다의 교육관에 따라 다를 수 있다. 이 같은 이유로 민주학교에 대한 근본적인 질문이 필요하고, 학교 구성원 간의 개념 사용의 불일치를 해소할 필요가 있다. 무차별적으로 사용되는 '개방된 개념'을 방향성이 있는 '제한된 개념'으로 규정했을 때, 비판적 검토를 통한 보다 생산적인 논의가 가능하기 때문이다.

확대경과 망원경으로 학교 들여다보기

프랑스 화가 모네(Monet)가 빛, 형태, 색채를 통해 묘사한 수련은 이를 들여다보는 사람의 의지에 따라 단순한 물감 덩어리일 수 있으며, 생생한 빛의 만화경일 수도 있다. 학교의 모습에 대한 우리의 이해도 마찬가지이다. 방관자적 호기심이 아니라 학교 내부의 갈라진 틈새, 금이 간 곳을 간파해 내고 거기에 숨겨진 작동 방식을 드러내기 위해서는 침투적이고 투시적인 수사관적 호기심이 필요하다.

토머스 홉스(Thomas Hobbes)는 인간은 태어날 때부터 사물을 가깝게 보는 두 개의 관점을 가지고 있다고 말한다. 하나는 정념(情念, passions)이고, 또 하나는 자기애(self-love)다. 이 같은 관점에서 가깝게 확대경으로 들여다보면, 사람들은 자신의 작은 희생을 엄청나게 크게 생각하고 거침없이 불평한다는 것이다. 여러 걸음을 물러서서 망원경으로 보면, 또 다른 풍경이 보일 텐데도 말이다. 즉 멀리서 보면, 그러한 희생 없이는 도저히 피해갈 수 없는 비참함이 목전에 있음을 알 수 있게 된다는 것이다.

문제 발생 원인이자 해결 열쇠인 두 개의 확대경

정념과 자기애는 일종의 자기 보존의 욕구이다. 이는 우리의 자연권이기도 하다. 이에 기반하여 학교 구성원은 누구나 어떤 상황에 대해서도 문제를 제기할 수 있고, 어떤 주장이라도 논의에 부칠 수 있으며, 자기의 생각과 원하는 바를 표현할 수 있어야 한다. 학교 구성원 모두가 스스로 사기 목소리를 낼 수 있어야 한다는 것이다. 이 같은 담화 상황을 일상적으로 만들어낼 수 있는 학교가 민주학교이다. 하지만 이 같은 상황이 학교 현실에서 제대로 작동하는가는 또 다른 문제이다. 왜냐하면, 학교 구성원 모두가 심리적, 물리적 간섭 없이 자기의 생각과 욕구를 표현한다는 것은 말 그대로 이상이기 때문이다. 어쩌면 이는 현실에서 실현하기 어려운 이론적 고안물로서 관념 속에서나 가능한 일일 수 있다.

물론 외부적인 강제 없이 학교 상황에 대해서 문제를 제기하고 자유롭게 자신의 의견을 표출할 수도 있다. 그렇다 하더라도 이 과정에서 마지막까지 개인(집단)의 이익 관심만을 주장하는 사람(집단)이 있을 경우 이를 판단하고 심판해 줄 '공통의 권위'가 존재하지 않는 한 논의의 쟁점만을 확인하는 수준에서 멈추고 만다. 그러면 여기서 머물지 않고 논의에 참여한 구성원 모두가 함께 동의하고 실행에 옮길 수 있는 당위를 어떻게 이끌어낼 것인가? 우리는 개인의 이익 관심을 어떤 공공성의 빛에 비추어 성찰할 수 있는가? 이에 대한 해답 역시 우리의 기본적 자연권이다. 역설적이지만 스스로를 지키기 위해서 우리의 정념이나 자기애를 넘어설 필요가 있는 것이다.

이 책을 집필하면서 저자 모두는 어떻게 하면 학교시민이 자기 보존적인 가깝게 보기 관점뿐만 아니라 공공의 빛을 조망할 수 있는 멀리서 보기의 관점을 가질 수 있는지 고민했다. 민주학교는 학교 구성원이 늘 이런 문제에 직면하면서 자신의 삶을 사는 공간이기 때문이다. 또한, 저자들은 지속 가능한 학교 생태계의 전제로 학교 시민사회화가 요청되고 있음에 동의하였다. 학교 구성원 모두가 주인이라는 말은 각 개인이 자신에게 최종적인 판단의 주체가 되는 상태를 말한다. 즉, 모두가 합법적 권위이고 최종의 재판관이 된다는 말이다. 그러기 위해서는 자기중심적인 가깝게 보기의 관점만으로 세상을 바라보지 않고, 동시에 공동체 전체를 조망하는 멀리서 보기의 관점으로 내다볼 수 있어야 한다. 학교와 교실에서 자기 생각과 원하는 바를 표출할 수 있어야 하지만, 자기중심적인 관점만을 고집한다면 공통의 재판관이 없는 자연 상태에서 멈추고 말 것이다. 공공의 이익이라는 멀리서 보기의 관점을 동시에 가질 때 학교는 친밀한 관계, 공적인 결사, 담론의 형성, 공공의 합의와 규정 등을 통해 시민성 충전소가 될 것이다.

이 책을 통해 익숙할 수 있지만 때로는 생경하고 특별한 민주학교로의 사유의 여행을 제안한다. 학교는 민주시민으로서 필요한 자질을 갖추게 하는 기관이다. 그럼, 여기서 말하는 '필요한 자질'이란 무엇인가? 학교가 추구하는 시민상은 무엇인가? 이 책은 책임형, 참여형, 사회정의 지향형으로 나누어 설명한다. 학교 교육과정으로 시민을 기른다는 발상 자체가 구태의연하다는 주장도 있다. 그렇다고 교문 안팎에서의 참여 활동만으로 시민이 될 수는 없다. '시민'이라는 기표(記標)가 드러내는 기의(記意)는 다양할 수밖에 없기 때문이다. 이런 이유로 이 책의 논의는 '추구하는 시민상'에서 출발한다. 그리하여 '민주시민교육 중심의 교육과정 운영'을 경유하며, '유연하고 개방적인 학교문화'를 통한 지속적 성장을 위한 학교 시민의 삶으로 마무리된다.

이 책은 민주학교에 대한 이해를 통해 다음과 같이 확고하게 논리화된 편견 깨뜨리기를 시도하고자 한다. 민주학교는 새로운 학교문화를 만들 수 있는 만병통치약이라는 도구 논리, 민주학교는 진보그룹이 활용하는 학교 문법이라는 진영 논리, 민주학교는 미래학교라는 시간 논리, 민주학교는 학교장의 권한을 제한하고 무장해제하는 학교라는 권력 논리, 민주학교는 교육적 올바름만을 강조하며 살균된 학교문화의 현현(顯現)이라는 도덕 논리, 민주학교는 학교 구성원이 자기 이익 관심만을 강조하는 무책임한 학교라는 시장 논리 등이 그것이다. 본문을 통해 민주학교로 여행을 하다 보면, 이 같은 논리가 자연스럽게 논파(論破)될 거라고 생각한다.

학교시민에 대한 이해는 당사자성, 주체성, 참여성에서 차이가 난다. 집필자들은 민주시민교육의 당사자로서 교육청과 학교 현장에서 주체적으로 정책을 기획하고, 실행하며, 평가에 참여하면서 고민한 생생한 경험을 기록했다. 이 기록이 민주학교와 민주시민교육을 비판적으로 검토할 수 있는 또 하나의 계기가 되어 새로운 교육의 디딤돌이 될 수 있기를 희망한다. 마지막으로 이 책이 나오기까지 자문과 검토, 편집과 디자인을 맡아주신 모든 분의 노고에 머리 숙여 감사드린다.

2020년 2월
집필진 일동

제1장

민주학교, 어떻게 바라볼 것인가?

민주학교란 무엇인가?

나와 무슨 상관이 있습니까?

엊그제 하교 즈음 비가 아주 많이 왔다. ○○학교는 주인이 없는 우산들을 공동보관함에 모아 두었다가, 비가 오면 학생들에게 다시 빌려준다. 비가 오자 학생들이 우산을 빌리려고 교무실로 몰려왔다. 교사는 공동보관함에서 우산을 꺼내 학생들에게 나눠준다.

"우산 잘 쓰고, 내일 꼭 반납해야 한다?!!"
"네, 알겠습니다!!!"
알겠다고 대답하는 대부분의 학생 중에 한 학생이 묻는다.
"왜요, 선생님?"
"응? …"

어느 학교에서 실제 있었던 일이다. 말문이 막히는 상황이다. 순간 욱하는 마음이 들 수도 있다. 교사는 어떻게 대답을 해야 할까? 가능한 답변 몇 가지를 생각해보자.

① 그건 네 것이 아니잖아. 그러니까 반납해야지?

② 만약 네가 가져오지 않으면, 다른 사람이 못쓰잖아. 그러니까 반납해 야지?

③ 네가 반납하지 않으면, 앞으론 너도 우산을 빌리기 어려울 거야. 그러니까 반납해야지?

이 중에서 어떤 대답이 좋을까? 학생은 교사의 어떤 답변에 고개를 끄덕이며 우산을 가져오게 될까? 직감적으로 ③이 가장 설득력 있나고 생각될 것이다. ①은 '어차피 주인 없는 우산인데, 뭐 어때?'라고 생각하게 할 것이고, ②는 '내가 그거까지 신경 써야 해?' 싶을 것이기 때문이다. 그렇다면 ③은 어떨까? ①과 ②의 답변과는 어떻게 다른가? 결론부터 말하면, ③은 그 일이 바로 '나와 상관있는 일'이라고 생각할 것이기 때문이다.

그렇다면 '나와 상관있는 일'은 어떤 의미일까? 그 일, 즉 학교공동체와 관련된 문제는 '나와 상관이 있을 때'야 비로소 의미를 가지는 것일까? 개인을 넘어 공동체 구성원으로서 우리는 어떤 모습을 갖춰야 하는 것일까? 이러한 물음은 개인을 넘어 공동체 구성원으로서 시민이 갖춰야 할 모습, 특히 시민상(市民像)이 어떠해야 하는지와 관련하여 매우 중요한 의미가 있다. 요즘 이러한 시민의 모습과 관련하여 특별히 주목받고 있는 개념이 바로 '공중(公衆, The Public)'이다.

현재 이들을 둘러싼 사회나 학교의 모습은 어떨까?

민주사회에서 '공중(The Public)'으로서의 시민이란, 자신의 삶과 이해관계에 영향을 미치는 사회적 행위의 결과가 갖는 의미를 파악하고, 이를 해결하기 위해 공론장 등에 적극 참여하는 주체를 의미한다. 이는 처음 듀이(J. Dewey)가 제시한 시민상을 발전시킨 것으로서, 시민들이 공적 영역에의 참여를 강조하면서도, 그것이 공동체 구성원으로서 당연히 그래야만 한다는 어떤 도덕적 당위를 강요하지 않으면서, 자연스레 자신의 삶과 이해관계에 영향을 미칠 수밖에 없는 사회적 행위와 그 결과를 성찰함으로써 이뤄질 수밖에 없다는 점을 보여주고 있다. 특히 그 주체의 공적 참여 과정은 일차적으로 공론장에서의 토론이나 논쟁의 방식으로 일어나기 때문에, 이 과정에서 개인의 이해관계를 어떤 공공성의 빛에 비추어 성찰할 수 있게 만들어 준다고 본다(장은주 외, 2014). 그리하여 이 공중으로서 시민상은 종래 자유주의적 시민상이 가졌던 공허함이나, 공화주의적 시민상이 가졌던 지나치게 공동체적 책임을 강요하는 데 따른 부담은 어느 정도 극복하고 있다고 볼 수 있다. 이러한 시민상은 최근에 등장한 시민성의 재개념화로서 이른바 '주체적 시민성'이라는 개념과도 어느 정도 일치되는 면이 있다.[1]

우리 사회는? 우리 학교는?

초연결(hyperconnectivity), 초지능화(superintelligence)로 대표되는 제4차 산업혁명의 급격한 사회 변화 속에서 우리 사회는 여전히 크고 작은 다양한 갈등의 문제를 안고 있다. 구체적으로 금수저와 흙수저로 대표되는 계층 갈등, 보수와 진보의 이념 갈등, 기성세대와 젊은 세대 간의 세대 갈등, 정규직과 비정규직 간의 노동계 갈등, 성별 갈등, 지역 갈등, 온라인 커뮤니티와 사회관계망서비스(SNS) 등을 통해 난무하는 혐오 현상 등이 있다. 2016년 현대경제연구원의 보고서에 따르면, 2009년~2013년 한국의 평균 사회갈등 지수는 OECD 29개국 중 터키, 그리스, 이탈리아, 스페인, 헝가리, 칠레에 이어 일곱 번째였다.[2]

사회 공간을 학교로 좁혀보면 어떨까? 교육부의 2019년 제1차 학교폭력 실태조사 결과에서 학교폭력 전체 피해 응답률은 2018년 1차 조사(1.3%)에 비해 0.3% 포인트 증가한 1.6%로 나타났다. 또 피해유형별로 보면 신체폭행, 성추행·성폭행, 금품갈취 등 물리적 유형의 학교폭력 비중은 2017년부터 낮아지는 추세를 보이고 있지만, 언어폭력이나 집단따돌

2019년 1차 학교폭력 실태조사 피해유형별 비중

구분	'13년 1차	'14년 1차	'15년 1차	'16년 1차	'17년 1차	'18년 1차	'19년 1차	증감 (%p)
언어폭력	34.0	34.6	33.3	34.0	34.1	34.7	35.6	0.9
집단따돌림	16.6	17.0	17.3	18.3	16.6	17.2	23.2	6.0
사이버 괴롭힘	9.1	9.3	9.2	9.1	9.8	10.8	8.9	-1.9
스토킹	9.2	11.1	12.7	10.9	12.3	11.8	8.7	-3.1
신체폭행	11.7	11.5	11.9	12.1	11.7	10.0	8.6	-1.4
금품갈취	10.0	8.0	7.2	6.8	6.4	6.4	6.3	-0.1
강제심부름	6.1	4.7	4.2	4.3	4.0	3.9	4.9	1.0
성추행·성폭행	3.3	3.8	4.2	4.5	5.1	5.2	3.9	-1.3

림 등 정서적 폭력의 비중은 증가하고 있다.[3] 그리고 경기도교육연구원의 2018년 연구에서도 학교 안에서는 여전히 성차별 발언 및 성희롱 행위, 성소수자나 다문화 학생 등 소수자에 대한 혐오 발언과 차별 등이 일어나고 있다고 지적했다.[4]

이런 현상의 원인은 무엇인가? 이럴 때 많은 사람은 이야기한다. 교육이 문제라고. 그러면 교육의 무엇이 문제인가? 지식 중심, 입시 위주의 교육으로 학생들의 인지적 성장과 정서적 성장의 불균형 때문이라고 이야기한다. 즉, 우리 학생들이 배려와 나눔을 실천하는 더불어 사는 사람으로 잘 성장하고 있지 못하기 때문이다.

우리가 생활하는 학교의 모습을 좀 더 살펴보자. 박순걸(2018)은 『학교 내부자들』에서 비민주적인 학교의 모습을 이렇게 이야기하고 있다.[5]

결정권이 없어 결정하지 못하는 교사들

실컷 이야기해도 마지막에 번복해버리는 학교 관리자들

교무회의 책상 위에서 침묵하는 교사들

스티브 잡스의 혁명적 도구인 스마트폰을 즐기는 교사들

시키는 대로 하는 게 편하다는 것을 깨닫는 교사들

침묵하는 교사들 그리고 침묵 속에 비웃고 있는 교사들

학교 현장의 교원은 학교민주주의와 학교자치에 대해서 어떤 목소리를 내고 있을까? 경기도교육청에서 전국 초·중·고 교원을 대상으로 실시한 학교자치에 관한 인식 조사 결과, 95.2%의 교원이 학교자치가 필요하다고 응답했다.[6] 학교자치의 저해요인으로는 '교사의 업무과중 및 무관심, 관리자 중심의 의사결정, 교육청의 간섭과 규제' 등을 이야기했고, 학교자치를 위한 선행 과제로는 '구성원 간 신뢰에 바탕을 둔 민주적 학교문화 조성, 자율적 교육과정 편성·운영·평가권 보장, 학교자율성을 침해하는 법률 및 규정의 정비' 등을 언급했다.

급격한 사회 변화 속에서 학교를 포함한 사회의 갈등과 혐오 현상을 극복하기 위해, 또 민주적인 학교교육 운영을 위해 교육은 어떻게 바뀌어야 할까? 안종배는 4차 산업혁명의 패러다임에 맞는 교육의 혁명적 변화를 제안했다. 즉 건강한 미래사회를 주도할 창의적으로 사고하는 인성을 갖춘 전문 인재를 기르기 위해서는 창의적인 인지역량(창의성, 문제해결 사고력, 미래 도전력, 인문학적 소양), 인성을 갖춘 정서역량(인성·윤리의식, 문화예술소양, 자아긍정관리, 협업리더십), 협업하는 사회역량(소통과 협업능력, 글로벌 시민의식), 생애주기 학습역량(자기 주도 학습능력, 과학기술의 변화에 대한 이해, New ICT 활용

능력, 평생학습능력)을 길러야 한다고 했다.[7] 지식정보화 사회 속에서 인지적인 학습역량뿐만 아니라 바른 인성을 갖춘 정서역량과 소통하고 협력하는 사회역량을 균형 있게 강조하고 있는 것이다. 성태제 역시 불확실하고, 불안정한 사회의 변화 속에서 인간으로서 기본적으로 갖추어야 할 정직과 성실, 정의와 평등, 이해와 배려, 은근과 끈기, 용서와 화해 등 인류 공동체의 삶을 공유하고 세계시민으로서 책무성을 갖추어 사랑과 평화를 추구할 수 있는 정의적 특성을 강조하고 있다.[8]

다시 한번 우리나라 교육목적이 무엇인지 상기해보자. 우리나라 교육기본법은 교육이념에서 민주시민으로서의 자질, 즉 차별과 혐오가 아닌 배려와 나눔을 실천하는 더불어 사는 사람을 기르는 민주시민교육을 강조하고 있다. 그렇다면 민주시민교육을 실천하는 학교는 비민주적일 수 있을까? 학교운영에 대한 의사결정 과정에 각 교육 주체의 역할이 제한적이고 형식적이며 실질적 권한이 없는 학교문화 속에서는, 또 참여와 실천을 통해 민주시민교육 경험을 축적해야 하지만 자율적이고 유연하지 못한 교육과정 운영을 통해서는 민주시민교육을 구체화할 수 없을 것이다. 즉, 민주시민교육을 실천하는 학교의 교육 내용과 방법 및 학교문화 등 학교 전반의 혁신이 필요한 것이다.

민주학교의 등장

국내에서 민주학교라는 용어는 2017년 '민주시민교육: 초·중등학교 민주시민교육 추진 제안서' (정원규 외, 2017)에서 처음 등장한다. 이 제안서는 2018년 교육부에 민주시민교육과를 신설하기 위한 기초 연구 차원에서 이뤄졌다. 주요 내용은 민주적인 학교문화를 정착시키고 체계적인 민주시민교육이 이뤄지려면, 전국적으로 일반화가 가능한 공교육의 모델로서 민주학교가 반드시 필요하다는 것이었다. 이를 위해 민주학교는 학교자치위원회의 구성, 학교 구성원에 의한 교장 선출, 학교운영의 자율성 보장, 민주시민교육을 위한 교육과정 등을 운영해야 한다는 점을 강조했다. 사실 이런 흐름은 2009년 경기도를 시작으로 전국적으로 확산되기 시작한 혁신학교 모델로부터 일반화의 가능성을 확인했던 경험 그리고 2018년 교육부의 민주시민교육과 신설에 따른 새로운 정책 아젠다를 발굴해야 할 필요성 등이 결합되어 등장한 것으로 보인다.

어쨌든 2018년 11월 교육부는 '민주시민교육 활성화를 위한 종합 계획'을 발표하면서 민주학교라는 용어를 본격적으로 사용하기 시작했다. 여기서는 민주학교를 '(가칭)민주시민학교'로 혼용하여 부르면서, '민주시민교육을 중심으로 교육과정을 운영하고, 학생들이 생활 속 민주주의를 실천할 수 있는 환경이 조성된 학교'를 의미한다고 정의하고 있다. 이 학교에서는 교육과정에 민주시민교육 요소를 강화하고, 참여·협력형 수업을 마련해야 하며, 특히 민주적 학교문화 정착을 위해 노력해야 한다는 점을 강조하고 있다(교육부, 2018: 21).

당시 교육부는 '(가칭)민주시민학교'를 통해 다음과 같은 기대를 드러낸 바 있는데(교육부, 2018: 21), 이는 기존의 혁신학교와 어느 정도 차별성이 있다는 점을 강조하고 있다.

민주시민학교 운영계획(안)

- **(개념)** 민주시민교육 중심으로 교육과정을 운영하고 학생들이 생활 속 민주주의를 실천할 수 있는 환경이 조성된 학교
- **(운영기준)** ① 교육과정에 **민주시민교육 요소를 강화**하고 **참여·협력형 수업** 마련, ② 민주적 의사결정과정 제도화 등 **민주적 학교문화 정착**을 위해 노력하는 학교
- **(지원 내용)** 민주시민교육 중심 교육과정 운영을 위한 예산 지원, 컨설팅 실시, 소속 교원 연수 등 지원
- **(성과확산)** 우수학교 운영사례를 분석·연구하여 주변 학교 교원과의 학습공동체, 직무연수 등을 활용하여 주변 학교로 성과 확산

출처: 교육부(2018), 민주시민교육 활성화를 위한 종합계획, 21쪽

- 위계적 학교문화로는 민주시민교육의 목표를 달성하기 어렵다는 점에서 학교 생활 전반에 걸쳐 민주시민 성장을 지원할 수 있는 학교 모델을 발굴하여 확산 지원 필요
- 시·도교육청별 혁신학교가 교육과정 혁신과 학교운영 혁신을 통해 민주시민을 기르는 모델학교의 역할을 하였다면, 민주학교는 학교혁신 모형을 일반화하여 전국으로 확산하는 역할 수행

여기서 특히 주목할 부분은 '민주학교는 학교혁신 모형을 일반화하여

전국으로 확산하는 역할을 수행' 할 것이라고 기대하는 점이다. 그동안 혁신학교가 교육과정 혁신과 학교운영 혁신을 통해 민주시민을 기르는 모델학교의 역할을 수행하여 왔다면, 이제는 민주학교가 '민주시민을 기르는' 학교혁신의 일반화 모형으로 확산되기를 기대하는 것이다. 처음부터 민주학교는 민주시민을 기르기 위한 목적을 가지고 교육과정과 수업 혁신, 특히 민주적 학교문화 정착에 집중하는 학교임을 강조했기 때문이다. 어쩌면 이 부분이 기존의 혁신학교와 민주학교가 연계성을 가지면서 동시에 차별성이 드러나는 지점이기도 하고, 현재 혁신학교가 겪고 있는 여러 가지 어려움을 민주학교를 통해 해결할 수 있지 않을까 하는 기대감을 확인할 수 있는 지점이기도 하다.

민주학교라는 용어는 최근 학교 현장의 실천 연구에서도 확인된다. 대표적인 것이 2018년 경기혁신교육학술대회에서 안성혁신교육연구회 소속 교사들이 주축이 된 '민주학교의 재정의 및 실천적 탐색'이라는 주제 발표이다. 여기서는 민주학교를 '목적으로서의 시민양성', '양식으로서의 시민교육', '체제로서 학교를 포함한 시민과 시민교육' 등을 포괄하는 개념으로 정의했다. 민주학교의 내용 요소로는 민주적 가치와 철학, 참여적 의사결정, 협력적 학습조직, 민주적 생활양식이 실현될 수 있는 교육과정 그리고 민주시민으로 성장하는 학교 환경 등을 제시했다. 즉 민주학교는 지향(꾸준히 곱씹는 학교의 민주적 가치와 철학), 구조(함께 결정하고 실천하는 참여적 의사결정체 그리고 서로 협력하며 성장하는 학습조직), 교육과정(민주적 생활양식의 실현), 교육지원(교육정의와 평등의 실현) 등이 함께 작동해야 하는 학교임을 현장에서 제시하고 있다는 점에서 의미 있는 연구이다.

오늘날 민주학교는 역사적으로 어떤 흐름에서 전개되고 있을까? 야콥 헥트(Yaacov Hecht)와 아이얼 램(Eyal Ram)은 그 과정을 진보적인(progressive) 교육 운동, 자유학교(free school) 운동 그리고 민주학교(democratic school)의 세 가지로 이야기한다.[9]

첫째, 진보적인 교육 운동의 대표적인 예는 1923년 영국에서 세워진 서머힐 학교(Summerhill School)라고 할 수 있다. 진보적인 교육 운동은 교사, 학교, 학부모의 협력을 기반으로 아동의 자연스러운 발달을 강조했다. 또한, 교육은 아동의 흥미와 인지적, 심리적, 도덕적, 사회적 발달 수준을 고려하여 이루어졌다.

둘째는 서머힐 학교의 철학을 이어받은 보다 민주적인 사회를 만들기 위해 학생들에게 주류 문화에 반대되는 가치와 태도, 믿음 등을 가르치는 대안교육으로서의 자유학교 운동이다. 자유학교는 교실도, 수업도, 시험도, 성적도 없는 등 대안적이고 자유로운 교육을 통해 학교 교육의 목표를 바꾸려 했던 1960~1970년대의 미국 교육개혁 운동이다. 이 관점에서 공교육(public schooling)은 민주적인 사회를 만드는 데 적합하지 않았으며, 현재도 미국 매사추세츠의 서드버리 밸리 학교(Sudbury Valley School)와 뉴욕의 올버니 자유학교(Albany Free School)와 같은 많은 자유학교가 운영되고 있다.

셋째, 민주학교는 서머힐 학교와 자유학교의 전통을 이어받아 1990년대 이후에 운영되고 있는 학교라고 할 수 있다. 민주학교는 선거와 학교협의회 등의 민주적 절차에 따라 민주적인 공동체를 운영하고, 학습자의 다양성, 학습자의 주도성 등을 존중하며 학교생활 전반에서 민주적인 원리를 실천하는 학교이다.

이 밖에도 야콥 헥트의 하데라 민주학교(Democratic School of Hadera)가 있다. 1987년 세워진 하데라 민주학교는 이스라엘 교육부가 정식 인정한 대안학교로서 이곳에서는 학생이 원하는 과목을 직접 선택해 들을 수 있다. 모든 과목을 들을 필요는 없으며 자신이 흥미 있는 과목, 잘하는 과목을 열심히 배우면 된다. 즉 학생들이 어디서 어떻게 무엇을 누구와 공부할지 스스로 결정하는 자율적인 학습 프로세스가 운영되는 학교이다.[10]

이러한 민주학교에 관한 논의는 2015년 마이클 애플(Michael Apple)과 제임스 빈(James Beane)이 제시한 민주학교의 두 가지 특성과도 맥을 같이한다. 하나는 민주학교는 학교에서 민주적인 생활방식이 실현되는 민주적인 구조와 과정을 실천하는 것이고, 다른 하나는 학생들에게 민주적인 경험을 제공할 수 있는 교육과정을 운영하는 것이다.[11] 즉 민주학교란 학교의 민주적인 구조와 과정을 실천하는 민주적인 학교문화 속에서 민주시민교육을 핵심 교육과정으로 운영하여 민주시민을 양성하는 학교인 것이다.

결국 민주학교라는 개념은 미국에서 서머힐 학교−자유학교와의 연속선상에 놓여있는 것처럼, 서로 다른 맥락에서 우리도 혁신학교 운동의 연속선상에서 그 차별성이 함께 논의되고 있음을 유의해야 할 것이다.

민주학교의 모습: 상상(像想)

다양한 모습으로 드러나는 가치지향형 학교

학교의 모습은 다양하다. 학교의 수만큼이나 학교의 모습은 제각각이다. 대부분의 학교는 같은 듯 다르고, 다른 듯 같다. 우선 학교는 매년 3분의 1 정도의 학교 구성원이 바뀐다. 공립의 경우 순환근무제를 운용하기 때문이다. 교장과 교사, 교사와 학생, 교원과 학부모의 관계 그리고 학교가 처한 환경에 따라 추구하는 방향이나 학생상도 모두 다르다. 이런 이유로 학교는 구성원의 조합만큼 외부에 드러나는 모습도 다양할 수밖에 없다. 그래서 학교는 생물과도 같다. 학교의 모습을 정형화하여 정의하거나 특정 과정을 포착하여 하나로 규정하는 것은 무리한 일이다.

그렇다면 민주학교는 무엇인가? 일상적으로 학교 구성원들의 관계가 민주적으로 형성되어 있는 학교, 구성원들의 업무와 생활 속에 협업이 스며들어 있는 학교, 학교 교육과정 운영을 통해 민주시민 역량이 점차적으로 형성되는 학교, 학생들에게 배움을 강요하지 않고 생활하면서 성장할 수 있도록 개입하고 지지하는 학교 등과 같이 그 학교생활 장면과 그 학교 교육 현상으로 그 모습을 드러내는 학교이다.

민주주의는 고정되어 있는 실체가 아니다. 민주주의도 그 모습이 변화하기 때문이다. 절차적 민주주의를 넘어 일상의 민주주의로 전환되며 진화를 거듭하고 있다. 학교 안에서의 미투 운동, 페미니즘, 여성혐오, 선거권 확대, 난민 문제 등 층위와 범위가 심화·확대되고 있다. 따라서 민주학교에 대한 논의 또한 끊임없이 생산·유포되는 담화와 사회적 상황 속에서의 교육 장면을 통해 그 모습을 언뜻언뜻 드러낼 뿐이다. 민주적인 학교는 모두 비슷비슷하다. 하지만 비민주적인 학교는 모두 제각각의 이유로 민주적이지 못하다.

이 같은 관점에서 학교문화, 교육과정, 학교 공간, 학생 활동 등 모든 학교생활이 민주라는 가치를 지향하는 학교가 민주학교이다. 민주학교는 유형화된 특정 학교가 아니다. 위로부터(교육청, 교육부) 운영되는 정책적 산물(연구학교, 시범학교 운영)은 더더욱 아니다. 정형화하거나 그 모습을 하나로 정의하는 순간 교육의 과정에서 나타날 수 있는 다양한 민주학교는 사라질 수 있다. 민주학교는 학교 구성원들이 공유할 수 있는 가치를 함께 만들어 모든 교육 활동에 스며들게 하여 학생을 성장하게 하는 '가치지향형 학교'이다.

생활 장면과 연결한 교육과정을 운영하는 학교: 실천적 지식

5층으로 구성된 교사(校舍)에 단 한 대의 엘리베이터가 있는 학교가 있다. 그런데 일상적으로 그 이용 문제로 골치를 앓는다. 등교 시간에 학생들이 엘리베이터를 타려고 몰리다 보니 휠체어를 타는 학생이 오히려 불편함을 느낄 정도이다. 학교 구성원들은 학교 내의 약자가 우선적으로 엘리베이터를 이용할 수 있어야 한다는 것을 느끼고 있으며, 지금은 뭔가 잘못되었다고 생각하고 있다. 이 학교는 경고문을 내걸기도 하고, 학생회를 통해 캠페인을 진행하기도 하고, 교사 호소문을 내걸기도 했다. 하지만 문제는 나아지지 않았다. 그래서 사회과 수업, 창체 자율활동 시간에 '공유(목초)지 비극'을 학습하고, 전체 학생토론대회에서 '학교 안 공유지의 비극과 그 극복 방안'을 주제로 논의하고 실천을 모색했다.

또 다른 학교가 있다. 이 학교는 학생들이 수업 시간에 시민권 운동, 인종차별, 편견 등에 관해 배우면서 일상적으로 자행되는 학교폭력과 같은 부정의에 분노했다. 그러나 이러한 비판의식이나 도덕적 책무를 다른 영역으로 확장하지는 못했다. 게이 주간(gay pride week)을 맞자 한 교사가 학교 당국의 동의하에 게이 퍼레이드에 관련된 기사와 포스터를 복도 유리 전시관에 전시했다. 그런데 4일 후 누군가 전시창을 의자로 깨부쉈다. 교장과 교사들은 그 상태를 그대로 두기로 결정했다. 그리고 수업 시간에 학생들에게 의자를 들고 오라고 하여 2층 복도의 깨진 전시창 앞에서 함께 토론했다. 한 학생이 깨진 유리창을 가리키며 이 일은 인종차별과 같은 일이라고 말했다. 우리가 정확한 사실을 알지도 못하는 상태에서 누군가를 혐오하는 것과 같은 일이기 때문에 그렇다는 것이다. 이 말에 다른 학생들도 동의했고, 논의는 다른 영역의 사회적 이슈 등으로 확장되었다.[12]

이 두 학교의 교육 장면에서 우리는 민주학교의 원리와 작동 방식을 감지하게 된다. 단지 '명제적 지식'으로서의 앎에 머무는 것이 아니라 생활 장면과 연결함으로써 '실천적 지식'으로 전환하도록 학생에게 개입하고, 그들을 지지하고 지원하고 있기 때문이다. 민주시민은 자연적으로 만들어지는 것이 아니라 교육되는 것이다. 즉 후천적인 배움과 노력을 통해 형성된다는 말이다.

고대 그리스인들은 사람이 태어나서 후천적으로 배워 알게 된 것을 모두 '테크네(τέχνη)'라고 했다.[13] 이때 테크네는 지식을 의미하는 '그노시스(γνῶσις)'와 대립된다. 시민은 관념적인 지식(명제적 지식)인 그노시스와 내면화된 실천적 지식인 테크네를 통해 형성된다. 따라서 민주학교는 학생이 공동체 속에서 건강한 개인으로 살아갈 수 있게 하는 그노시스와 테크네를 다양한 장면을 통해 성취하도록 이끌어주는 일종의 '시민성 충전소'[14]다. 이런 이유로 민주학교는 표준화된 모습일 수 없고 그래서도 안 될 것이다. 단지 우리는 비트겐슈타인의 개념인 '가족적 유사성(family resemblance)'을 민주학교에서 찾을 수 있을 뿐이다. 쌍둥이처럼 판박이는 아니지만 전체적인 이목구비를 통해 드러나는 표정이나 분위기가 비슷하게 느껴지는 자매나 형제처럼 말이다.

민주학교가 추구하는 시민상[15]

학교가 민주시민이 살아가는 장소이고, 이를 위한 교육이 필요하다는 데에는 이견이 없다. 하지만 학교가 추구하는 민주시민성(good citizenship)이 무엇인지에 대해서는 다양한 의견이 있고 그래서 학교 구성원 간의 합의가 필요하다. 학생에게 민주시민성이 무엇인지 질문하면, 어떤 학생은 '불의에 대항하여 행동하는 것'이라 말하고, 다른 학생은 '가끔 규칙을 어기고 싶더라도 그것을 잘 준수하는 것'이라 말한다.

그렇지만 지금까지 민주시민성을 기르기 위한 학교 프로그램은 생활 속에서의 민주주의보다는 정규 교육과정 속에서 봉사활동, 자선 그리고 질서 준수, 준법, 순종 등과 관련되어 있었다. 일부에서는 시민교육을 기성세대에게 순종하고, 교복을 깔끔하게 입고, 이웃들에게 친절하게 행동하는 것과 같이 학생의 태도를 중심으로 인식하는 경향이 있었다. 모든 시민이 관심 가져야 할 정책 결정에 대해 탐구하고 논의하는 것으로는 인식하지 못했다.

어느 날 마을 냇가에 갓 태어난 듯한 아기가 바구니에 실려 떠내려왔다. 아기를 발견한 주민들은 물에 뛰어들어 아이를 함께 구조했고, 옷을 입히고 따뜻한 우유를 먹이는 등 지극 정성으로 보살폈다. 그다음 날에는 아기두 명이 떠내려왔고, 또다시 네 명, 여덟 명씩 연이어 떠내려왔다. 주민들은 매일같이 떠내려오는 아기들을 구하여 생명에 지장이 없도록 보살피는 일에만 온갖 정성을 다했다. 하지만 상류에 가서 왜 아기들이 계속해서 떠내려오는지는 확인하지 않았다.

이는 어려움에 처한 사람을 돕는 것도 중요하지만, 해당 문제의 근원을 찾으려 하지 않았다는 점에서 '행동의 비합리성'을 보여준다. 개인적인 차원에서 도덕적인 행동을 하는 '책임지는 시민'은 중요하다. 그러나 애초에 도움을 필요하게 만드는 구조적 원인을 찾지 않는다면 이것은 완전하지 않다.

이러한 관점에서 우리가 추구하는 시민상을 다음 세 가지로 분류할 수 있다.

1. 스스로 책임지는 시민
2. 참여하는 시민
3. 사회정의를 추구하는 시민

각 유형의 시민은 별개의 목표를 추구하거나, 누적적인 관계가 아니다. 서로 겹치는 영역이 있을 순 있지만, 세 가지 시민성을 의도적으로 구분해 보는 것은 중요하다. 왜냐하면, 각각의 시민성 교육 프로그램의 기반이 되는 목적과 가정을 파악함으로써 좋은 시민을 보는 다양한 관점을 살펴볼 수 있기 때문이다.

책임지는 시민(The Personally Responsible Citizen)

이 시민상은 쓰레기 줍기, 헌혈, 재활용 실천 등을 통해 소속된 공동체에 대해 책임 있게 행동하는 시민을 일컫는다. 이들은 성실하게 세금을 내고, 아기들을 법을 지키며, 기아, 가뭄과 홍수와 같은 어려움에 처한 사람을 적극적으로 돕는다.

이와 같은 시민을 기르기 위한 교육 프로그램은 정직, 성실, 절제, 근면과 같은 가치를 지향하며, 개인의 인간적 성향이나 기본적 책임감을 기르고자 한다. 학생들이 다른 이들에게 해를 끼치거나 협박하거나 다치게 하거나 욕하는 것을 금지하고, 그 대신 자기 자신에게 철저하고, 주변 사람들을 돌보며 소속한 조직이나 공동체를 위한 봉사활동을 통해 동정심을 가지길 기대한다.

참여하는 시민(The Participatory Citizen)

이 시민상은 자기 자신과 관련된 이해관심을 넘어 소속한 마을, 지역, 사회, 국가 공동체와 같은 공공의 일(civic affairs)에 적극적으로 참여하는 시민을 일컫는다. 개인적인 취미나 기호, 이해관계를 넘어 관심의 폭과 깊이를 자신을 둘러싼 주변으로까지 확장할 수 있는 시민을 말한다.

이러한 시민을 기르기 위한 교육 프로그램은 정부 조직, 시민단체, 이익단체 등과 같은 각종 단체와 기관이 어떻게 운영되는지에 일차적으로 관심을 가진다. 동시에 어려움에 처한 사람들을 돕기 위한 조직적 노력에 참여하고, 이러한 운동을 전개하기 위한 과정과 절차를 기획하는 일에 집중한다. 다른 사람이나 조직, 단체 등과의 상호작용을 통해 관계를 형성하고 상호 이해와 신뢰를 증진하는 집합적 행위를 중시한다.

사회정의를 추구하는 시민(The Social Justice-Oriented Citizen)

이 시민상은 다양한 관점을 가지고 자신을 둘러싸고 있는 사회적 상황에 대해 비판적으로 평가하는 안목을 지닌 시민을 일컫는다. 이들은 정치 · 경제, 사회 · 문화의 기본 구조를 판단할 수 있고, 직면하고 있는 문제 상황을 근본적으로 바꿀 수 있는 실천 전략을 탐색할 줄 안다.

이러한 시민을 기르기 위한 교육 프로그램은 공정성, 형평성, 기회균등, 민주적 참여에 관한 문제에 대해 생각할 수 있도록 돕는 것이다. '참여하는 시민'과 마찬가지로 공동체에 관련된 집합적 활동도 강조하지만, 복잡다양한 사회적 이슈를 알고 그에 대해 자율적으로 사고하고 사회 발전을 위한 방법을 찾을 수 있도록 돕는 것에 우선순위를 둔다.

이상의 세 가지 시민상을 정리하면, 기아 상태에 있는 사람에게 음식을 나누는 자선행사를 기획하는 사람이 있다면 그는 '참여하는 시민'에 가까울 것이고, 이 행사에 자신의 식당에서 팔리지 않은 신선한 음식과 반찬을 기부했다면 '책임지는 시민'에 해당할 것이다. '사회정의를 추구하는 시민'은 여기서 멈추지 않고, '왜 사람들이 밥을 먹지 못하고 배고파야 하는지'에 대해 탐구하고 발견한 문제들을 극복하기 위해 구체적 행동을 하는 사람에 해당한다.

민주학교는 이 세 가지 시민상이 대표하는 목표에 대해 토론할 수 있어야 하고, 어떤 특정한 목표를 다른 것보다 더 강조하거나 할 수 있는지 집단적으로 논의할 수 있어야 한다. 동시에 학교 구성원은 소속한 학교의 정책이 어떤 시민상을 억제하거나, 다른 시민상을 우선하고 있는지 자기 점검(자체 평가)할 수 있어야 한다.

앞에서 논의한 바와 같이, 대부분 학교의 시민교육 프로그램은 도움이 필요한 사람들을 위한 봉사활동을 하는 것과 어떻게 정부 기관이 운영되는지와 같이 기능적이고 명제적인 지식만으로 구성하기 쉽다. 그러나 학생들에게 사회문제에 대해 비판적 사고를 할 수 있는 기회를 주지 않는 것은 민주주의의 중요한 원리, 즉 시민이 정보를 가지고 비판에 참여해야 하고 집합적 선택을 내려야 한다는 실천적 지식과는 거리가 있다.

주변의 쓰레기를 잘 줍고, 지각하지 않고 정시에 등교하고, 교내에서는 흡연하지 않고 헌혈을 하는 등의 태도를 함양하여 '(개인적으로) 책임지는 시민'이 되게끔 하는 교육은 비민주적인 학교에서도 추구할 수 있다. 그리고 봉사활동이나 친절함을 강조하는 것이 오히려 사회적 환경이나 구조에 관해 사고하고 탐구하는 것을 제한하는 역효과를 낼 수도 있다. 개인적인 책무성을 보다 넓은 사회적 맥락에서 파악하지 못한다면, 이는 단순한 정중함이나 순종을 가져오는 데 그칠 뿐 민주주의에는 크게 영향을 주지 못한다.

정직, 근면, 책무성과 같은 가치와 인성적 측면은 좋은 이웃이 되는 데 중요한 가치이지만, 민주주의라는 관점에서 보면 또 다른 측면이 있다. 예컨대, 노블레스 오블리주(noblesse oblige)라는 기제 하에서 행해지는 자선활동인 '천개의 별'[16]은 그것이 사회적 병리에 대한 구조적 원인에 대한 탐색 없이 행해지는 활동이라면 '천개의 현상 유지'(status-quo) 활동이 되어버릴 가능성이 있다.

언젠가 노숙자 쉼터를 방문했는데, 상당히 유서 깊고 체계적인 센터가 활동을 하고 있는 지역이었다. 센터 활동가가 방문자들을 반기면서 우리 쉼터가 작년보다 세 배나 더 많은 노숙자에게 식사를 제공할 수 있게 되었다고 이야기했다. 그 센터 직원들의 노고는 인정하나, 이 소식이 좋은 소식인지 나쁜 소식인지 판단하기는 어렵다.

정직, 근면에 기초한 봉사활동을 강조하는 교육이 곧 시민 참여로 이어져 정치적, 민주적으로 참여할 것이라 생각할 수도 있다. 하지만 몇십 년간 청년층의 투표율은 급속도로 낮아지고 있다. 한 통계자료는 15~24살의 94%가 '내가 시민으로서 할 수 있는 가장 중요한 일은 남을 돕는 것'이라 선택한 바 있다. 이는 젊은이들이 생각하는 건강한 시민의 모습에 정부의 기능, 시민단체의 역할, 정치적 행동, 집합적 실천이 필요하다고 생각이 결핍되어 있다는 방증이다.

우리는 학생에게 개울에 떠내려오는 아기들을 구조하고, 옷 입히고, 음식을 주는 행동만을 가르칠 뿐, 냇물의 상류로 가서 아기가 떠내려오는 문제를 방지하는 방법을 찾도록 가르치지 못하고 있는 것은 아닌가 질문이 필요한 시점이다. 우리는 모두 친절하고, 배려 깊고, 관대하고 정직한 사람들과 함께 살아가고 싶어 하며, 학교에서는 이러한 특성을 장려하기 위한 역할을 다하고 있다. 하지만 우리가 추구하는 민주시민성은 더 많은 것을 필요로 한다.

혁신학교와 민주학교의 관계

보통은 지역명을 따 (지역)초등학교, (지역)중학교, (지역)고등학교로 이름 짓는 경우가 대부분이다. 이런 고유명사 외에도 우리는 다양하게 학교를 이름 짓는다. 학교 교육의 획일성과 경직성을 벗어나 인간 교육의 가치 실현을 강조하는 열린교육의 이름을 따 '열린학교', 2009년 경기도교육청을 시작으로 교육주체의 자발성과 헌신, 민주적 소통과 협력적 문화의 형성 등 단위 학교의 총체적 혁신을 추구하는 '혁신학교' 등이 있다. 이 혁신학교를 강원도에서는 '행복더하기학교'로, 광주광역시에서는 '빛고을혁신학교'로, 충청북도에서는 '행복씨앗학교' 등으로 부른다. 거기에 이제는 '민주학교'까지.

  현재 학교교육의 큰 흐름으로 추동되는 혁신학교는 민주학교와 다른 학교인가? 혁신학교는 민주학교가 아닌가? 특히나 2019년 5월 기준 전국 15개 시도의 193개교가 학교를 민주적으로 운영하며 교육과정의 혁신을 실천하고 있는데, 혁신학교가 아닌 일반 학교의 교사라도 민주학교는 낯선 듯 같은 이름으로 다가와 혼란스럽다.

  단순 의미론적 차원에서 볼 때, '혁신학교'에서의 '혁신'이 방법의 문제라면, '민주학교'에서 '민주'는 내용의 문제다. '혁신'은 그 자체가 교육의 목적일 수 없다. 혁신은 학교민주주의 심화를 위한 개선 방법이다. 반면 '민주'는 그 자체가 교육의 내용이다. 어쩌면 인간의 존재 양상으로서의 정체성이라는 관점에서 보면 민주는 삶의 목적이다. 민주는 삶의 주인으로서 자신을 지배하고, 자신의 의지를 확인하는 자기 결정의 문제이기 때문이다. 인간은 스스로 자기 존재를 규정하고, 삶의 방식을 선택하며 삶을 유지했을 때 자유를 만끽하는 것과 같은 맥락이다.

  '민주학교는 혁신학교와 똑같다'와 '민주학교는 혁신학교와 다르다'는 논의는 이 두 학교를 연속선상에 둔 상태에서 그 동일성과 차별성에 대해 탐색하는 것이다. 이 두 주장은 극단적으로 대립하는 진술처럼 보이지만, 민주학교에 대한 비교의 기준을 '혁신학교'에 두고 있다는 점에서 동일하다. 다시 말해서, 민주학교를 바라보는 관점을 혁신학교에 두고 있다는 점이다. 운동이나 이상적 학교 모습이 아닌 실존하는 학교의 모습으로서 민주학교가 있다면, 그것은 '민주학교는 혁신학교와 똑같다'와 '민주학교는 혁신학교와 다르다' 사이 어딘가에 존재할 것이다. 하지만 이와 같은 절충은 문제의 논점을 흐리게 할 뿐이라는 비판에 직면하기 쉽다.

우리는 '혁신학교 중심주의'에서 벗어나서 민주학교를 바라볼 필요가 있다. 그러면 민주학교는 단순히 혁신학교와 다른 특정 학교가 아니다. 민주학교는 그 자체로서 고유(unique)할 뿐이다. 혁신학교를 표준으로 놓고 비교해서 다른 것이 아니라 그 자체로 다르다는 말이다. 만일 우리가 민주학교를 바라보는 준거로서 '혁신학교'에서 해방될 수 있다면, 우리가 상상하는 민주학교의 모습은 더욱 풍요롭고 다채로워질 것이다.

민주학교는 '학교'라는 점에서 보편적이고, 그 제도적인 성격을 지닌다. 하지만 그냥 보통의 학교가 아니라 '민주'라는 대안성을 지향한다. 그러나 이 대안성으로 말미암아 일반적인 학교들과 소통이 불가능하여, 그런 학교에서는 실현 불가능한 이상적인 가치를 추구하는 학교를 의미하지는 않는다. 민주학교의 대안성은 일반 학교가 새로운 학교 문법을 모색하게 하는 소통의 지점이다. 학교는 그 작동원리가 대체로 비슷하다. 학교는 생활교육을 하고, 교과 교육과정을 운영하며, 학생의 진로 개척과 확장을 위해 변화를 희망한다. 실존하는 학교는 그런 공통된 것에서 출발하며, 지속적으로 공통된 것을 생산한다. 우리가 특정 학교를 준거로 민주학교를 들여다보지 않는다면, 매일 새롭게 만들어지는 새로운 학교문화의 역동성을 파악할 수 있을 것이다.

민주학교는 상급학교에 진학하기 위해 배우는 장소일 뿐만 아니라 '민주주의를 사는' 삶의 공간이다. 민주학교는 민주적인 경험(관계, 배움, 경험, 공간의 민주성 등)을 통해 민주시민의 정체성을 찾아가는 장소이다. 민주학교는 저마다의 학교가 생산하는 새로운 학교문화와 구조, 교육과정 실천을 기초로 그 모습을 만들어가는 대안성의 개방된 네트워크다. 따라서 혁신학교와의 경계 설정에 집중하기보다는 민주학교에서의 '민주'라는 대안성에 집중할 때 자연스럽게 혁신학교와 차별화되기도 하고 중첩되기도 할 것이다. '민주'라는 대안성의 샘이 마르지 않도록 '민주'라는 가치를 학교 안팎의 자원을 활용하여 어떻게 확대할 것인가에 대해 천착할 필요가 있다.

교육부는 2018년 11월 민주시민교육 활성화를 위한 종합계획에서 혁신학교가 교육과정 혁신과 학교운영 혁신을 통해 민주시민을 기르는 모델학교였다면, 민주시민학교는 학교혁신 모형을 일반화하여 전국으로 확산하는 역할을 수행하는 학교라고 했다. 그렇다면 『이기적 유전자』의 저자 리처드 도킨스(Richard Dawkins)가 이야기하는 유전자가 자신의 복제본을 더 많이 퍼뜨리기 위해 자신이 포함된 유기체 이외에 다른 개체들마저도 자신(유전자)의 운반자로 만들어 버리는 것과 같이 민주학교는 민주시민을 기르는 모델학교로써 혁신학교를 일반화하여 확장하는, 즉 혁신학교의 확장된 표현형(extended phenotype)인가? 단위 학교 구성원들의 자발적인 실천 운동을 시·도교육청이 지원하는 것이 혁신학교라면, 민주학교는 교육부에서 주도하고 있으니 관 주도의 혁신학교인가? 그 의미가 잘 잡히지 않는다. 이와 관련해 최근 교육부에서 오른쪽 표와 같이 민주학교와 혁신학교를 구분해서 설명하고 있다.

민주학교의 개념을 다시 한번 상기해보자. 민주학교란, 학교의 민주적인 구조와 과정을 실천하는 민주적인 학교문화 속에서 민주시민교육을 핵심 교육과정으로 운영하여 민주시민을 양성하는 학교라고 했다. 민주학교의 방점은 민주적인 학교문화보다는 '민주시민교육을 핵심 교육과정으로…'에 있는 것은 아닐까? 혁신학교가 민주적 학교운영 체제를 기반으로 윤리적 생활공동체와 전문적 학습공동체 문화를 형성하여 창의적 교

	민주학교	혁신학교
개념	학교 교육과정 속에서 민주시민교육을 강화하고, 민주적인 학교문화 조성을 위해 구성원들의 참여와 협력을 기반으로 운영하는 학교	민주적 학교운영 체제를 기반으로 민주적 자치공동체와 전문적 학습공동체에 의한 창의지성교육을 실현하는 공교육 혁신의 모델학교
운영 목표	· 교육내용 혁신 · 민주시민 교육과정 운영 · 수업 운영 민주성 강화 · 민주적 의사결정체계 준제도화	· 학교운영 혁신 · 교육과정 혁신 · 공동체 문화 활성화 · 지역공동체 구축

주요 특징	○ (민주시민 교육과정 운영) 민주시민교육 주제통합수업, 민주시민교육 내용요소 중심으로 수업활동 1년 단위 체계적으로 운영
	  – 실제 세계 관련 내용 선정, 학교 및 지역사회 문제해결 등 사회참여 활동 활성화
	  – 학생-학생 간, 학생-교사 간 등 수업 운영에서의 민주적 관계에 바탕을 둔 수업 운영
	○ (민주적 학교문화) 민주적 의사결정체계 준제도화하여 학교 자치위원회 활성화
		○ (학교운영 혁신) 민주적인 학교운영, 자율과 협력의 생활지도, 기존 행정 체계에서 벗어나는 업무 분장 등 학교운영 혁신
		○ (교육과정 혁신) 수업 및 평가 방식의 다양화 통해 만들어가는 교육과정 실현
		○ (공동체 문화 활성화) 교원들의 자발적 학습공동체 형성으로 민주적·전문적 역량을 증진하고 교사 주도의 학교혁신 동력 마련
		○ (지역교육공동체 구축) 학교-지자체-지역사회 간 협력적 거버넌스 구축으로 학생들의 온전한 성장 지원

육과정을 운영하는 단위 학교의 총체적 혁신을 지향하는 학교라면, 민주학교는 민주적 학교문화를 만들어가며 창의적 교육과정의 핵심을 '민주시민교육'으로 운영하는 학교이다. 즉 민주학교는 혁신학교가 지향하는 민주적 학교문화 속에서 교육과정의 핵심을 민주시민교육으로 운영하는, 혁신학교의 초점화된 표현형(focused phenotype)이라고 할 수 있다. 민주학교

가 민주시민교육을 핵심 교육과정으로 운영한다는 것은 어떤 의미일까?

그것은 민주시민 교육과정의 목표, 내용, 방법 및 평가에 이르기까지 학습자의 성장과 발달을 중심으로 민주주의의 가치를 실천하는 것이라고 할 수 있다. 콜크마즈(Korkmaz)와 에르덴(Erden)은 민주학교의 교육과정이 갖는 특성을 목표/목적, 내용, 수업 방법, 수업 자료, 평가의 관점에서 다음과 같이 설명하고 있다.[18]

> 민주학교의 교육과정은 학생들이 그들의 학교생활을 결정하는 자유 또는 권리를 강조한다. 그러므로 교육과정은 학생들에게 가변적이고 융통적이어야 한다. 첫째, 교육과정은 학습자들이 자신의 필요에 따라 스스로의 목표를 세울 수 있는 개방적인 교육 목표이어야 한다. 둘째, 민주학교의 교육과정 '내용'은 학습자들이 그들의 능력, 필요, 흥미, 배경 및 목적에 따라 학습 내용을 결정한다. 셋째, 민주학교의 '수업'은 다양한 수업 방법, 기술과 전략을 개별 학습자에게 맞춤형으로 적용하는 활동적인 수업이어야 한다. 넷째, 개별 학습자의 필요에 따라 다양한 수업 자료를 활용할 수 있어야 한다. 다섯째, 민주학교의 '평가'는 최종 목적이 아니라 도구로서 학습자들을 서열화하는 것이 아니라 지원하는 것이다. 즉 성적이 아닌 성장의 도움(feedback)을 제공하는 경쟁이 없는 학교이다.

민주학교를 바라보는 다양한 시선

교육학의 시선으로 바라본 민주학교

민주학교는 단어로 보면, 민주(民主)와 학교(學校)의 결합이다. 즉 그동안 교육의 대상으로 여겼던 학생을 포함한 학부모, 교직원이 교육의 주체가 되어 교육활동을 실천하는 학교라고 할 수 있다. 민주학교는 학교라는 공간에서 민주시민을 기르는 교육활동이 핵심이라는 점에서 교육의 현상과 행위를 학문적으로 탐구하는 교육학[19]과 밀접한 관련이 있다.

교육학은 철학, 심리학, 사회학, 행정학 등 다양한 기초 학문을 바탕으로 교육의 목적, 과정, 평가 및 정책 등을 탐구하는 학문이다. 이러한 교육학의 다양한 관점에서 민주학교의 실천 행위와 그 현상의 의미를 살펴보는 것은 매우 중요하다. 2장(민주학교, 교육과정을 만나다)과 3장(민주학교, 학교문화가 중요하다)에서 자세히 살펴볼 것이지만, 여기에서는 헤르바르트(Johann

Friedrich Herbart)가 구분한 교육목적론과 교육방법론의 관점에서 민주학교의 의미를 살펴보자.

첫째, 교육목적론의 관점에서 볼 때 우리나라 교육은 홍익인간의 이념 아래 모든 국민으로 하여금 인격을 도야하고 자주적인 생활능력과 민주시민으로서 필요한 자질을 갖추게 함으로써 인간다운 삶을 영위하게 하고 민주국가의 발전과 인류공영의 이상을 실현하는 데에 이바지하는 것을 목적으로 한다. 교육기본법 제2조에 명시된 우리나라의 교육이념이다. 민주학교가 추구하는 '민주시민 양성'이 바로 민주시민으로서의 필요한 자질을 갖추게 하자는 교육이념에 근간한 것이라고 할 수 있다.

또한, 2015 개정 교육과정에서는 '공동체 의식을 가지고 세계와 소통하는 민주시민으로서 배려와 나눔을 실천하는 더불어 사는 사람'을 인간상으로 추구하고 있다. 그리고 이러한 인간상을 구현하기 위해 '다양한 상황에서 자신의 생각과 감정을 효과적으로 표현하고 다른 사람의 의견을 경청하며 존중하는 의사소통 역량', '지역·국가·세계 공동체의 구성원에게 요구되는 가치와 태도를 가지고 공동체 발전에 적극적으로 참여하는 공동체 역량' 등의 핵심역량을 기르도록 교육해야 함을 설명하고 있다. 이러한 인간상과 역량은 어떻게 구현될 수 있을까? 바로 '민주적인' 생활방식이 실천되는 '민주적인' 문화 속에서 다양한 '민주적인' 경험의 축적을 통해 성장·발전하는 것이다.

이러한 의미에서 민주학교는 우리의 교육이념을 회복하고, 교육과정이 추구하는 인간상과 역량을 구현하기 위한 학교로서 민주적인 학교문화 속에서 민주시민교육 핵심 교육과정을 통해 민주시민을 기르는 학교이다.

둘째, 교육방법론의 관점에서 민주학교는 어떤 의미를 지닐까? 질문을 다시 하면, 민주학교는 민주시민을 양성하기 위해 무엇을, 왜, 어떻게 가르쳐야 하는가? 즉 민주학교의 교육과정을 어떻게 편성·운영하느냐의 문제이다. 교육과정은 학교가 제공하는 공식적인 교과목 목록뿐만 아니라 교사, 학생, 행정가들이 학교에서 실제로 만드는 다양한 교육 프로그램의 목적, 내용, 활동, 조직 모두를 의미한다.[20]

교육과정의 편성과 운영이 민주적이라는 것은 교사가 가르치는 교육활동과 배움 중심의 학습자 교육활동이 균형을 이루는 또는 학습자의 주체적 배움이 강조되는 모습일 것이다. 이러한 맥락에서 배움중심수업, 학습자의 학습의 주체화가 강조되고 있다. 조윤정 등은 미래학교 체제 연구를 통해 배움에서 학습자가 주체가 되는, 학습자가 학습 내용과 목표를 결정하고 학습 과정 전체를 주도하며 학습 내용에 대해 스스로 평가하는 학습자 주도형 교육과정을 제시하고 있다.[21]

이렇게 학습자가 주도하는 학습체제 속에서 민주학교의 교육과정은 교과 및 창의적 체험활동뿐만 아니라, 교육공동체가 학교에서 실제로 만들고 운영하는 다양한 교육활동 모두가 민주적인 원리에 의해 민주적으로 편성되고 민주적으로 운영되는 것이라고 할 수 있다. 즉 목표 설정, 내용 선정, 수업 방법, 자료 활용, 평가의 관점에 이르기까지 학습자의 자유와 권리 또는 주도성이 반영되어야 한다. 이 부분은 2장(민주학교, 교육과정을 만나다)에서 교육과정을 통한 민주시민교육, 참여와 실천 중심의 민주시민교육, 민주시민교육을 위한 평가, 민주시민교육 지원 등의 관점에서 살펴보도록 하자.

미래사회의 관점에서 바라본 민주학교

요즘 미래교육, 미래사회를 이야기할 때 '미래'라는 단어는 4차 산업혁명 시대와 거의 동일어로 사용된다. 4차 산업혁명 관련 논의의 대부분은 인공지능, 로봇, 자율 주행차, 사물인터넷, 로봇, 드론 등과 같은 산업적 생산과 활용 부분에 초점이 맞추어져 있다.[22] 교육과 관련된 논의는 주로 소프트웨어 활용 교육, 코딩 역량과 같은 컴퓨터 활용 교육의 중요성에 대한 주장, 디지털과 연계한 창의적 역량 함양, 정보사회의 윤리, 평생학습사회에 따른 재교육 시스템 구축의 필요성 등에 초점이 맞춰지고 있다. 하지만 산업 분야의 활용 전략이나 경쟁력 강화 방안 등에 대한 논의에 비해 사회 변화에 대응하는 교육 방향 모색에 대한 논의는 상대적으로 부족하다.

미래사회를 준비하는 교육의 방향을 설정하기 위해 미래 핵심역량에 대한 관심이 커지고 있다. OECD의 DeSeCo에서 정의하는 인재의 핵심역량이나 2015 개정 교육과정에서 추구하는 핵심역량은 주체성, 관계, 협력, 지식정보 활용, 창의적 문제해결력, 의사소통, 공동체 역량 등을 주요 역량으로 선정하고 있는데, 모두 건강한 민주시민으로 살아가는 데 필요한 것이다. 이러한 측면에서 미래사회를 준비하기 위해서는 민주시민교육이 더욱 강조되고 활성화되어야 한다.

미래사회에서도 여전히 중요하게 추구되어야 할 시민사회의 모습에 대해 다양한 의견이 있겠지만, 최근 이슈가 되고 있는 학교자치의 관점에서 살펴보면 누가, 무엇을, 어떤 방법으로 결정하는지는 자기결정권과 창의적 문제해결이 강조되는 미래사회에서는 더욱 중요할 것이다. 이는 미래교육의 방향을 제시한 4·16 교육체세에서 제안되고 있는데 '시민이란 국가권력에 대항하여 시민의 권리와 의무를 옹호하는 것과 더불어 지역 사회를 자기 삶의 터전으로 여기고 지역 안에서 지역 주민들과 소통하는 가운데 지역사회 발전 비전을 지니고 지역사회의 문제를 스스로 찾아 해결할 수 있는 역량을 지녀야 한다'고 강조하고 있다.

박미자(2018)[23]는 4차 산업혁명 시대를 준비하기 위한 교육에서 더욱 강조되어야 할 것들에 대해 다음과 같이 설명한다.

> 아이들은 사회 공동체 안에서 자신이 공동체의 주인임을 스스로 인지하고, 사회 현안에 대해 고민하고 판단할 수 있어야 한다. 다른 사람과 협력하고 각종 활동에 참여하며 새로운 질서를 만들어갈 능력이 필요하다. 4차 산업혁명 시대에 특히 중요한 것은 지금까지의 질서에 적용했던 법과 규칙이 아니라 새로운 시대에 맞는 새로운 질서를 만들어갈 수 있는 힘이다. 이를 위해서는 학교교육은 목적과 철학적 방향, 적용 방법이 모두 민주적어야 한다. 그러기 위해서는 아이들이 미래의 주인공일 뿐만 아니라 그들이 살고 있는 현재의 삶의 주인공임을 기억해야 한다. 지금 이 순간 자신의 삶에 대한 주인의식을 심어주기 위해서는 아이들이 자신의 생각을 말할 수 있는 기회를 자주 마련해야 한다.

이상에서 설명한 것처럼 미래사회에서도 시민이 추구해야 할 가치와 철학은 현재와 크게 다르지 않다. 그러나 기술의 변화에 따른 민주시민교육의 방법은 이제는 조금 다른 방식으로 접근할 필요가 있다. 모르는 것이 있으면 기성세대는 지식검색을 통해, 초등학생들은 유튜브를 통해 궁금증을 해결한다. 어른들은 텍스트로, 지금의 학생들은 동영상으로 정보를 받아들이는 것이다. 책이 가져다주는 많은 이익이 있지만, 이제는 학생들이 정보를 받아들이는 방식을 인정하고 새로운 교육 방법을 고민해야 할 때이다. '책을 많이 읽으면 좋다', '모르는 것이 있으면 백과사전에서 찾아보라' 고 권장하는 것은 요즘의 학생들에게는 설득력이 떨어질 수 있다.

제4차 산업혁명 시대에 SNS의 활성화, 사물인터넷, 빅데이터의 활용 등 초연결·초지능화가 우리 생활 속에 깊숙이 녹아들고 있다. 페이스북이나 트위터, 카카오톡 등 SNS를 활용해 시민들이 활발한 소통에 나서면서 특정 사안에 대한 지식의 공유와 대중화 현상에도 갈수록 가속이 붙고 있다. 4차 산업혁명의 기술 발전은 민주주의의 핵심인 결정권, 무엇을, 어떤 방법으로, 왜 결정하는지에 대한 것을 더욱 공고히 한다.

다시 앞에서 언급한 미래사회에 갖추어야 할 시민 역량, 학교자치, 기술 발달의 측면에서 연결성을 찾아보면, 민주시민 자질의 핵심은 자기 결정권인데 자기 결정권을 지닌 시민이 되기 위해서는 주체성, 갈등관리, 타인과의 관계, 협력적 문제해결, 의사소통, 공동체 역량 등이 필요하다. 학교자치의 구조를 만들고 실천하는 과정에서 구성원은 주체성, 책임, 관계, 참여, 민주적 문제해결 등의 역량을 기를 수 있는 민주적인 환경에 자연스럽게 노출된다. 결국 미래 핵심역량을 기르기 위해서 가장 강조되어야 할 것이 민주시민교육이며, 민주시민교육의 핵심은 자신이나 지역의 문제를 주체적으로 해결할 수 있는 시민을 기르는 것으로, 이는 민주학교의 중요한 기능이라 할 수 있다. 또한, 기술의 발달에 따라 지금까지의 질서에 적용했던 방식에서 새로운 시대에 맞는 새로운 시민사회의 질서를 만들어갈 수 있는 역량을 키워야 한다.

정치적 관점에서 바라본 민주학교

학교장은 왜 민주학교를 신청하고, 애써 운영하려고 할까? 민주학교라는 네이밍(naming)은 민주적 학교운영이라는 학교장의 긍정적 권위 세우기 또는 명예(위상) 제고, 예산 지원이라는 측면에서 희소가치가 있다. 따라서 학교장들은 치열한 학교 구성원의 설득 과정과 다른 학교와의 공모 경쟁을 감수하고서라도 민주학교를 지정·운영하려고 한다. 하지만 '민주학교'라는 희소한 가치는 운영 학교 수가 예산이나 정책 방향에 따라 제한적일 수밖에 없기 때문에 학교 간, 지역 간 경쟁은 불가피하다. 따라서 민주학교 지정·운영 과정은 자체 설명회와 자율적이고 합리적인 공모 절차를 통해 추진되어야 하는데, 이는 정치학자 이스턴(David Easton)이 말한 정치의 성격과 유사하다.[24]

흔히 넓은 의미의 정치는 일상생활에서 벌어지는 갈등을 합리적으로 해결해나가는 과정으로 해석된다. 실제 혁신학교가 운영 주체인 교사들이 교체되면서 학교 혁신이 중단되거나, 학생들이 행복한 학교를 만들기 위

해 교사들의 무한 희생을 요구하는 문제 등이 제기되면서 새로운 접근방법의 하나로 민주학교가 제안되었다[25]는 점도 맥을 같이한다. 즉, 민주학교는 일차적으로 수업 혁신을 특징으로 하는 혁신학교의 장점을 더욱 발전시키면서도 일정 부분 교사의 희생을 요구하는 혁신학교의 구조적 문제를 개선하여 지속 가능한 공교육 모델을 기대하는 학교 현장의 끊임없는 고민의 산물이다. 경기도교육청 혁신교육담당 장학관을 지낸 이광호는 자체 워크숍(2018)의 '교육분권과 학교자치의 방향'이라는 발제문에서 혁신학교의 질적 도약을 위해 미래형 혁신학교 모델로서 (가칭)자치학교를 제안하기도 했다.

이 밖에도 2018년 신설된 교육부 민주시민교육과 입장에서 볼 때, 새로운 정책 아젠다가 시급한 상황이었고, 촛불 시민혁명 이후 학교민주주의와 민주시민교육의 가치가 사회·문화적으로 확산되는 시대적 흐름과도 맥을 같이한다. 이러한 상황에서 민주시민 교육과정 운영과 민주적 학교문화 조성이라는 공교육의 새로운 모델학교로써 민주학교의 발굴 및 확산은 새로운 돌파구를 찾는 계기로 작동했다. 특히 2009년 이후 10년 차인 혁신학교에 대한 다양한 비판적 논의가 제기되는 상황 속에서 민주학교가 학교 현장의 새로운 희망으로 작동했다는 점에서 그 의미가 크다. 여전히 민주학교를 보수와 진보의 대립으로 보는 관점도 존재한다. 인성교육과 민주시민교육의 대립 구도처럼 민주학교를 혁신교육의 우회적인 모델학교로 개념화하고, 민주학교 역시 정치적 이념 논쟁의 도구로 활용하려는 시도는 경계가 필요하다.

실제 제3차 교육과정(1973.2.~1981.12.)부터 총론에 우리 교육의 목적이 '민주시민'을 기르는 것으로 명시되었으나 실제 학교 현장에서는 민주시민교육이 잘 구현되지 못했다. 따라서 학교운영의 민주화를 위해 개별 학교의 상황에 맞게 시도하는 교육내용과 시스템을 연구 분석해서 전체 학교로의 일반화 가능성과 적용 방안을 마련할 필요가 있었으며, 이러한 맥락에서 민주학교는 학교 교육과정을 통한 민주시민교육, 민주적 학교문화 조성을 선도적으로 실행하는 역할 수행을 위해 필요했던 것이다. 아쉽지만 민주학교와 혁신학교의 담당 부서 간의 정책 헤게모니 투쟁이나 경쟁 관계 속에서 민주학교를 바라보는 시선도 존재한다. 단적인 예로 민주학교 명칭을 시·도교육청마다 서로 다르게 사용하고 있다는 점이다.[26]

혁신학교 업무 담당자들은 혁신학교 이외에 민주학교라는 명칭을 사용하는 것에 부담스러워한다. 왜냐하면, 민주학교도 혁신학교의 하나의 형태라고 보기 때문에 민주학교가 지나치게 부각되거나 차별화되는 것에 대해선 경계하기 때문이다. 실제 각 시·도교육청의 민주학교 업무 담당자들은 혁신학교 업무 담당자들을 의식하지 않을 수 없다. 이에 따라 논의 과정에서 혁신교육의 성과를 바탕으로 민주학교가 탄생하고 성장했다는 점을 부각시키려고 노력하거나, 민주학교의 직접적 명칭보다는 우회적으로 민주학교의 성격만이 잘 드러나도록 명칭을 서로 다르게 사용하면서 상대방을 자극하는 것을 최소화하고 있다.

인구학의 시선으로 바라본 민주학교

"아이는 한 여성이 낳지만, 온 마을이 함께 키운다."

인구의 출생, 이동, 사망이라는 인구학적 관점은 민주시민교육에 큰 통찰을 준다. 교육은 사회적 상황과 분리해서 생각할 수 없기 때문이다. 사회적 요구에 교육이 복무하기도 하고, 교육이 사회적 상황의 개선을 위해 기능하기 때문이기도 하다. 학교에서 민주시민교육을 하는 것은 우리가 살아가는 사회가 민주주의 사회이기 때문이다. 교육을 통하지 않고 민주시민이 될 수는 없다. 그러나 민주시민교육의 목적이 현존하는 불완전한 민주주의 사회에 순응하는 사람을 교육하는 데 머물지 않는다. 민주시민교육은 더 나은 민주주의 사회라는 이상을 지향한다.[27] 그래서 민주시민교육은 현재를 성찰하면서 미래를 상상할 수밖에 없다.

　학교는 학령인구 감소라는 인구학적 변화에 따른 상황에 반응적(reactive)으로 변화해야 하지만, 동시에 사회 변화의 흐름을 선도적(proactive)으로 전환할 수 있는 시민을 길러내는 방향으로 변해야 한다.[28] 그런데, 현재의 우리 사회를 진단하고, 미래의 변화에 대해 상상하기는 쉽지 않다. 진단의 준거가 불명확하고 변화를 설명할 수 있는 근거가 마땅찮기 때문이다. 사회적 상황과 관련하여 '위험사회', '피로사회', '단속사회'에서 최근 '수축사회' 논의에 이르기까지 우리 사회의 현재와 미래를 분석하는 담론들이 생산·유포되고 있다. 특히 인구학적 관점[29]에서 보면, 우리의 미래는 이미 정해져 있다는 주장이 있다. 인구학적 관점은 복잡해 보이는 인구 현상들을 풀어낼 수 있는 능력을 말하는 것으로 이 관점을 갖게 되면 무엇보다도 미래를 대비하는 데 매우 유용하다는 것이다. 아울러, 인구는 다양한 영역과 층위에서 사회를 움직이는 가장 중요한 변수 중 하나라는 것이다.

　우리나라의 경우 지난 40년간 출산율이 지속해서 감소해왔고, 특히 2002년부터 전 세계에서 가장 낮은 수준으로 출산율이 하락했다. 2002년에 출생한 인구(현재 고교 2학년)가 약 49만 명으로, 2000년의 63만 명에 비해 14만 명이나 줄었다. 2년 만에 14만 명이 줄어들었다는 사실을 감안하면, 현재와 미래를 대비하는 의사결정에서 인구학적 관점만큼 중요한 예측 틀은 없을 것이다. 인구변화라는 관점에서 민주시민교육이 '왜 필요한지', '어떤 모습이어야 하는지' 그리고 '어떻게 변화해야 할 것인지'와 같은 쟁점은 민주학교 논의에 중요한 지점이다.

장기간 지속되는 저출산으로 인구구조가 역피라미드형으로 바뀌고 있다. 이 같은 인구구조는 정치적 의사결정에도 중요한 변수가 된다. 1인 1표라는 민주적 선거제도에서 어떤 인구집단을 지지층으로 선점할 것인가는 정치권의 핵심 이슈다. 예컨대, 2030대 5060의 세대 간 대결 구도가 형성된다고 하면, 인구구조라는 측면에서 볼 때 이미 승패가 결정된 것과 다름없기 때문이다. 16세 혹은 18세에게도 선거권을 부여하자는 주장은 학생을 '이미 시민'으로 인정하자는 논리로, 인구학적 관점에서 보면 '세대 간 정치 대결'이라는 관점으로 바라볼 수 있는 지점이다.

21세기 한국 사회는 '수축사회'[30]로 진입할 것이며, 가장 큰 요인은 인구구조의 변화가 될 것이라는 주장이 있다. 아래 그림에서 보는 바와 같이

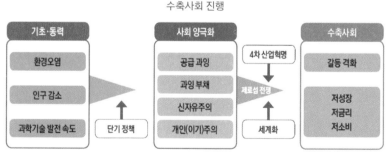

수축사회 진행

자료: 혜안리서치

출산율 감소로 인한 인구 축소는 자연스럽게 사회구성원의 개인주의와 이기심을 강화시킬 것이다. 이는 문명의 이기가 극단화되면서 인공지능 (AI)와 같은 로봇과의 교류를 통해서도 충분히 또 다른 행복을 느낄 수 있는 사회적 환경의 도래와 맥락을 같이하는 문제이기도 하다.

공공의 이익, 자선, 사회정의와 같은 정신적 기반이 약화되면서 개별적으로는 의미 있는 이슈가 집단적으로는 수용될 수 없는 이른바 '구성의 오류'와 같은 일이 벌어지는 것이다. 이와 같은 상황은 사회 구조적인 문제이기도 하지만, 어쩌면 사람의 마음이 바뀌지 않는 한 극복이 어려운 일이기도 하다. 그래서 '제도와 구조의 민주주의'를 넘어 '영혼과 마음의 민주주의'가 요구되기도 한다.

수축사회라는 관점에서 볼 때 민주시민교육은 학령인구 감소, 개인주의 심화, 교육적 양극화와 같은 문제를 극복하기 위한 공존의 기술을 가르치는 것이기도 하다. 이제는 학생 수가 감소하는 현상의 위기적 측면만 주목하는 관점에서 그 이면에 내포된 기회의 측면을 바라보는 관점 전환이 필요하다. 학교교육에 참여하는 개별 학생들이 누릴 수 있는 교육 경험의 질적 수준에 주목한다면, 인구절벽으로 인한 학령기 학생 수의 감소는 오히려 교육의 수준을 심화할 좋은 기회가 될 수 있다. 학생 수 감소는 교사로 하여금 학생 개개인의 개성과 상황에 주목하고 이해할 수 있는 가능성을 확장하며, 교사에게 열리는 이러한 가능성을 바탕으로 교육의 장면을 근본적으로 바꿀 수 있기 때문이다. 또한, 인구구조에서 생산가능인구의 비중이 급감하는 '인구절벽'이라는 문제의 심각성이 사회구성원 전체로 확산된다면 오히려 '각자도생'이 아닌 '공존의 지혜'를 모으는 레버리지가 될 수도 있을 것이다. 동시에 사회구조적인 문제였던 경쟁 위주의 입시 교육 문제도 입시 이외 다양성 교육, 개인 맞춤형 교육으로 전환할 수 있을 것이다.

이처럼 인구감소가 가져오는 사회 문제인 생산인구감소, 사회적 갈등, 수축사회 징후 등은 민주시민교육과 민주학교의 핵심적 논의 주제가 될 것이다. 학령인구의 감소가 학교급 간 통합형 학교와 같은 새로운 학교 유형을 창출하여 학생들이 학교생활 속에서 시민으로 성장하여 가정, 사회, 국가의 민주적인 문화가 일상화된다면, 다시 희망을 이야기하는 공동체가 될 수 있을 것이다. 이러한 맥락에서 보면, 인구의 '양'보다는 인구의 '질'이 더 중요한 사회의 도래로 인해 학생 한 명 한 명의 가치가 더 소중할 수 있는 상황이 된 것이다. 이제 학습자를 주체적이며 자율적인 존재 즉, 스스로 상황을 판단하고 그에 따라 결정을 내릴 수 있는 존재로 보아야 할 것이다. 이는 개개인의 지식과 기술의 습득, 참학력의 신장과 같은 인적자본(human capital)의 육성 차원(경제적 측면)뿐만 아니라, 개인적·사회적 협업, 신뢰, 덕성, 민주시민성 등과 같은 사회적 자본(social capital)의 육성 차원(사회·문화적 측면)에서도 결코 소홀할 수 없는 일이기 때문이다.

공간적 시선으로 바라본 민주학교

강화군 양도면에 있는 산마을고등학교는 높은 건물이 없이 오밀조밀, 교무실 건물에서 수업을 받는 교실로, 도서관으로, 운동장으로 자연과 함께 마을처럼 어우러져 있다.

산마을고등학교

"이 곳에서는 아무도 경쟁하지 않습니다.

제일 키작은 벌레부터 오래된 고목까지

먹여주고 품어주며 순리에 따라 살아갈 뿐입니다.

여명에서 황혼까지 아름다움과 엄숙함

어느 한 철 감탄하지 않을 수 없는 산과 들

그 햇살과 비바람 속에서 때론 기뻐하며

산마을 사람으로 성장해가고 있습니다."

(산마을학교 건립 철학 중)

최근 학교 공간에 대한 담론이 뜨겁다. '학교 공간 재구조화', '미래형
학교 공간 혁신', '유니버설 디자인(universal design)', '메이커 스페이스' 등

이름은 다르지만, 현재와 같이 성냥갑 같은 공간이 아니라 학생들이 마음껏 학습하고 놀고 쉴 수 있는 공간으로 학교 공간이 재탄생되어야 한다고 생각하는 점에서 비슷하다고도 할 수 있다.

1962년 당시 문교부에서 제정된 '학교 표준설계도'[31]는 1980년까지 지속적인 개정이 거듭되다 1992년 폐지되었다. 표준설계도에 운동장은 학교 중심 부분에 배치하도록 되어 있고, 교실은 가로·세로 9×7.5m, 편복도의 경우 2.3m 너비로 명시되어 있었다.

일제식 교육과정에 맞춰 일자형 복도 등 1960년대 표준화된 설계도에 따라 학교 건물이 세워졌다면, 교과교실제, 클러스터, 고교학점제, 자유학기제 등 다양한 수업이 이루어지는 현재 2015 개정 교육과정을 넘어 미래를 내다보는 학교 공간의 다양화가 필요하다. 학교 공간이 한번 건축되고 나면 30년, 50년 동안 가기 때문이다.

군사 훈련을 할 법한 운동장과 구획이 잘 정리되어 통제식 구조를 갖추고 있는 권위주의적 근대식 교실에서는 민주적인 공간을 발견할 수 없다.

'사람과 공간이 만나면 학습이 일어난다(People+Spaces=Learning).'[32] 이는 학교의 물리적 시설이 학생과 교사의 수행과 심리에 유의미한 관계가 있음을 의미하며, 다시 말하면 '사람이 공간을 만들지만 공간이 사람을 만든다'는 말과 같이 사람과 공간이 상호유기적인 관계라는 것을 의미한다.

우리는 공간이 건축가의 철학을 담고 있다는 사실을 잊어서는 안 된다. 따라서 인권과 평등, 참여와 소통의 민주적 체험과 역동이 일어나는 학교 공간이 될 수 있도록 학교시민이 모두 함께 바꾸어나가야 할 것이다.

지금까지는 획일화된 행정계획에 의해 건축되고, 몇몇이 마치 주인인 것처럼 공간의 주권을 행사했다면, 민주학교에서는 학생, 교사, 학부모에게 학교 공간의 주권을 돌려주어야 한다. 교장만 이용할 수 있는 주차 공간, 교사에게만 특권처럼 주어지는 휴게공간이 존재한다면, 공동체 안에 공간주권이 고루 주어졌다고 볼 수 없을 것이다. 커다란 운동장 양쪽 끝에 놓여 있는 축구 골대는 일부 힘 있는 아이들이 운동장을 모두 점령해 버릴 수 있는 구조이다. 소통을 강조하는 학교에서 '다른 반 학생 절대 출입 금지'라는 표찰은 소통을 가로막는다. 길게 뻗은 복도를 바라보며 뛰고 싶어 하는 초등학생들의 욕망을 누르는 것 역시 힘 있는 자의 통제를 경험하게 할 수도 있다.

운동장 전체를 차지하던 축구 골대를 한쪽으로 옮겨 짧은 거리를 마주 보게 하고 남은 공간을 다른 놀이공간으로 만들어 모두 다 함께 사용하게 하는 것, 복도에서 뛰지 못하게 하는 강제적인 지시가 아니라 뛰지 않고 책을 보거나 이야기를 할 수 있도록 테이블과 의자를 만들어 학생들의 욕구를 바꾸어주는 것은 어떨까? 공간은 그 속에서 살아가는 사람들의 삶의 의식을 형성한다. 많은 돈을 들여 건물을 멋지게 리모델링하는 것도 의미가 있지만, 무의식 속에 우리를 비민주적인 것에 익숙하게 만드는 공간을 민주적으로 만들어보려는 노력이 필요하다.

헌법적 관점에서 바라본 민주학교

대한민국은 주권자인 대한국민이 다스리는 '민주공화국'이다(헌법 제1조 제1항 및 제2항).

우리 대한국민은 1919년 3월 1일 대혁명을 통해 주권자로 탄생했다. 같

은 해 4월 11일 대한국민은 대한민국임시헌장을 제정함으로써 국가공동
체의 국호를 '대한'이라 칭하였고, 이를 '민주공화국'으로 선포했다(대한
민국임시헌장 제1조). 이듬해인 1920년 1월 1일, 이른바 대한민국 2년, 중국
상하이에서 대한민국 임시정부 요인들이 신년 축하회를 위해 모인 자리
에서 도산 안창호 선생은 다음과 같은 축하 연설을 했다.

> 오늘날 우리나라에는 황제가 없나요?
>
> 있소.
>
> 대한나라에 과거에는 황제가 1인밖에 없었지만, 금일에는 2천만 국민이 모두
>
> 황제요.
>
> 여러분도 다 황제요.
>
> 여러분의 자리는 다 옥좌며 머리에 쓰는 건 다 면류관이외다.
>
> 황제란 무엇이오.

> 주권자를 이룸이니 과거의 주권자는 유일했으나 지금은 여러분이 다 주권자
> 외다.
> 과거에 주권자가 1인이었을 때에는 국가의 흥망은 1인에게 있었지만,
> 금일은 인민 전체에 있소.
> … (중략) …
> 그럼으로 군주인 인민은 그 노복을 선하게 대하는 방법을 연구하여야 하고,
> 노복인 정부 직원은 군주인 인민을 선하게 일하는 방법을 연구하여야 하오.[33]

대한국민이 바로 대한민국의 통치자요, 주권자임을 만천하에 공포한 것이다. 이 날로부터 2019년 4월 11일은, 황제가 다스리던 대한제국을 국민이 공동으로 통치하는 '민주공화국' 대한민국으로 선포한 지 100주년이 되는 해이다. 여기서 민주공화국은 복잡하고 다양한 의미를 지니지만,[34] 쉽게 말하면 '민주(民主)'는 모든 국민, 즉 그동안 무시되고 소외되었던 모든 계층의 사람이 평등하게 주권자가 되었다는 의미이며, '공화(共和)'는 이러한 주권자들이 군주(황제) 없이 공동으로 통치하는 방식을 의미한다.[35] 따라서 민주공화국은 모든 국민에 의한 공동의 통치 방식을 실현하는 국가라고 정의할 수 있다.

그동안 우리 대한국민은 역사의 중요한 변곡점마다 헌신적 참여를 통해 자신이 창조한 민주공화국 대한민국을 지켜왔고, 스스로 주권자임을 확인해왔다. 특히 2016년 12월 9일 국회에서 234명이라는 압도적 다수의원의 찬성으로 대통령에 대한 탄핵소추가 가결된 이래, 2017년 3월 10일 헌법재판소는 이 사건 심판을 인용함으로써 우리 헌정사상 처음으로 현직 대통령을 파면한 일은 가장 대표적인 주권 행사였다(2016헌나1). 주지하는

것처럼, 우리 국민이 광장에서 보여준 주권 행사의 의지는 이른바 '촛불의 힘'을 통해 나타났다. 이러한 '힘'은 당시 국회에서 헌법재판소에 이르기까지 현행 헌법 시스템을 압박하고 실제적으로 작동하도록 만들었다는 점에서, 헌법의 실제적인 주인으로서 대한민국의 주권이 국민에게 있음을 분명히 선포한 대사건이다.

그러나 안타깝게도 이와 같은 국민의 주권 행사 기회는 매우 제한적이고 일시적이었다는 점은 주지하는 바와 같다. 게다가 우리 국민이 결단한 민주공화국, 특히 민주적 '공화제(共和制)'라는 정치 시스템은 과거 어떤 정치체제와 비교할 수 없을 정도로 운영 체제나 작동 방식 등이 매우 복잡하다. 여기에 현재 우리 사회에서 나타나는 갈등과 균열 현상은 날로 심각해지고 있다. 이른바 '혐오사회'라는 말이 나올 정도로 남녀 간, 세대 간, 계층 간 갈등이 어느 때보다 심하고, 타인에 대한 몰이해와 배타적인 태도는 국가공동체를 위협하고 있다. 익명성에 숨어 타인을 비난하거나, 확인되지 않은 편향된 기사나 의견에 근거하여 상대방을 배척하는 갈등은 더욱 커지고 있다. 미디어의 발달로 인해 이러한 의사소통의 왜곡 현상이 더욱 심각해지고 있다.

여기서 중요한 물음이 제기된다. 대한국민이 주권자로 탄생한 지 100년이나 지났고, 역사의 중요 고비마다 국민은 스스로 주권자임을 선포해 왔음에도 불구하고, 우리 대한국민은 주권자로서 자신을 스스로 형성할 기회를 가졌는가? 자신이 통치할 민주공화국 대한민국의 시스템을 체계적으로 이해할 기회를 가졌는가? 여기서 무수히 발생하고 있는 갈등 상황을 해결할 수 있는 역량을 어려서부터 준비해 왔는가? 우리는 진짜 주권자로 성장하고 있는가?

현행 교육기본법은 '민주시민으로서 필요한 자질 육성'을 교육목적의 하나로 명시하고 있으나, 이마저 입시 위주의 학교교육제도와 이에 따른 성적 지상주의, 권위주의적 학교문화 등으로 전혀 달성되고 있지 않다는 점은 주지하는 바와 같다. 민주시민의 육성과 직·간접적으로 관련된 교과목도 입시에 종속되어 있거나, 관련 내용이 부분적·산발적으로 편재되어 있고, 주로 선택 교과목 등의 한계가 있다는 점이 지적되어 왔다. 게다가 현재 시행되고 있는 인성교육진흥법도 이러한 민주시민으로서 필요한 자질의 육성과는 거리가 있다.

따라서 대한민국의 주권자로서 국민 자신이 통치할 민주공화국의 시스템과 운영 방식을 체계적으로 이해하고, 여기서 발생하는 다양한 사회적 갈등과 문제를 조정하고 해결할 수 있는 자질과 역량을 어려서부터 기르는 것은 매우 시급한 과제이다(이른바 헌법적 시민의 형성 과제). 특히 어려서부터 '민주적 공화(民主的 共和)'의 방식, 즉 공존과 타협, 의사소통 능력과 갈등 조정 능력 그리고 다양성에 대한 포용력 등을 체득해야만 앞으로 대한민국 100년의 미래를 기대할 수 있을 것이다. 그 첫 단추 역할을 할 수 있는 곳이 바로 '민주학교'이다. 그런 의미에서 민주학교는 바로 '우리 대한국민이 자신이 창조한 민주공화국 대한민국의 실제적인 주권자로 성장할 기회를 제공할 수 있는 학교', 즉 민주적 공화의 통치 방식을 어려서부터 체득할 수 있는 장소인 것이다.

1 이병희·이지명·최종철·홍석노(2018). 경기도 학교민주시민교육 발전 방안 연구. 경기도교육연구원.

2 현대경제연구원(2016). 사회적 갈등의 경제적 효과 추정과 시사점. '경제주평' 16-45(통권 718호).

3 이혜정·김아미·남미자·민윤·박진아·이신애·이정연(2018). 학교 안 혐오 현상과 교육의 과제. 경기도교육연구원.

4 이혜정 외(2018). 학교 안 혐오 현상과 교육의 과제. 경기도교육연구원.

5 박순걸(2018). 학교 내부자들. 에듀니티. pp.66~99.

6 설문조사는 경기도교육청이 주관하여 전국 초·중·고 교원 5,085명을 대상으로 2019.10.1.~10.31.까지 실시했으며, 교원의 학교자치에 대한 필요성 인식과 저해요인, 선행 과제 등을 항목으로 조사가 이루어졌다.

7 안종배(2017). 4차 산업혁명에서의 교육 패러다임의 변화. 미디어와 교육, 7(1), 21-34.

8 성태제(2017). 제4차 산업혁명시대의 인간상과 교육의 방향 및 제언. 교육학연구, 55(2), 1-21.

9 Hecht, Y., & Ram, E(2010). Dialogue in democratic education: The individual in the world. e-Journal of Alternative Education, 1, 27-44

10 마이클 애플·제임스 빈, 강희룡 역(2015). 민주학교, 살림터.

11 Apple, M. W., & Beane, J. A(2015). Democratic schools. 강희룡(역)(2015). 마이클 애플의 민주학교. 살림터.

12 Joel Westheimer(2015). What Kind of Citizen?. NewYork: Teachers College Press. pp.5~10.

13 유재원(2013), 데모크라티아. 한겨레출판. p.18. 아테네인들은 개인적인 일을 돌보는 동시에 폴리스의 공적인 일에 관심을 가지는 것을 시민의 의무라고 생각했다. 폴리스의 공적인 이에 참여하지 않는 시민을 사회에 무관심한 사람이라기보다는 '쓸모없는 사람'으로 취급했다고 한다.

14 민주주의는 시민의 관심과 열정, 경제적 상황, 정치 제도, 지구적 환경 등의 영향으로 언제라도 쇠퇴하거나 허약해질 수 있음을 경험한 바 있다. 민주주의는 언제라도 방전될 수 있는 배터리와 같다는 관점에서 학교 교육을 통해 시민정신이 지속될 수 있도록 충전할 필요가 있어 이 용어를 사용한다.

15 Joel Westheimer(2015). What Kind of Citizen?. NewYork: Teachers College Press. pp.35~67. 번역을 통한 재구성.

16 '천개의 별'은 자선활동에 참여하는 시민 한 사람 한 사람을 상징적으로 표현하는 말이다.

17 학교시민교육전국네트워크(2019). 2019 학교시민교육전국네트워크 6월 세미나 자료집: 민주학교 추진 현황.

18 Korkmaz, H. E., & Erden, M.(2014). A delphi study: the characteristics of democratic schools. The Journal of Educational Research, 107(5), 365-373.

19 서울대학교 교육연구소(2011). 교육학용어사전. 하우동설.

20 이명기·홍재호·이영재·한승록·이달우·임연기·양병찬·이병승·이재규·최준렬·우종하·김영복(2011). 교육학개론: 교육적 사유와 안목을 넙히기 위한. 학지사.

21 조윤정·김아미·박주형·정제영·홍제남(2017). 미래학교 체제 연구: 학습자 주도성을 중심으로. 경기도교육연구원.

22 박영석(2017). 4차 산업혁명 시대의 사회적 합의와 시민교육의 과제. 시민교육연구, 49(4), pp.43~62.

23 박미자(2018). 부모라면 지금 해야 하는 미래교육. 위즈덤하우스.

24 서울대학교 정치외교학부 교수 공저(2010). 정치학의 이해. 박영사. pp.6~8.

25 정원규 외(2017). 민주시민교육: 초중등학교 민주시민교육 추진 제안서. p.74.

26 혁신학교의 명칭이 시·도교육청마다 다르게 표현되고 있듯이, 민주학교의 경우도 부산은 '민주시민성
    장학교', 인천, 대전, 충북, 충남, 경남은 '민주학교', 광주는 '민주시민교육모델학교', 울산과 경북은'민
    주시민교육선도학교', 경기와 세종은 '민주시민교육실천학교', 강원은 '더불어학교', 전북은 '학교자치
    를 실현하는 민주학교', 전남과 제주는 '민주시민학교'라는 명칭으로 운영되고 있다.

27 이혁규(2015). 한국의 교육 생태계. 교육공동체 벗. p.27.

28 김한별(2018). 인구절벽, 학교는 어떻게 변화할 것인가.

29 조영태(2017). 정해진 미래. 북스톤. pp.6~14 참조.

30 홍성국(2018). 수축사회. 메디치미디어. pp.23~25. 저자는 '수축사회'를 저성장 기조가 장기간 지속되
    면서 정치, 경제, 환경을 비롯한 사회 모든 영역의 기초 골격이 바뀌고 인간의 행동규범, 사고방식까지
    영향을 미치는 현상을 가리키는 말로 정의하고 있다. '수축사회'에 대립하는 짝 개념으로 '팽창사회'를
    제시하고 있다.

31 이정우(2008). 1960~70년대 서울시 초등학교 건축 표준설계도에 관한 연구. 한국산학기술학회 논문
    지, 9(6). pp.1718~1725.

32 CELE(2010). Centre fof Effective Learning Environment, retried March 20. 2010. frome
    http://www.oecd.org/department/0,3355,en_2649_35961311_1_1_1_1,00.html
    재인용: 신나민, 박종향(2011). 학교공간 개선이 학생, 교사, 학교 및 지역사회에 미치는 다면적 효과
    에 관한 연구. 교육시설 논문지, 18(6), p.45.

33 한인섭(2019), 100년의 헌법. 푸른역사. pp.19~20에서 재인용.

34 이에 대해 자세한 것은 계희열, 「헌법학」(상), 박영사. 2004, 206쪽 이하; 김선택, "공화국원리와 한국
    헌법의 해석", 헌법학연구(제15권 제3호), 한국헌법학회, 2009, 213~250쪽; 이승택, 한국 헌법과 민
    주공화국, 고려대학교 법학박사학위논문, 2013 등 참조.

35 같은 취지의 설명으로 한인섭, "3·1운동인가? 3·1혁명인가?, 「혁명과 민주주의」(최갑수 외), 경인문
    화사, 2018, 76쪽 이하.

제2장

민주학교,
교육과정을 만나다

교육과정의 민주주의란 무엇인가?

앞 장에서 논의한 바와 같이 민주학교는 혁신학교가 지향하는 민주적 학교문화 속에서 교육과정의 핵심을 민주시민교육으로 운영하는 혁신학교의 초점화된 표현형이라 할 수 있다. 여기서 볼 수 있듯이 민주학교는 학교의 민주적인 구조와 과정을 실천하는 민주적인 학교문화 속에서 민주시민교육을 핵심 교육과정으로 운영하는 학교다. 즉, 민주학교는 '민주적 학교문화'와 '민주시민 교육과정'이라는 두 영역에 위치한다. 학교 안에서 이 두 축은 선후(先後)를 따질 수 있는 성격이 아니다. 민주적인 학교문화 속에서 민주시민 교육과정이 실천되고, 민주시민 교육과정을 통해서 민주적인 학교문화가 만들어지는 상호 중첩적인 관계이기 때문이다.

민주학교는 학교운영에 있어 구성원들의 광범위한 참여를 핵심으로 한다. 의사결정 단위가 교직원뿐만 아니라 학생, 학부모, 지역사회까지도 포함할 수 있어야 한다. 이러한 의미에서 본다면, 교육과정의 민주주의는 학교 교육과정의 편성 및 운영에 다양한 교육주체가 참여할 수 있어야 하고, 반드시 그러해야 한다는 말이다. 특히 학생은 '주어진 교육과정'을 객체로서 이수하는 수동적인 수혜자가 아니라, 교육과정을 만들어가는 운영의 주체가 되어야 한다. 민주학교는 학교운영의 과정 자체가 민주주의의 체험과 실천의 장(場)이기 때문이다.

살아가는 능력: '개념적 앎'에서 '할 줄 앎'과 '살 줄 앎'으로

이런 맥락에서 교육과정의 민주주의는 민주주의라는 형식보다는 민주주의의 내용에 관한 보다 깊은 실천과 연결된다. 이는 학교라는 장소가 지니는 제도성을 넘어서는 경우도 고려해야 하기 때문이다. 제도로서의 학교에서 운영되는 교육과정을 통한 경험으로는 성취될 수 없는 미래 역량까지도 포함해야 한다는 선언이기도 하다. 우리나라뿐만 아니라 범국가적으로 미래 교육의 의제로 논의되고 있는 학력 개념은 '역량'이다. 역량(力量)은 관념적인 지식을 넘어 실제 삶에서 활용할 수 있는 능력을 말한다. 이는 개념적 앎(지식)에서 '할 줄 앎'으로, 더 나아가 '살 줄 앎'으로 학력의 개념을 확장한다. 이 세 가지 앎이 합쳐지면 '살아가는 능력'이 되고, 그것이 바로 역량이다. 하지만 민주시민 교육과정은 여기서 한 단계 나아가 '함께 살아가는 능력'을 강조한다.

교육과정의 민주주의는 학교의 문화적 풍토 속에서 학생의 민주시민성 형성을 기대하는 것을 넘어선다. 학교의 암묵적인 구조나 문화적인 풍토 속의 민주주의를 넘어 정규 교육과정 안에서 민주주의의 실현을 의미한다. '교육과정의 민주주의'를 위해서는 학생들이 다양한 관점에서 세상을 바라볼 수 있도록 정보를 제공해야 하고 자신의 목소리를 당당하게 낼 수 있도록 지지해야 한다. 자신이 처한 상황과 조건에 대해 문제의식을 가지고 비판적으로 바라볼 수 있어야 한다.[1] 그리하여 학생들이 시민으로서의 지식과 태도뿐만 아니라 공공의 문제에 참여하기 위한 판단능력에서부터 행동능력, 활용능력까지도 기를 수 있도록 도와야 한다. 지구적인 이슈에서부터 지역적인 현안, 소속 학교의 내적 이슈에 대해 비판적인 관점을 가지고, 소통으로 참여하고, 함께 협력(협업)하여 문제를 해결하는 과정이 추구되어야 한다.

일차적으로 교육과정의 민주주의는 교육과정 운영 주체로서의 교사의 전문성에서 시작한다. 그 전문성은 교육과정의 구성과 운영에 대한 자율성이다. 학습자가 학교에서 경험하는 활동의 의미와 교육의 과정은 교사의 교육과정 전문성에 크게 의존한다. 교육과정 구성과 운영에 대한 교사의 자율성을 인정할 때 학교자치를 말할 수 있다. 학교와 교사의 자율권은 곧 교육과정 운영의 자율권이기 때문이다. 교사의 자율권은 교육과정 전문성과 교육과정 자율성을 담보해주었을 때 작동할 수 있다. 교육과정 자율성 확보는 곧 실질적인 학교자치의 출발이다.[2] 왜냐하면 교사의 교육과정 구성과 운영에 대한 실질적 자율성을 보장하는 것이 교육과정의 민주주의이기 때문이다. 동시에 교육과정의 탈(脫)중앙집권화, 교육목표의 탈(脫)표준화의 길이다. 그것은 곧 교육의 상호연계성, 일관성의 길을 만들어내는 일이기도 하다.

학교 교육과정 새롭게 프로그래밍하기

학교가 학교다워지기 위해서 그리고 교육이 교육다워지기 위해서 교육과정의 민주주의는 필요충분조건이다. 교육과정의 반(反)민주주의는 왜곡된 교육 의식에서 비롯된다. 교육과정의 민주주의가 학교 교육과정의 자율권과 재량권 확대와 동일한 의미는 아니다. 의미론적으로뿐만 아니라 현실적인 효용의 측면에서도 이를 넘어선다. 다시 말해서, 국가 수준 교육과정에 지역과 단위 학교의 색 입히기를 넘어 또 다른 의미를 함축한다.

학교 교육과정의 자율성이 커진다는 것은 학교와 교사 그리고 학생이 교육과정에 관한 의사결정 권한을 크게 갖는다는 의미가 강하다.[3] 그 지역과 그 학교만의 색깔이 있는 교육과정이 있어야 하고, 학생들은 일상적으로 대면하는 상황으로부터 스스로 배움을 만들어가야 한다. 그러기 위해서는 학교의 개별적 특성을 반영하고, 지역의 교육 생태계로의 확장이 요구된다. 이것은 일상적 삶의 장면을 통해 배움을 이어가고 거기에서 성장하는 과정을 말한다.

교육과정의 민주주의는 곧 교사 교육과정의 자율권 확장이다. 주지하는 바와 같이 이것의 최대 걸림돌은 교육의 본질이 배움에 대한 관심보다 입시에 모든 것을 거는 사회적 상황이다. 입시로 인해 학교 교육과정은 그 본연의 모습과 달리 변형되고 왜곡된다. 학교는 학생의 성장을 위한 다양한 경험을 제공하는 곳이다. 그 경험을 기초로 모든 학생은 자기 생각을 거침없이 말하고, 지적·민주적 가능성을 발휘하고, 자기만의 개성을 표현할 권리가 있다. 그것은 생각을 빼앗긴 세상에서 사유를 회복하는 일이기도 하다.

교육과정의 민주주의는 '민주주의'와 '반(反)민주주의'라는 이항 대립적 관점을 적용하면 그 지형이 쉽게 눈에 들어온다. 자율과 타율, 탈 표준과 표준, 성장과 경쟁, 만들어가는 교육과정과 주어지는 교육과정 등과 같이 말이다. 교육과정의 민주주의는 새로운 교육 형식에 대한 고민에서 출발한다. 즉 학교 구성원인 교육 주체들이 교육과정 자체를 새로운 방식으로 프로그래밍하는 일이다. 학교는 단순히 상급학교를 진학하기 위해 잠시 머무는 물리적 공간이 아니라, 학생의 삶과 직결된 문제를 중심으로 그들의 성장을 이끌어내기 위한 교육적 경험이 이루어지는 곳이기 때문이다. 따라서 교육과정의 민주주의는 시민성을 중핵에 놓고 그것을 계발하기 위한 민주학교의 본연의 역할과 연결된다.

　'민주적인 학교문화'에 대해서는 3장에서 살펴보기로 하고, 여기서는 민주시민교육을 핵심 교육과정으로 운영한다는 것의 의미와 그 실천을 살펴보자. 1장에서 민주학교가 민주시민교육을 핵심 교육과정으로 운영한다는 것의 의미를 '민주시민 교육과정의 목표, 내용, 방법 및 평가에 이르기까지 학습자의 성장과 발달을 중심으로 민주주의의 가치를 실천하는 것'이라고 했다. 즉 민주(民主)의 원리를 반영하여 민주시민 교육과정을 함께 만들고, 실천하고, 평가하는 순환적인 과정을 통해 민주시민교육을 지속해나가는 것이다.

함께 만드는 민주적 교육과정

학교에서 민주(民主)의 가치에 따라 민주시민교육을 핵심 교육과정으로 운영하려면, 먼저 '민주시민교육의 무엇을 어떻게' 실천할 것인지 고민이 시작된다. 단지 교과서에 담긴 민주시민교육 관련 내용을 학생들에게 가르치면 되는 것일까? 초·중·고 학교급, 지역 여건 및 학생들의 특성에 따라 우리 학교에서 실천하려는 '민주시민교육'을 교육공동체가 함께 만들어가는 과정이 필요한 것은 아닐까? 왜냐하면 민주시민교육에서 민주의 원리는 학생을 포함한 공동체의 의견이 반영되는 학교공동체의 목표이어야 하기 때문이다. 특히 그 목표와 학생들의 능력, 필요, 흥미, 배경에 따라 교육 내용이 달라질 수 있다.

이러한 공동체 참여의 관점과 학교 교육과정을 민주시민교육을 중심으로 초점화한다는 측면에서 다음의 과정으로 어떻게 민주시민 교육과정을 함께 만들고 실천할 것인지 사례와 함께 살펴보자.

공동체 비전 세우기

공동체상(像) 정하기

공동체 역량 정하기

'우리 학교' 공유하기

민주시민교육 핵심 주제와 내용 확인하기

민주시민교육 재구성하기

공동체 비전 세우기

우리 학교의 교육 목적, 교육목표는 무엇인가? 예전에는 아래의 사진에서 볼 수 있는 것처럼 학교 건물 벽에서 종종 학교가 지향하는 교육의 목적(목표)을 볼 수 있었다.

요즘에는 이런 모습을 보기 쉽지 않지만 학교의 교육 목적은 비전, 목표

라는 다양한 타이틀로 학교 교육과정 문서나 학교교육 계획서에 아래 그림과 같이 쉽게 찾아볼 수 있다.

비전 : 미래를 디자인하는 창의·융합형 민주시민

○○초등학교

자율·창의·협동으로 함께 만드는 행복한 학교

○○중학교

교육 목표

진취적·창의적 미래 인재 육성

○○고등학교

어떤 학교는 비전으로, 어떤 학교는 목표로 제시하고 있고, 어떤 학교는 민주시민이라는 단어를 포함하기도 하고, 어떤 학교는 더 큰 범위의 미래 인재를 제시하고, 어떤 학교는 두루뭉술한 행복한 학교를 이야기한다.

그런데 학교의 비전, 목적, 목표는 누가 만들었을까? 교장 선생님? 몇몇 선생님? 학생들은 알고 있을까? 학부모는? 바로 여기에서부터 민주학교가 시작하는 것은 아닐까? 학교의 주인은 누구인가? 학생, 학부모, 교원 그리고 교직원을 포함하는 교육공동체이다. 학교가 지향하는 교육 비전이나 교육 목표, 추구하는 인간상(학생상, 교사상, 학부모상) 등을 정하는 단계에서부터 교육공동체의 참여가 이루어지고 교육 주체들의 목소리가 반영되는 것이 민주학교의 모습이다.

학교공동체의 비전을 어떻게 함께 만들 수 있을까? 3장(민주학교, 학교문화가 중요하다)에서 소개하는 '공동체 토론회'를 활용할 수 있다. 학교는 학년말을 즈음하여 교육과정 운영 결과를 평가하고, 좀 더 넓게는 학교평가를 통해 한 해 교육활동을 되돌아보며 다음 학년도 학교 교육과정을 준비한다. 이때 학교의 비전을 세우는 과정으로 '가치 목록 안내하기 → 각 주체별 가치 정하기 → 공동체 소그룹 토론회/대토론회를 통한 학교의 가치, 교육 비전 세우기'를 실천할 수 있다. 물론 해마다 학교의 비전을 새롭게 만들 필요는 없지만, 초연결·초지능화되는 4차 산업혁명의 사회 변화 속에서 우리 학교의 비전을 되돌아보고 교육공동체의 의견을 다시 모아보는 일은 필요할 수 있다.

가치 목록 안내하기

공동체의 비전을 만드는 일은 공동체가 중요하게 생각하는 가치가 무엇인지를 확인하는 일에서 시작된다. 앞에서 제시한 학교 비전이나 교육 목표에서 본 것처럼 어떤 중학교는 '자율, 창의, 협동'의 가치를, 어떤 초등학교는 '창의, 융합'의 가치를 강조하고 있다. 우리 사회에는 소중하고 다양한 가치가 있는데, 공동체에 어떤 가치들의 예를 안내할 것인가?

2011년 영국에서 부스(Tony Booth)와 에인스카우(Mel Ainscow)가 모든 학교 구성원과 학교 전체의 통합적(포용적) 성장과 발전을 위해 제시한 가치 목록을 참고할 수 있다. 학교의 통합적 성장을 위한 가치는 학교의 '구조'와 관련된 가치(평등, 권리, 참여, 공동체, 지속 가능성), 학교 구성원들의 생활양식으로써 '관계'하는 가치(다양성에 대한 존중, 비폭력, 신뢰, 연민, 정직성, 용기) 그리고 교육에 반영되어야 할 인간의 '정신'적인 가치(기쁨, 사랑, 희망·낙관, 아름다움)들로 이루어져 있다.[4]

이러한 다양한 가치가 갖는 의미를 살펴보면 다음과 같다.

- 평등: 모든 사람이 똑같거나 똑같은 방식으로 취급받는 것이 아니라 모든 사람이 동등한 가치로서 취급받는 것
- 권리: 사람은 모두 동등한 권리를 지니고 있다는 점에서 사람들의 동등한 가치를 표현하는 방식
- 참여: 다른 사람들과 함께 있고 그들과 함께 협동하는 것, 배움의 적극적인 관여를 의미
- 공동체: 사람들에 대한 애정과 의무를 가족과 우정을 넘어 협력과 연대를 통해 더 넓은 관계로 확장하는 것
- 지속 가능성: 학교가 모든 이의 학습과 참여를 위한 지속 가능한 발전을 도모하고 배제와 차별을 철폐하는 것
- 다양성에 대한 존중: 다양한 차이와 그 차이가 갖는 동등한 가치를 존중하는 것
- 비폭력: 지위와 신체적 힘의 차이에서 비롯되는 폭력적 방식이 아니라 다른 사람들에 대한 경청과 이해를 바탕으로 대화를 통한 관계 맺음
- 신뢰: 책임감과 믿음을 바탕으로 참여를 북돋우고 안정적인 관계의 정체성을 발전시키는 것
- 연민: 다른 이들의 고통을 이해하고 이들의 고통이 줄어들기를 바라는 것

- 정직성: 자신의 가치 또는 원칙에 따라 행동함으로써 위선을 피하는 행위와 약속을 지키는 행위
- 용기: 관습과 권력, 권위 또는 한 집단의 생각과 문화라는 무게에 맞서 자신만의 생각과 의견을 전달하는 것
- 기쁨: 놀이와 재미, 유머를 공유하며 만족과 행복을 느끼는 것
- 사랑: 대가를 바라지 않고 다른 이들을 깊은 마음으로 돌보는 것
- 희망·낙관: 개인, 지역, 국가 및 전 세계가 겪는 어려움이 완화되어 지속 발전할 수 있다는 가능성
- 아름다움: 고정관념에서 벗어나 다양한 대상과 관계에서 본질적인 의미를 찾는 것

각 주체별 소중한 가치 정하기

이러한 다양한 가치를 공동체에 소개하고, 설문조사 등을 통해 학생, 학부모, 교직원 등 각 교육 주체가 소중하게 생각하는 가치를 정해볼 수 있다.

공동체 소그룹 토론회를 통한 학교의 가치, 교육 비전 세우기

학생, 학부모 및 교직원 주체들이 소중하게 생각하는 가치 목록이 정해지면, 그다음에는 각 주체의 대표들이 골고루 참여하는 소그룹 토론회를 운영할 수 있다. 그룹에 참여한 학생, 학부모, 교직원들은 각 주체가 선정한 가치를 소개하며 토의 · 토론을 통해서 그룹별로 우리 학교의 소중한 가치를 무엇으로 정할지 의견을 모아볼 수 있다. 마지막으로 그룹별로 선정된 가치를 바탕으로 토의 · 토론을 통해서 우리 학교의 교육 비전이나 교육 목표를 만들어볼 수 있다.

공동체 대토론회를 통한 학교의 가치, 교육 비전 세우기

이제는 그룹별로 정한 우리 학교의 소중한 가치와 비전, 목표를 가지고 공동체 대토론회를 운영해보자. 소그룹별로 선정한 학교 가치와 비전을 소개하고 토론하는 공동체 대토론회를 통해 우리 학교가 지향하는 가치와 비전(목표)을 최종적으로 만들어볼 수 있을 것이다.

혁신학교 5년 차에 접어든 경기도 산본고등학교는 혁신적인 공교육을 통해 교육이 나아가야 할 새로운 좌표와 지향을 만들어가야 한다는 시대적 요구 속에서 공동체가 참여하는 학교 비전 만들기를 실천하고 있다. 이 학교는 다음 해의 학교 교육과정을 만드는 과정에서 교육활동 설문조사 결과, 학교평가 결과, 학교 교육과정 편성 · 운영 평가 결과, 공동체 대토론회, 교육과정 위원회, 부장교사 협의회 등을 통해 한 해의 교육활동 성과를 분석했다. 그리고 공동체가 참여하는 학교철학 세우기 액션 러닝 활동을 통해서 학교 비전 및 교육 목표를 설정했다. 이렇게 만들어진 교육 비전은 '바름과 존중으로 꿈을 실현하는 행복한 학교'이다.

공동체상(象) 정하기

학생, 학부모, 교직원이 지향하는 가치를 바탕으로 공동체의 비전을 만들고 나면, 그다음으로 생각할 문제는 '우리 학교는 어떤 학생을 기를 것인가?'이다. 그리고 그러한 학생들을 기르기 위해 교사와 학부모의 역할은 어떠해야 하는가를 생각하게 된다. 이러한 내용 역시 학교 교육과정 문서나

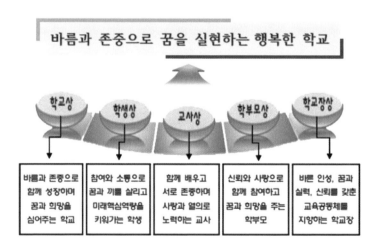

학생 및 교사상

학생상	
큰 꿈을 갖고 창의적으로 생각하는 어린이	1. 자기주도적인 성실한 학생 2. 실력과 열정으로 꿈을 주는 교사 3. 즐겁고 신나는 가고 싶은 학교

우리학교 학생상
- 올곧은 품성을 갖고 자존감이 풍성한 학생
- 심신이 건강하고 전문기능을 갖춰 미래를 준비하는 학생
- 나눔과 배려를 실천하는 따뜻한 품성을 지닌 학생

학교교육 계획서에서 '학생상, 교사상, 학부모상' 등으로 찾아볼 수 있다.

학생상, 교사상 등은 누가 정했을까? 다시 생각해보지 않을 수 없다. 공동체의 비전을 세우는 과정과 같이 학생, 학부모 그리고 교직원 공동체의 참여를 통해 정해야 하는 것은 아닐까? 또 이렇게 정한 교육 주체들의 인간상은 앞에서 정한 공동체의 가치나 비전과 연결되어야 하지 않을까?

앞에서 소개한 산본고등학교는 '바름과 존중으로 꿈을 실현하는 행복한 학교'라는 비전을 추구하기 위해 그림과 같이 학교상, 학생상, 교사상, 학부모상 등의 학교가 추구하는 공동체상을 설정했다.

학교마다 지향하는 비전과 목표, 그에 따라 추구하는 공동체상은 다양하게 제시될 수 있다. 다만, 교육의 목적이 민주시민으로서의 자질을 갖춘 민주시민을 기르는 것이라면 초·중·고 학교급에 따라 또는 학생들의 특성에 따라 앞의 1장에서 제시한 '책임지는 시민', '참여하는 시민', '사회정의를 추구하는 시민' 등의 시민상(市民象)을 학교 공동체상으로 만들어보는 것은 어떨까? 또 비슷한 맥락에서 개인의 권리와 자율성을 강조하는 '권리 중심 시민', 공동체 속에서 개인의 책무와 헌신을 강조하는 '책임 중심 시민', 자신을 둘러싼 사회적 행위에 대한 비판적 주체로서 공공의 문제해결에 참여하는 '공중으로서의 시민'도 생각해볼 수 있다.[5]

공동체 역량 정하기

공동체의 참여를 통해 만든 학교의 비전과 목표 아래 학교는 추구하는 공동체상(학생상)을 제시했다. 그러면 구체적으로 학생들에게는 어떤 역량을 길러주어야 할까? 이 부분은 학교마다 교육 목표 속에 또는 학교장 경영관 속에 녹아들어 있기도 하고 산본고등학교처럼 교육 목표와 연결되

교 육 목 표

1. 즐거운 배움으로 꿈과 생각을 키워가는 심신이 건강한 어린이
2. 배려와 나눔을 실천하며 바르게 행동하는 어린이
3. 생각을 나누고 협력하며 소통과 공감으로 함께하는 어린이

---

* 배려와 진정성   *변화와 혁신
* 자율과 책임   *창의와 협동

는 '학년 중점 철학'으로 제시되기도 한다.

산본고등학교는 '바름과 존중으로 꿈을 실현하는 행복한 학교'를 비전으로, '더불어 함께하고 참된 가치를 실현하는 창의적인 산본인 육성'을 교육 지표로 제시했다. 교육 목표로는 '원칙을 지키고 기본에 충실하며 능동적으로 자신의 삶을 설계하는 사람, 남을 배려하고 나눔을 실천하는 사람, 공동체 속에서 참여하고 소통하며 다름을 인정하는 사람, 몸과 마음이 건강한 사람'을 제시했다. 이러한 비전, 지표, 목표에 대한 공동체의 공유를 통해 그림과 같이 '학년 중점 철학'을 설정했다.

◈ 1학년 : 존 중
◈ 2학년 : 동 행
◈ 3학년 : 성 장

산본고등학교는 바름, 존중, 꿈, 행복의 가치가 반영된 교육 비전 아래, 함께 실천하는 창의적인 인재상을 추구하며, 학생들이 길러야 할 역량을 교육 목표로 제시하고, 그것을 다시 학년별 중점 철학으로 나타낸 것이다. 즉, 가치-비전-지표-목표를 통해서 학년별로 학생들이 중점적으로 길러야 할 역량을 구체화한 것이다. 이 학년별 중점 철학은 이후에 설명하는 민주시민 교육과정의 내용 선정 및 재구성의 기준이 되고 있다.

민주시민을 기르고자 하는 민주학교의 관점에서 학교는 학생들에게 어떤 역량을 길러주어야 할까? 공동체의 참여를 통해서 다양한 가치가 반영된 다양한 역량이 제시될 수 있다. 민주시민교육의 관점에서 학생들이 길러야 할 역량에는 어떤 것들이 있는지 잠시 살펴보면, 장은주 교수는 독일 정치교육(Politische Bildung)의 핵심역량인 '정치적 판단능력', '정치적 행동능력', '방법론적 활용능력'을 한국사회의 맥락에서 각각 '민주시민으로서의 판단능력', '민주시민으로서의 행동능력', 민주시민이 갖추어야 할 '방법론적 활용능력'으로 제시했다.[6]

- 민주시민으로서의 판단능력: 공공의 사건, 문제, 논쟁 등을 사실과 가치의 측면에서 분석하고 성찰적으로 판단할 수 있는 능력으로, 어떤 공적 사건이 개인의 삶과 사회나 세계의 미래에 미치는 영향이나 의미 등을 파악하는 능력
- 민주시민으로서의 행동능력: 자신의 견해, 확신, 관심을 정리하여 다른 사람 앞에서 적절하게 내세울 수 있고, 합의 과정을 이끌어나가며 타협할 수 있는 능력으로, 자신의 정치적 견해와 입장을 정립하고 관철시키며 정치적 차이와 대결을 평화적으로 해결할 수 있는 능력
- 방법론적 활용능력: 경제적·법적·사회적 문제와 같은 시사적인 정치 문제에 대해 독자적으로 파악하고, 전문적인 주제를 여러 가지 방법으로 다룰 줄 알며, 자신만의 정치 심화학습을 조직할 수 있는 능력으로, 대중매체에 독자투고도 하고 다양한 미디어를 활용하는 등 민주적-정치적 과정을 이끌기 위해 필요한 도구들을 사용할 줄 아는 능력

또 비슷한 맥락에서 이병희 등은 민주시민으로서 갖추어야 할 역량을

'시민적 판단 역량, 시민적 소통 역량, 시민적 실천 역량'으로 제시했다.[7]

- 시민적 판단 역량: 공공의 문제 등을 사실과 가치의 측면에서 분석하고 비판적으로 판단할 수 있는 인지적 역량
- 시민적 소통 역량: 다양한 상황에서 자신의 생각과 감정을 효과적으로 표현하고 다른 사람의 의견을 경청하고 존중하며 소통하는 정의적 역량. 정직과 성실, 정의와 평등, 이해와 배려, 은근과 끈기, 사랑과 평화, 용서와 화해 등 시민적 가치와 태도 및 디지털 리터러시 등을 포함함
- 시민적 실천 역량: 공동체 의식을 가지고 다양한 삶의 문제에 참여하는 시민으로서 소통 역량을 바탕으로 자율적이고 책임감 있는 삶을 실천하는 행동적 역량

또 하나의 자료를 참고할 수 있는데, 2018년 교육부와 한국교육개발원에서 발간한 민주 시민 육성을 위한 인성교육 프로그램 '즐거운 교실 당당한 시민'에서는 시민성의 요소이자 인성 요소로 4가지를 제시했다.[8]

- 책임: 공동체의 일을 자신의 일로 여기는 주인 의식에 바탕으로 두고 임무를 이행하는 태도
- 협력: 공동의 성과를 위해 자신의 물적 자원, 정신적 자원, 노동력 등을 기꺼이 제공하는 태도
- 배려: 상대방의 처지나 상태를 헤아려 적절한 대안을 제시하거나 실질적인 도움을 제공하는 태도
- 참여: 공동체의 문제를 방관하거나 외면하지 않고 해결을 위해 적극적으로 나서는 태도

공동체가 지향하는 가치이자 비전이기도 하고, 교육 목표라고도 할 수 있고, 학생들이 길러야 할 민주시민으로서의 역량이라고도 할 수 있는 다양한 가치와 의미가 혼재되어 있다. 하지만 학생, 학부모, 교직원들이 각 주체의 언어와 목소리를 통해 함께 만드는 민주적 교육과정의 출발로써 학교의 비전, 목표, 공동체상, 공동체 역량들을 함께 만들어낸다면 그것이 바로 '민주학교'이지 않을까?

'우리 학교' 공유하기

민주학교의 출발이자, 민주시민교육 교육과정 운영의 토대가 되는, 학생, 학부모, 교직원이 참여하여 함께 만든 공동체의 비전, 목표, 공동체상, 공동체 역량들은 학교 교육과정 문서나 학교교육 계획서에 활자화되는 것으로 끝나는 것은 아니다. 공동체 모두가 그 의미를 이해하고 '우리 학교'라는 인식을 공유하는 과정이 필요하다.

해마다 새로운 학년, 새로운 첫 학기가 시작되면 학교 구성원들이 바뀐다. 최고 학년 학생들은 졸업하고, 새로운 학생들이 입학한다. 학부모들도 마찬가지다. 교장, 교감을 포함한 많은 교사가 바뀌기도 하고, 이는 행정직원들도 마찬가지다. 이렇게 해가 바뀌며 학교 구성원들이 달라지는 가운데 학교의 비전, 목표 등을 공동체에게 어떻게 확산시키고 공유해야 할까?

앞에서 소개한 산본고등학교에서 실천한 '공동체의 철학과 비전, 운영 계획 공유하기' 사례를 살펴보자. 산본고등학교는 학교 철학 세우기 액션러닝 활동을 통해 학교 비전, 교육 목표, 학년 중점 철학을 수립하고 그 결과를 공유하기 위해 교사, 학생, 학부모 각 주체를 대상으로 공유 시스템을 구축하여 운영하고 있다.

먼저 교사를 대상으로 매년 2월 말에 학교의 철학과 비전, 운영 계획을 공유하고 교육과정 만들기를 위한 '새 학년 워크숍'을 운영한다. 워크숍을 통해 전입 교사는 학교의 철학을 이해하고, 기존 교사들은 학교의 혁신 철학을 제고하게 된다. 또 전입 교사와 기존 교사가 함께 학교의 비전, 교육 목표를 바탕으로 학년 중점 철학을 수립한다. 이렇게 학교에 대한 공통된 인식을 바탕으로 교사들은 '교육과정 재구성, 배움중심수업, 교육과정-수업-평가 일체화 방안, 평가 계획' 등의 교육과정 만들기를 시작한다. 또 7월과 12월에는 전 교사를 대상으로 학기별 워크숍을 개최하여 학교 철학 공유 및 학교 교육활동을 점검하고 반성하는 시간을 갖고 다음 학년도의 학교운영 계획을 준비한다.

학생들의 경우, 신입생들은 2월 말에 또 전체 학년이 3월 초에 '새 학년 오리엔테이션'을 실시하고 있다. 이때 학생들은 우리 학교가 어떤 학교인지, 우리 학교의 철학, 비전, 교육 목표가 무엇인지를 함께 알아가고, 우리 학년의 중점 철학은 무엇인지 등을 안내받는다. 그리고 학년별 중점 철학을 실천하기 위해, 학생 중심의 창의적인 교육을 운영하기 위해 학생들이 참여하는 교육과정 재구성이 시작된다.

대부분의 학교와 비슷하게 산본고등학교 학부모들도 3월 중에 실시되는 학부모총회를 통해 '새 학년 오리엔테이션'에 참여한다. 이때 혁신학교에 대한 이해, 학교 철학 및 비전, 교육 목표 및 학년 중점 철학을 공유하며 학교 교육의 주체로 참여할 수 있는 다양한 소모임 활동을 안내받는다.

민주시민교육 핵심 주제와 내용 확인하기

지금까지 함께 생각해본 공동체의 비전을 세우고, 교육 목표와 추구하는 공동체상, 길러야 할 공동체 역량 등을 함께 만들어가는 과정은 민주학교가 지향하는 학교의 민주적인 구조와 과정을 실천하는 민주적인 학교문화 만들기의 출발이라고 할 수 있다. 또한, 이 과정은 민주시민교육을 핵심 교육과정으로 운영하기 위한 공동체 인식의 토대가 된다.

민주학교가 민주시민교육을 핵심 교육과정으로 운영한다는 것은 공동체가 지향하는 가치, 비전, 목표, 공동체상, 공동체 역량들이 반영되는 각 교과 내 또는 교과 간의 교육과정을 재구성하여 운영하는 것이다. 그러면 민주시민교육을 주제로 교육과정을 재구성하고 운영하기 위해서는 민주시민교육의 무엇을 핵심으로 정해야 할까? 먼저 민주시민교육의 핵심 주제와 내용이 무엇인지를 확인하는 일이 필요하다.

먼저, 2015년 3월 3일 제정되어 시행된 경기도교육청 학교민주시민교육 진흥 조례의 내용을 살펴볼 필요가 있다. 이 조례는 민주시민을 양성하기 위하여 학교민주시민교육의 활성화에 필요한 사항을 정한 것으로 제5조(교육의 내용)에서 민주시민교육에 포함되어야 할 내용을 제시하고 있다. 첫째, 헌법의 기본 가치와 이념 및 기본권, 민주주의를 비롯한 제도의 이해와 참여 방식에 관한 지식. 둘째, 논쟁 문제를 해결하기 위한 합리적 의사소통 방식, 비폭력 갈등 해소 방안, 설득과 경청 등에 관한 기능과 태도. 셋째, 학교의 민주적 의사결정 구조와 절차 및 참여 방식. 넷째, 평화·세계시민으로서의 정체성 확립 등 교육감이 학교민주시민교육에 필요하다고 인정하는 내용이다.

도덕과

영역	핵심 가치	내용 요소		
		3-4학년군	5-6학년군	중학교
자신과의 관계	성실	근면, 정직 시간 관리와 절약 인내	감정표현과 충동 조절 자주, 자율 정직한 삶	도덕적인 삶 도덕적 행동 자아정체성 삶의 목적, 행복한 삶
타인과의 관계	배려	효, 우애 우정 예절 협동	사이버 예절, 준법 공감, 존중 봉사	가정윤리, 우정 성 윤리, 이웃 생활 정보통신윤리 평화적 갈등 해결 폭력의 문제
사회·공동체와의 관계	정의	공익, 준법 공정성, 존중 통일 의지, 애국심	인권존중 공정성 통일 의지 존중, 인류애	인간존중 문화 다양성 세계 시민 윤리 도덕적 시민 사회정의 북한 이해 통일윤리의식
자연·초월과의 관계	책임	생명존중, 자연애 아름다움에 대한 사랑	자아 존중, 긍정적 태도 윤리적 성찰	자연관 과학과 윤리 삶의 소중함 마음의 평화

이러한 내용은 학생들이 배우는 여러 교과에 반영되어 있는데, 2015 개정 교육과정의 도덕과와 사회과 등에서 민주시민교육 관련 영역, 가치, 내용 요소가 어떻게 포함되어 있는지 확인할 필요가 있다.

다음에 나오는 표는 도덕과 교육과정 중 고등학교의 선택 중심 교육과정에 해당하는 '생활과 윤리'에 제시된 민주시민교육 관련 영역, 핵심 가치, 내용 요소이다.

생활과 윤리

영역	핵심 가치	내용 요소
현대의 삶과 실천 윤리	성실 배려 정의 책임	현대생활과 실천윤리 현대 윤리 문제에 대한 접근 윤리 문제에 대한 탐구와 성찰
생명과 윤리		삶과 죽음의 윤리 생명윤리 사랑과 성 윤리
사회와 윤리		직업과 청렴의 윤리 사회정의와 윤리 국가와 시민의 윤리
과학과 윤리		과학 기술과 윤리 정보 사회와 윤리 자연과 윤리
문화와 윤리		예술과 대중문화 윤리 의식주 윤리와 윤리적 소비 다문화 사회의 윤리
평화와 공존의 윤리		갈등 해결과 소통의 윤리 민족 통합의 윤리 지구촌 평화의 윤리

　　초·중학교 사회과 교육과정 영역은 '정치, 법, 경제, 사회·문화, 지리 인식, 장소와 지역, 자연환경과 인간생활, 인문환경과 인간생활, 지속 가능한 세계, 역사 일반, 정치·문화사, 사회·경제사'의 다양한 영역으로 구성되어 있다. 이 중에서 민주시민교육과 관련된 '정치, 법, 사회·문화' 영역을 중심으로 그 핵심 개념과 내용 요소를 살펴보면 다음과 같다.

사회

영역	핵심 개념	내용 요소		
		3-4학년군	5-6학년군	중학교
정치	민주주의와 국가	민주주의 지역 사회 공공 기관 주민 참여 지역 문제 해결	민주주의 국가기관 시민참여	정치 민주주의 정부형태 지방 자치 제도
	정치과정과 제도	·	생활 속의 민주주의 민주 정치 제도	정치 과정 정치 주체 선거 시민 참여
	국제 정치	·	지구촌 평화 국가 간 협력 국제기구 남북통일	국제 사회 외교 국가 간 갈등
법	헌법과 우리 생활	·	인권, 헌법 기본권과 의무 국가기관의 구성	인권, 헌법 기본권 국가기관의 구성 및 조직
	개인 생활과 법	·	법 법의 역할	법 법의 구분 재판
	사회생활과 법	·		
사회 · 문화	개인과 사회	가족 구성원의 역할 변화	·	사회화 사회적 지위와 역할 역할 갈등 사회집단
	문화	문화 편견과 차별 타문화 존중	·	문화 문화 이해 태도 대중매체 대중문화
	사회계층과 불평등	·	신분 제도 평등 사회	차별, 갈등 사회문제
	현대의 사회 변동	가족 형태의 변화 사회 변화 일상생활의 변화	지속 가능한 미래	사회 변동 현대사회의 변동 한국 사회의 변동

다른 나라는 민주시민교육을 위해 무엇을 강조하고 있을까? 1997년 영국 교육고용부에서 "학교에서의 시민교육과 민주주의 교육을 강화하자"는 취지하에 시민교육자문위원회를 구성하고 1998년 교육과정평가원(Qualifications and Curriculum Authority)에서 버나드 크릭(Benard Crick) 교수를 중심으로 발간한 크릭 보고서(Crick's Report: 학교 시민교육과 민주주의)에서 학교에서 배워야 할 시민교육의 주요 개념, 가치와 태도, 기술과 능력, 지식과 이해의 4가지 요소로 제시했다.

주요 개념	· 민주주의와 전제주의 · 협력과 갈등 · 평등과 다양성 · 공정, 정의, 법의 지배, 규칙, 법률, 인권 · 자유와 질서 · 개인과 사회 · 권력과 권위 · 권리와 책임
가치와 태도	· 공동선에 대한 관심 · 인간의 존엄과 평등에 대한 신념 · 분쟁 해결의 의지 · 상호 이해를 통한 협력과 나눔의 정신 · 책임감 있는 행동; 타인에 대한 배려와 자기의 행위가 타인에게 야기할 수 있는 결과에 대한 고려; 예상치 못한 불의의 결과에 대한 책임감 · 관용의 정신 · 도덕적 기준에 따른 판단과 행동 · 옳다고 생각한 바를 관철시킬 수 있는 용기 · 토론과 입증을 통해서 자신의 의견이나 태도를 바꿀 수 있는 개방성 · 솔선수범의 자세 · 예의와 법 존중의 태도 · 옳은 행동에 대한 신념 · 기회의 평등과 양성평등에 대한 관심 · 적극적 시민으로서의 신념 · 자원봉사 실천 · 인권에 대한 관심 · 환경에 대한 관심

기술과 능력	· 구두로 혹은 글로 논리적인 주장을 펼 수 있는 능력 · 다른 사람과 협력해서 효율적으로 일 처리를 할 수 있는 능력 · 타인의 생각과 경험을 경청하고 적절하게 평가할 수 있는 능력 · 다른 의견에 대한 관용 · 문제 해결을 위한 최선의 수단을 고안해내는 능력 · 새로운 매체와 기술을 이용하여 필요한 정보를 비판적으로 취합하는 능력 · 제시된 증거를 과학적으로 분석하고 새로운 증거를 찾아내는 능력 · 타인의 조종과 설득을 인지하는 능력 · 사회적, 도덕적, 정치적 현안과 문제점을 파악하고, 대응하고, 영향력을 행사하는 능력
지식과 이해	· 지역, 국가, EU, 영연방, 지구 전체의 현안과 사건 · 민주 사회의 성격과 기능, 변천 · 개인과 지역공동체, 시민사회와의 상호 관련성 · 다양성, 불일치, 사회적 갈등의 양태 · 개인과 사회의 법적, 도덕적 권리와 책임 · 개인과 사회가 직면하게 된 사회적, 도덕적, 정치적 문제 · 지역, 국가, 유럽, 영연방, 국제적 차원에서의 의회의 법적, 제도적 특징과 기능 · 공동체 내에서의 정치적, 자발적 행위의 의미 · 소비자, 근로자, 고용주, 가족 및 사회 구성원으로서 개인의 권리와 책임 · 개인 및 공동체와 관련된 경제 문제 · 인권헌장과 현안들 · 지속가능개발과 환경 문제

* 출처: 민주화운동기념사업회(2018). 크릭 보고서:
학교 시민교육과 민주주의(개정 번역판) 101쪽.

민주시민교육 재구성하기

민주시민교육 관련 조례, 도덕과 · 사회과 교육과정, 외국 사례를 통해 다양하고 중요한 민주시민교육 관련 영역, 가치, 개념 및 내용 요소를 살펴보았다. 그러면 민주학교가 민주시민교육을 핵심 교육과정으로 운영하기 위해서는 이런 다양한 가치와 내용을 어떻게 엮어서 학생들에게 어떻게 교육할 것인가? 바로 민주시민교육 핵심 교육과정 재구성에 관한 질문이다.

민주시민교육 핵심 교육과정은 다양하게 재구성될 수 있는데 초등학교는 교과 내, 교과 간, 교과와 창의적 체험활동 간에 민주시민교육 핵심 주제와 내용을 연계하고 결합하는 방식으로 재구성할 수 있다. 중학교는 자유학기제의 주제 선택 및 동아리 활동 등과 연계하여 재구성할 수 있고, 고등학교는 고교학점제와 연계하거나 공통과목인 '통합사회'나 선택 중심 교육과정인 '생활과 윤리'를 민주시민교육의 핵심 교과로 활용할 수 있다. 학교의 여건과 학생의 특성 및 요구 등을 바탕으로 민주시민교육을 재구성하는 다양한 방법을 정리해보면 다음과 같다.

- 학교 비전과 목표에 기반을 둔 교육과정 재구성
- 학생들이 참여하여 만든 학년 중점 철학을 실천하는 교육과정 재구성
- 기존 교과에 민주시민교육 내용 요소를 강화하는 재구성
- 교과 내, 교과 간, 교과와 창의적 체험활동 간 연계·통합하는 재구성
- 자유학년제 주제 선택, 동아리 활동과 연계하는 재구성

경기도교육청의 민주시민교육 실천학교로 지정되어 '더불어 사는 민주시민교육 프로젝트: 민주야! 우리 함께 노올~자!'를 운영하고 있는 산본고등학교의 사례를 살펴보자. 이 학교는 민주시민 교육과정 재구성의 방향을 교과 및 창의적 체험활동의 융합 교육과정, 주제 중심 통합 교육과정, 더불어 사는 민주시민교육 워크북 활용으로 설정했다. 경기도교육청을 중심으로 개발 · 보급한 '더불어 사는 민주시민 교과서'를 토대로 학년 중점 철학이 반영된 '더불어 사는 민주시민교육 워크북'을 제작하여 민주시민 역량 함양 교육과정을 실천하고 있다. 민주시민 교육과정 편성 · 운

영의 관점에서 주 1회 창의적 체험활동 시간을 활용하여 더불어 사는 민주시민교육 수업을 운영하고 있는데, 1 · 2학년은 1학기에 '민주시민교육'을, 2학기에는 '통일시민 · 평화시민 수업'을 주 1회 운영하고 있으며, 3학년은 교양으로 '세계시민교육' 수업을 편성하여 운영하고 있다.

1학년의 중점 철학인 '존중'의 가치가 반영된 더불어 사는 민주시민 워크북을 살펴보자. '존중'의 가치를 중심으로 '민주시민, 민주주의, 인권, 다문화, 투표와 참여' 등의 9가지 활동 주제를 선정하고 그에 따른 내용을 구성하여 창의적 체험활동 시간에 민주시민교육을 실천하고 있다.

더불어 사는 민주시민 1학년 워크북

중점 철학	활동 주제	내용
존중	1. 시민은 소통하고 행동하는 사람	– 민주시민이 되려면? – 정의란 무엇일까?
	2. 민주주의가 뭐지?	– 연예인의 정치적 의사 표현 – 진정한 민주주의란? – 학교와 교실 민주주의
	3. 청소년과 인권	– 청소년, 권리의 주체인가? – 인권과 차별, 차이
	4. 세월호 참사, 끝나지 않은 기다림	– 기억, 공감 – 추모, 애도, 연대의 마음, 다짐
	5. 같은 사람, 다른 피부색	– 다문화 사회 – 다문화를 바라보는 두 개의 시선
	6. 우리 땅, 독도	– 독도는 우리 땅 – 독도 문제의 평화적 해결
	7. 투표와 참여	– 관심 없는 선거 – 선거의 원칙과 공명선거
	8. 지구촌 시대의 공감과 연대	– 공감과 연대 – 세계시민으로 살아가기
	9. 이 소녀를 아시나요? 　당신의 마음에 평화를 세워 주세요.	– 평화의 소녀상 – 민주시민 체험

워크북의 첫 번째 활동 주제인 '시민은 소통하고 행동하는 사람'의 내용은 다음과 같이 구성되어 있다.

바름과 존중으로 꿈을 실현하는 행복한 학교 🏫   산본고 1학년 중점 철학 : 존중

민주시민교육 워크북 1	주제	시민은 소통하고 생각하고 행동하는 사람	월 일
	( )학년 ( )반 ( )번 이름 : ( )		

톡톡!

'청소년 창의 캠프'에 참여한 청소년(시민)들은 '버려진 것들을 공동의 창의성으로 살려내자!'라는 주제로 서울 곳곳을 직접 돌아다니며 '서로를 살리는 창의'에 대해 고민하고 그것을 담아내기 위한 구체적인 아이디어를 나누었다. 캠프에 참여한 이들은 필요 이상의 소유와 과다한 소비 때문에 버려진 것들을 찾아내어 다시 쓸모 있게 만드는 작업을 하였다.
-하자센터-

🌱 위 사례를 통해 시민은 어떤 사람을 말하는 것인지 생각해보고, 함께 이야기 나눠볼까요?

인터뷰 카드(나)		인터뷰 카드(옆 사람)	
시민이란?		시민이란?	

인터뷰 카드(내 앞(뒤) 사람)		인터뷰 카드(나와 대각선 사람)	
시민이란?		시민이란?	

🌱 우리 모둠에서 이야기 나눈 시민이란 어떤 사람인지 적어볼까요?
1)
2)
3)
4)
5)
6)
7)

시민의 눈
세상 속으로 <우리… 민주 시민이 되려면?>

<자료1>

제의 눈은 두 개입니다. 그리고 귀도 두 개입니다.

신체 기관의 대부분의 것들이 두 개인 데 비하여
입이 하나인 이유는

말하기를 적게 하고 남의 이야기를 더 열심히 들으
라는, 만드신 이의 숨은 뜻일 것입니다.

작은 목소리가 더 크게 들리는 세상이면 좋겠습니다.

<자료2>

깨알 점자 햄버거

뽑기 쉬운 플러그

<자료3>

> 2002년11월, 크레파스나 색연필에서 '살색'이라는 이름이 사라졌다. '살색'이라는 표현은 인종
> 차별적 요소를 담고 있기 때문이었다. 2002년 11월부터 2005년 5월까지는 '연주황'으로 쓰이다가,
> 그 이후부터 현재까지 '살구색'으로 쓰이고 있다. 두 번이나 이름이 바뀌고 '살구색'으로 결정되기
> 까지 결정적 역할을 한 사람들은 바로 여섯 명의 학생들이었다. 당시 그들은 '연주황'이 한자어여
> 서 한자를 잘 모르는 아이들에게는 불편함을 준다며 '살구색'으로 바꿔 달라고 국가인권위원회에
> 요청했던 것이다.
> 　시간이 흘러 여섯 명의 아이들 중 한명인 김○○양은 또래 친구들과 함께 '평화를 사랑하는 청
> 소년 모임'을 만들었다. 그리고 그들과 함께 생활 속 인권의 문제를 살펴보고 문제 해결을 위한방
> 법들을 고민하기 시작했다. 그들은 여전히 살색 표기를 하고 있는 언론, 여성 속옷 제조업체, 대
> 형 할인점을 조사하여, 방송사 3곳, 신문사 9곳, 인터넷 언론 1곳, 속옷 업체 2곳, 할인점 3곳을
> 발견했다. 이를 국가 인권위원회에 알려 해당 언론사나 기업들로부터 살색이란 용어를 더 이상
> 사용하지 않겠다는 응답을 받았다.

<자료4>

> 　○○학교 학생들은 학급에서 이른바 '작은 정치'를 한다. 학기 초에는 학급 구성원이 모두 참여
> 하는 학급 토의를 열어 1년 간 지켜 나가야 할 학급 규칙을 만든다. 친구의 의견을 경청하고 그
> 에 따라 동의나 반대 의사를 자유롭게 표시한다. 그렇게 정해진 '학급법률안'의 기본 정신은 '학급
> 구성원 모두의 존중'이다.
> 　또한 학급에서 학생 사이에 다툼이 일어나거나 갈등 상황이 벌어질 때마다 학급 회의를 열어
> 해결책을 마련한다. 다툼과 갈등의 당사자 학생들에게 책임을 묻는 방식에 대해 함께 결정하고 학
> 급 내 폭력을 예방할 수 있는 방안들에 대해 여러 가지 의견을 나눈다.

🌿 <자료1>~<자료4>를 보고, 우리가 민주 시민이 되기 위하여 갖추어야 할 모습에 대해
모둠별로 토의하고 아래 그림의 예시처럼 말풍선을 이용해 적어볼까요?(있는 대로)

함께 생각해보기 1　　　　　　　적당한 정의는 없습니다.

영화 '재심'이 개봉 첫날 박스오피스 1위였다죠. 의미 있는 흥행 영화가 될 것 같습니다.
영화 '재심'의 실제 주인공이자 억울하게 누명을 쓴 사람들의 재심을 돕는 변호사, 박준영 변호사의
세바시 강연 '적당한 정의는 없습니다'를 보고 과연 '정의란 무엇인가' 함께 생각해 볼까요?!

영상을 보면서 든 생각…. 과연 '정의란 무엇일까요?' 스스로의 생각을 적어봅시다.

<정의란 무엇인가>

민주시민으로서 나는 어떤 실천의 노력을 할 것인지 적어볼까요?

오늘 수업 후의 소감을 적어볼까요?

산본고등학교처럼 반드시 워크북을 만들어야 하는 것은 아니다. 앞에서 살펴본 국가 수준의 도덕과·사회과 교육과정 등에 제시된 핵심 가치와 내용 요소들을 우리 학교의 비전, 목표, 인간상, 역량들과 잘 연결하여 강조하며 다양한 방법으로 민주시민교육을 실천할 수 있다. 경기도 평택의 가사초등학교는 학년별 중심 민주시민 가치 덕목을 선정하고 그 덕목

가사초등학교 하브루타 슬로리딩 프로젝트

	중심 덕목	1학기 도서	2학기 도서
1학년	질서	원숭이의 하루	쿵푸 아니고 똥푸
2학년	존중	원숭이의 하루	쿵푸 아니고 똥푸
3학년	배려	아낌없이 주는 나무	우리 사부님이 되어 주세요
4학년	협동	아낌없이 주는 나무	수상한 아이가 전학 왔다
5학년	인권과 다양성	어린 왕자	소리 질러 운동장
6학년	공동체와 사회공헌	어린 왕자	잘못 걸린 짝

회천초등학교 주제 중심 프로젝트 활동

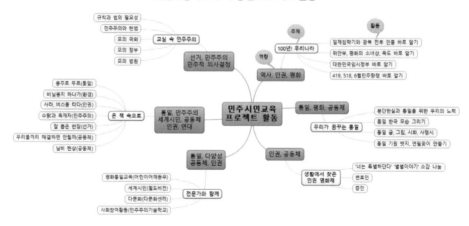

들과 관련되는 도서를 선정하여 '하브루타 슬로리딩 프로젝트'를 통해 학생들의 토의 · 토론능력, 문제해결력, 창의성 등을 함양하고 있다. 또 경기도 양주의 회천초등학교처럼 다양한 학교 교육활동을 주제 중심 프로젝트 활동으로 재구성하여 민주시민교육을 실천할 수도 있다.

이 이외에도 다양한 자료를 민주시민교육 재구성을 위한 자료로 활용할 수 있다. 2018년 교육부와 한국교육개발원에서 발간한 민주 시민 육성을 위한 인성교육 프로그램 '즐거운 교실 당당한 시민'에서는 민주시민교육 관련 주제 영역을 '민주주의, 자유, 평등, 정의, 공감 · 소통, 연대, 민주 시민'의 7가지로 선정하고 해당하는 다양한 활동을 안내하고 있다.[9]

차시	주제 영역	차시별 제목	주요 내용	시간
1	1. 민주주의	민주주의-01 민주주의야, 안녕?	민주주의의 의미 알기	45분
2		자유-01 나, 너 그리고 우리의 자유	자유의 의미와 소중함 알기	45분
3	2. 자유	자유-02 책임지는 자유인이 되자!	자유와 책임 사이의 균형 찾아보기	45분
4		자유-03 자유로운 국가를 건설해 보자!	자유로운 국가 상상하기	90분
5		평등-01 길 위의 사람들	차별적인 상황 표현하기	90분
6	3. 평등	평등-02 다른 건 틀린 게 아니야	차별과 배제로 인해 나타나는 문제 성찰하기	90분
7		평등-03 평등으로 가는 위대한 발걸음	평등한 세상을 꿈꿔 온 과정 표현하기	90분
8		정의-01 정의야, 친해지자	정의롭지 못한 상황 발견하기	90분
9	4. 자유	정의-02 햄버거는 누가 먹지?	공정한 분배 기준 토의하기	45분
10		정의-03 수사와 재판 과정도 정의롭게!	수사 및 재판 과정과 관련된 인권 보장제도 토의하기	45분

11	5. 공감 · 소통	공감·소통-01 내 마음을 알아줘	타인의 마음 읽어보기	90분
12		공감·소통-02 공감해야 비로소 보이는 것	공감 키워드 찾기	90분
13		공감·소통-03 통해야 이루어진다	가상 시민 사회 구성을 위해 토의하기	90분
14	6. 연대	연대-01 함께 바꾸는 우리 지역	우리 지역의 시민 단체 찾아 소개하기	90분
15		연대-02 우리 모두의 학교	우리 지역에 특수학교 설립하기	45분
16		연대-03 세계로 가는 한 걸음, 우리는 하나	전 지구적 차원의 연대 활동 찾기	45분
17	7. 민주 시민	민주 시민-01 우리는 민주 시민	민주 시민으로서 지켜야 할 약속 정하기	45분

* 출처: 교육부·한국교육개발원(2018). 민주 시민 육성을 위한 인성교육 프로그램, '즐거운 교실 당당한 시민', 8쪽.

함께 실천하는 민주적 수업

'학교 교육은 무엇을 추구하는가?' 하고 물으면 뭐라고 답할까? 아마도 이 어려운 질문에 대부분의 사람은 '민주시민 육성을 위해서' 라고 답할 것이다. 물론 '민주시민 육성' 은 당대를 사는 우리 모두가 동의할 수 있는 기표(記標)다. 하지만 이 기표 속에 우리는 스스로 예의, 배려, 협력, 성찰, 참여 등과 같은 내적 가치에서부터 질서, 경쟁, 성공, 역량, 성취와 같은 사적 욕망의 기의(記意)들을 슬쩍 끼워 넣고 있는지도 모른다.

하지만 민주시민교육은 양극단의 가치조차도 포용할 수 있어야 한다. 왜냐하면 민주시민교육은 우리 헌법의 기본 가치와 이념을 계승하고, 민주주의 발전에 기여한다는 기본원칙에서 출발하기 때문이다. 따라서 우리 사회에서 논쟁적인 것은 학교에서도 논쟁적으로 다뤄야 하며, 사적인 이해관계나 특정한 정치적 의견을 주장하기 위한 방편으로 이용해서는 안 된다. 자유로운 토론과 참여를 통해야 하며, 교화나 일방적인 주입을 교육 방법으로 사용해서는 안 된다. 아울러, 학교시민의 민주시민교육에 대한 보편적 접근성은 보장하며 자발적인 참여를 지원해야 한다.[10]

이러한 관점에서 보면, 민주시민교육 방법은 그 자체가 내용이 된다. 즉 방법이 곧 내용이고, 내용이 곧 방법이 되는 영역이 바로 민주시민교육이다. 교사와 학생, 학생과 학생 간의 민주적 관계에서 출발하는 민주시민교육은 자기 주도 프로젝트로 이어지고, 자신의 삶과 연결되는 배움을 위한 논쟁과 토론을 거치며, 이를 통해 드러난 사회적 모순을 해결하기 위해 대안을 만들어가는 사회참여 수업을 학생이 스스로 만들어간다. 민주학교의 교육 원칙은 학교라는 장소성에서 출발한다. 민주학교의 교육은 '관계의 민주성'을 기초로 '배움의 민주성'과 '체험의 민주성'을 넘어 '공간의 민주성' 등을 통해 드러나기 때문이다.

수업에서 따뜻함… 상호존중이 있는가?[11]

학교민주시민교육 국제포럼에서 거트 비에스타(Gert Biesta) 교수는 "모든 사람에게 평등한 기회를 주고자 하는 민주주의 사회는 언제나 우리에게 타협과 자기 제한을 요구한다는 것을 알아야 한다. (중략) 이것은 사적으로 자신의 삶을 살아가는 방식이 아니라 타자와 함께 세계 속에서 성숙된 방식으로 살아가는 것이다"라고 이야기하고 이를 위한 교육적 방법으로 다음 세 가지를 제시하고 있다.[12]

1. 개입(interruption): 세계와 만나기

2. 지연(suspension): 속도를 늦추고 시간 주기

3. 지지(sustenance): 지원과 자양분 제공하기

앞에서 잠깐 언급한 것처럼, 수업의 민주주의는 두 가지 측면에서 접근할 수 있다. '무엇을 가르칠 것인가?'(내용)와 '어떻게 가르칠 것인가?'(방법)라는 질문이 그것이다. 이런 측면에서 비에스타 교수는 두 가지에 대한 답을 우리에게 모두 제시했다고 해도 과언이 아니다. 수업의 민주성을 위해 무엇을 가르쳐야 하는가? 하는 문제는 비에스타 교수가 이야기한 '타자와 함께 세계 속에서 성숙된 방식으로 살아가기 위해서 무엇을 배워야 하는가?' 라는 질문과 연결된다.

학생을 어린이 혹은 청소년이라는 이름으로 미성숙한 존재로 치부하지 말고, 다양한 현실의 문제와 삶과 연관된 이야기, 사회적 이슈를 수업의 소재로 다루어, 학생들이 이러한 문제에 직면해서 대화와 토론, 논쟁 등을 통해 각자의 경험과 인식의 지평을 확장할 수 있도록 해야 한다. '내 교과'만을 중시하는 교과 이기주의라는 벽을 허물고 과감히 협력하여 주제를 도출하고 지식이 아닌 삶의 이야기를 수업을 통해 만들어가야 할 것이다.

이와 함께 '어떻게 가르칠 것인가?' 라는 방법의 문제도 수업의 민주성에서 중요한 지점이다. 이 문제는 단순히 교수 방법에 대한 이야기로 한정되지 않는다. 왜냐하면 이는 수업 상황 속의 다양한 관계에서 발생하는 권력의 문제이기 때문이다. 좋은 수업은 민주적인 수업 문화, 즉 관계의 민주성에서 출발한다. 수업은 학생의 인격적 성숙과 연대성을 촉진하고 사회의 존속과 발전에 기여해야 한다.

수업과 연관된 교육적 활동은 수업자와 학습자가 교수·학습의 과정에

대해 함께 책임을 지는 것이다. 일방적으로 한쪽의 책임만을 이야기해서는 안 된다. 교사는 학생이 자신의 능력을 발휘하는 성취 경험을 할 수 있도록 지원한다. 학생은 교사가 자신의 성취 경험을 지지하는 교사의 성공 경험에 대해 책임진다. 이처럼 수업자와 학습자 간의 상호 책임을 통한 동반 성장이 있는 수업을 통해 우리는 민주주의를 경험하게 된다.

교장에게 권한을 내려놓고 평등한 주체로 함께 하자는 요구처럼 교사들도 스스로 질문해보아야 할 것이다. 나는 학생들 앞에서 권한을 내려놓을 수 있는가? 학생들의 수업 선택권을 존중하고 보장할 수 있는가? 나는 학교와 수업 장면에서 학생들의 존엄을 충분히 보장하고 있는가? 교사도 스스로 수업 시간을 교과의 진도 빼기가 아닌 학생들과 눈을 맞추고, 학생들의 말을 경청하고 따뜻한 격려로 지지하고 있는가에 대해 끊임없이 질문해야 할 것이다. 수업은 관계의 민주성을 바탕으로 학생들이 끊임없이 사유할 수 있도록 격려하여 그들이 정신적인 직립보행을 할 수 있도록 지원하는 과정이기 때문이다.

함께하는 자기개설 수업과 자기 주도 프로젝트 수업

교사가 수업에서 학생들에게 무엇을 해보자고 하면, 많은 학생은 마지못해서 하는 것처럼 수동적으로 움직이거나 "선생님, 저를 그냥 내버려두세요", "저는 아무것도 하기 싫어요", "놀게 해주세요" 등의 반응을 한다. 이런 반응은 지금까지 스스로 주체가 되어 살아가기보다는 어른들이 하자고 하는 대로 살아가는 데 지친 목소리이다. 교사가 교육과정을 디자인하고 수업을 주도하는 것에서 벗어나 학생 스스로가 무엇을 배우고 싶은 지 결정하고 교육과정을 재구성하여 수업을 주체적으로 하게 하자는 '학생 자기 주도 프로젝트 수업' 움직임이 생겨나고 있다.

특히 대안학교에서는 '새로운 것을 가볍게 시도하고 실패할 수 있는 경험을 제공하는 수업', '열심히 하는 것과 쉬는 것(놀이)의 경계에 있는 수업', '단계적으로 교과의 경계를 허물고 교과를 폐지하고 이에 따른 평가도 폐지하는 교육과정'이 다양하게 시도되고 있다.

이에 대한 일환으로 대안학교에서는 좀 더 생활과 밀접하고 흥미롭고 자발적인 프로젝트를 진행하고자 '함께하는 자기개설 수업'이 시도되고 있다. 자기개설 수업이란 학생들이 교사가 되어 과목을 개설하고 수업을 실시한 후 평가까지 마치면 학점을 인정하는 것으로 학생이 학생 역할뿐만 아니라 스스로 교육과정 설계자에서 수업 운영자, 평가자까지 모두 다 주도하는 것이다.

중·고 통합으로 5년제 중등 교육과정을 운영하는 대안학교인 남양주 산돌학교에서는 자기개설 수업을 시행하고 있다. 어떤 학생은 포토샵 수업을, 어떤 학생은 베이스 기타 수업을, 또 어떤 학생은 '혼밥인'들을 위한 요리 수업을 개설하기도 한다. 모두 소인수 과목으로 일반 학교에서 정식으로 과목 승인을 해주기 어려운데, 시도가 새롭다. 학생들은 자기가 개설할 수업에 대한 계획서를 쓰고 학교에 신청을 한다. 학교에서 정한 날짜에 수업에 대한 설명회를 실시하고 함께 수업을 운영하면서 수강할 학생을 모집한다. 개설자를 포함해 최소 3명 이상이 되면 수업을 승인하고, 2주에 한 번씩 블록 수업을 한 학기 동안 진행한 후 평가회를 갖는다. 평가는 자기평가와 상호평가 형태로 이루어지고, 수업을 계획에 따라 잘 진행했는지 혹은 진행 과정에서 어려움은 없었는지, 어떤 점을 느꼈는지를 체크리스트 형태와 서술 방식으로 평가한다.

한 수업은 여학생 3명이 모여 청소년의 산부인과 진료 인식개선 프로젝트를 계획하여 포스터를 직접 그리고, 학교 주변 지역의 산부인과에 부착하는 캠페인 활동으로 수업을 실시해 큰 호응을 얻었다.

혁신학교가 생기면서 공교육 내에서도 대안교육의 교육과정을 차용하여 실험처럼 실시되고 있다. 학생들이 개설한 자기개설 수업이 공교육에서 용인되는 것은 시기상조이지만, '함께하는 자기개설 수업'은 학생이 주체가 되어 교육과정을 결정하고 수업을 구성하고 스스로 교사와 학생 역할을 하면서 새로움과 실패를 경험할 수 있는 프로젝트 수업으로 중요한 사례가 될 수 있다.

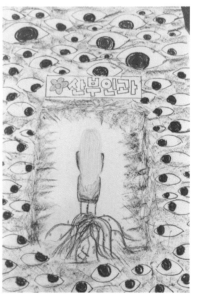

내 삶과 학교에서의 배움이 무관하지 않은 논쟁이 있는 토론 수업

토론 수업은 다양한 사회적 주제에 대해 의견을 나누고 합의해가는 민주주의를 교실이라는 작은 곳에서 모의로 배우고 경험하는 데 가장 효율적인 방법이라고 할 수 있다.

대선초등학교 토론동아리 활동의 주제를 살펴보면 '10대도 화장을 해도 되는가?', '학교에서 일기장을 검사해도 되는가?', '초등학생에게 스마트폰이 필요한가?', '공익과 사익 사이에 갈등은 어떻게 해결해야 하는가?', '외모가 차별의 조건이 될 수 있는가?' 등등 초등학생이 학교와 주변에서 갈등을 겪을 법한 상황과 이슈를 선정하여 흥미와 참여도를 높이고 토론 주제와 관련된 책을 읽고 필요한 배경지식을 쌓은 후 생각의 폭을 넓힐 수 있도록 토론 수업을 진행한다. 가령 2학기 학급 임원선거가 있기 전에 한 표의 중요성과 투표할 때의 태도에 대해 배울 수 있는 계기를 마련하기 위해 선거 기권에 대해 토론을 한다든지, 요즘 학생들에게 필수품으로 여겨질 만큼 중요하지만 필요한 만큼 부작용도 많은 스마트폰 사용과 이에 따른 미디어의 긍정적인 면과 부정적인 면을 생각해볼 수 있도록 주제를 정해 토론을 한다. 이때 토론주제 선정, 토론 준비, 토론 진행은 학생 주도로 진행할 수 있도록 하고 있으며, 교사는 조력자 역할로 적극적인 상호작용을 유도한다.

논쟁이 있는 토론 수업의 또 다른 예로 고등학교 「더불어 사는 민주시민」 교과서를 살펴보면, 각 소단원을 시작하기 전 '생각 키우기' 코너를 두어 객관적인 근거에 따라 토론을 할 수 있도록 구성해놓았다. '생각 키우기' 코너는 소단원의 학습 주제와 관련한 자료와 활동을 제시하고 다양

대선초등학교 월별 토론동아리 활동 계획 예시

시기	토론 주제
4월 4일	학생토론교실동아리 주제와 규칙 정하기
4월 25일	10대 화장을 해도 된다.
5월 8일	부모님의 생각과 나의 장래 희망이 다를 경우 어떻게 해야 할까요?
5월 24일	학교에서 일기장을 검사해도 된다.
6월 21일	초등학생에게 스마트 폰이 필요하다.
6월 27일	<독서 토론: 무지개 아줌마> 어느 쪽을 존중해야 한다고 생각하나요?
7월 4일	선거 기권해도 되는가?
9월 12일	반 대항 피구대회에서 반의 우승과 전체 참여 중 당신은 어떤 쪽을 선택하겠는가?
10월 10일	외모가 차별되는 것은 정당하다.
10월 24일	<시사 토론> 생계형 범죄 강하게 처벌해야 한다.
11월 7일	중·고등학생에게 두발 자유를 허용해야 한다.
11월 21일	<독서토론: 무기를 팔지 마세요> 무기 사용을 허용해야 한다.
12월 5일	아파트에서 동물을 키우는 것을 허용해야 한다.
12월 19일	<독서 토론: 오! 멋진데> 불편한 유행을 따라야 하는가?

한 자료를 분석하여, 활동을 진행하는 과정에서 자연스럽게 학습 내용을 익힐 수 있도록 구성되어 있다. 「더불어 사는 민주시민」 교과서를 활용한다고 민주시민교육을 잘하고 있다고 할 수는 없다. 그러나 민주시민교육을 처음 시도하거나 학년별로 동일한 주제를 선정하여 지도안을 구성할 때 경기도교육청에서 2014년도부터 만들어 보급한 「더불어 사는 민주시민」 교과서를 활용하는 것도 좋은 방법 중 하나이다.

생각 키우기

자료 교내 시시 티브이(CCTV) 녹화

새로 등장한 시시 티브이는, 담당 경찰관이 스마트폰을 통해 실시간으로 녹화 영상을 볼 수 있고, 음성 지원이 가능하여 학생 간 폭력으로 의심될 만한 조짐이 보이면 외부에 있는 경찰관이 경고할 수 있다.

고성능 시시 티브이가 설치되면 학생이나 교직원의 사생활이 침해되지 않을까 걱정했지만 학생들과 학부모, 교직원들 모두 실내 시시 티브이의 등장을 환영한다는 입장이다. 한 학생(중 1년)은 "남학생들의 경우 싸우면서 친해지는 경우가 많다 보니 학기 초만 되면 이유 없이 괜히 시비를 걸거나 싸울 때가 많은데, 시시 티브이 설치 이후 시비를 걸려고 하다가도 고개만 들면 시시 티브이가 지켜보고 있어서 움찔하게 된다."라며 "누군가가 나를 지켜보고 있다고 생각하니 행동을 한 번 더 신경 쓰게 된다."라고 말했다.

– 대한민국 정책 기자단(http://reporter.korea.kr)

1 다음 질문에 대해 이야기해 보자.

- 시시 티브이 설치를 통해 학생이 보호받는 자유와 침해받는 자유에는 무엇이 있을까?
- 시시 티브이 설치를 통해 이익을 보는 사람은 누구일까? 또 어떤 이익을 보게 될까?
- 시시 티브이 설치를 통해 피해를 보는 사람은 누구일까? 또 어떤 피해를 보게 될까?

2 시시 티브이 설치에 대한 자신의 입장을 정하고, 자신의 입장을 뒷받침할 수 있는 객관적인 근거나 자료를 세 가지 찾아보자.

객관적인 근거나 자료의 조건: 흔히 이야기하는 팩트(fact). 어떤 분야의 전문가(교수, 박사, 연구원)들의 연구 결과, 믿을 만한 기관의 통계 조사 자료, 모든 사람이 공유하는 상식 등. 보통 신문 기사에 많이 사용됨. 이때 반드시 출처를 함께 메모할 것. 단, 유명 포털 사이트의 질의응답 게시판은 출처로 적절하지 않으니 주의할 것

3 자신이 정한 입장에서 다음의 반론에 답해 보자.

☐ 시시 티브이 설치 찬성: 정말 모든 곳에 다 설치해야 할까?

☐ 시시 티브이 설치 반대: 폭력이나 도난 등의 사고를 예방할 수 있는 다른 방법으로 무엇이 있을까?

4 교내 시시 티브이 설치에 대한 자신의 의견을 정리하여 토론해 보자.

나는 교내 시시 티브이 설치에 (찬성, 반대)해. 그 이유는 _____

_____

_____(이)야. 그리고 이를 뒷받침하는

근거의 내용은 다음과 같아. _____

_____

_____

그래서 나는 시시 티브이 설치에 (찬성, 반대)해.

사회문제 인식에서 출발해 민주시민교육의 주체로 물들어가는 교사

어떤 교사가 민주시민교육을 할까? 민주시민교육의 다양한 주제를 선정하여 교육과정을 재구성하고 수업하는 교사는 왜 그런 수업을 시작했을까? 민주시민교육을 하는 교사가 따로 정해져 있는 것은 아닐 것이다.

다음은 교사의 문제 인식에서 출발하여 교육과정 내 수업을 재구성하여 환경문제를 주제로 다루어본 수업 사례이다. 교사 스스로 문제를 인식하고 그 문제의식을 혼자 알고 있는 것이 아니라 동료 교사와 학생들과 나누고자 하는 마음에서 민주시민교육은 출발할 수 있다.

> 개학이 가까워져 올 무렵 한 매체의 뉴스 보도를 보았다. 그린란드의 북부 해안 주변, 1970년 관측한 이래 단 한 번도 붕괴된 적이 없는 평균 두께 4m의 '최후의 빙하'가 무너졌다는 기사였다. '얼음 저장고' 역할을 하던 '최후의 빙하'가 올해 폭염과 이달 초 북극에 분 강풍으로 일부가 붕괴됐다는 보도였다. 기상학자들은 "이례적인 일"이라며 "무섭다"는 표현까지 썼다. 또 노르웨이 연구진은 북극의 얼음 지역이 1981년보다 40%나 작아졌다며, 2030년 후에는 여름에 북극 얼음이 아예 없어질 것이라는 전망도 했다. 2030년이면 12년 뒤인데... 아주 금방인데.. 게다가 많은 커피전문점에서 빨대와 테이크아웃용 플라스틱 컵 사용을 자제해야 한다는 보도가 연일 나오고 있다. 나는 너무 늦은 것이 아닐까? 하는 생각이 들면서도 우리 반 아이들에게 이 소식을 전하고 함께 생각을 나눠봐야겠다고 결심했다. 교육과정과 관련된 차시를 찾던 중 '5학년의 도덕 단원 3. 책임 있는 삶'을 지도하면서 우리 지구에 대한 책임으로 함께 이야기해보기로 했다. _ 민주시민교육을 시작하게 된 어느 교사의 이야기

	내가 버린 플라스틱은 어디로 갔을까?
학습목표	• 우리가 지녀야 할 국가와 세계에 대한 책임을 알 수 있다. • 개인적 차원을 넘어선 책임을 공동체 차원에서 환경보호로 실천할 수 있는 의지를 갖는다.

1 도입

[지구 최후의 빙하]

1. 2018.8.22. JTBC 뉴스 보도를 보고 느낀 점 이야기하기
   □ 이 뉴스를 방학 중에 접한 친구가 있나요?
   □ 이 뉴스를 보고 어떤 느낌이 드나요?
   □ 빨대와 플라스틱 컵, 비닐봉지에 대해 사용을 줄어야 한다는 뉴스나 신문 기사를 본 적이 있나요?
   □ 최후의 빙하에 어떤 일이 있었나요?
   □ 최후의 빙하가 녹은 문제의 원인은 무엇입니까?
2. 빙하가 녹으면 발생하는 일 생각하기
   □ 빙하와 지구 온난화는 어떤 관련이 있을까요?
   □ 빙하는 왜 중요할까요?
   □ 빙하에서 살고 있는 생물이 있을까요?
   □ 최후의 빙하가 더 많이 녹으면 어떻게 될까요?
   □ 노르웨이 연구진이 빙하가 다 녹는다고 예상한 2030년에는 무슨 일이 벌어질까요?

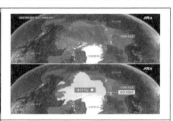

최후의 빙하 관련 뉴스 보기	1981년과 2018년의 빙하 면적 차이

2 전개

[MIDWAY - a film by Chris Jordan 영상 보고 모둠 토의하기]
https://www.youtube.com/watch?v=ozBE-ZPw18c&t=49s
1. 이 갈매기들은 왜 이런 모습으로 죽었을까?
2. 매일 셀 수 없을 만큼 많은 플라스틱병과 제품이 생산되고 버려진다. 전 세계적으로 버려지는 플라스틱병의 수는 몇 개일까? 우리가 일상적으로 사용하는 생수병과 플라스틱병을 중심으로 생태계를 바라보도록 안내한다. 플라스틱병 하나가 생태계의 다른 존재들에게 미치는 영향에 대해 생각해보고 구체적인 실천을 생각해본다. <출처-경기도교육청 발행(생명존중길라잡이 중에서)>

갈매기의 죽음과 플라스틱의 관계	플라스틱은 어디로 갔을까?

3. 모둠 친구들과 함께 이야기하기
   ☐ 플라스틱 쓰레기를 줄이기 위해서 어떻게 해야 할까?
4. 생명과 생태계와 관련한 모둠 생각 나눔 결과 발표하기

3 정리

1. 가정에서 실천할 수 있는 플라스틱 줄이기 방법에는 어떤 것들이 있는지 말해보기
   ☐ 한 번 사용한 일회용 컵을 씻어서 다시 한번 사용하기
   ☐ 패스트푸드점이나 선물을 살 때 과도한 포장 사양하기
   ☐ 빈 병이나 캔, 우유갑 등 재활용이 가능한 쓰레기는 분리 방법을 철저히 지켜 재활용률을 높이기
   ☐ 새 물건을 사기 전에 기존의 물건을 고쳐 쓰거나 다시 쓸 수 있는지 확인하기
2. 나의 플라스틱 사용 습관 개선에 대해 다짐을 발표해 봅시다.

'민주시민교육을 받아보지 못해서 민주시민교육을 하지 못하는 세대' 요즘의 선생님들에 대해 이렇게 이야기한다. 민주시민교육을 받지 못한 사람은 평생 민주시민교육을 하지 못하는 걸까? 그렇지 않다. 한 걸음 한 걸음 걸음마를 떼듯이 연수를 찾아 교육을 받아보고, 동료와 수업을 나누어보고, 기존 교과에서 인권, 선거, 평등, 다양성, 평화, 연대, 환경 등등 민주시민교육 내용 요소를 강화하여 수업을 시도해보고… 이렇게 하다 보면, 어느덧 수업에서 그리고 생활에서도 민주시민교육의 주체가 되어가고 있을 것이다.

삶에 대한 경험과 배움: 사회참여 수업과 사회적 실천

"우리는 지구가 시원해지면, 그때 학교에 나갈 것이다."(호주의 학생들)

"우리는 당신에게 한 가지(기후변화 위기)를 가르쳐주기 위해 학교에 가지 않았다."(영국의 학생들)

지난해 8월 온실가스 배출 감축을 촉구하는 1인 시위를 시작으로, 전세계 학생 140만 명의 '금요일 등교 거부 시위' 일명 '미래를 위한 금요일'을 이끌어낸 스웨덴의 그레타 툰베리(Greta Thunberg, 16)는 최근 뉴욕 집회에서 "다른 사람들이 행동하지 않는다면 우리가 할 것"이라고 말했다. 젊은 환경운동가들은 뉴욕 유엔본부에서 열린 '청년 기후 정상회의'(2019.09.21.)에 참석하여 기후변화 문제 해결에 소극적인 기성세대와 기업들을 향해 쓴소리를 했다. 이를 지켜본 안토니오 구테헤스(Antonio Guterres) 유엔 사무총장은 "변화의 모멘텀은 이러한 운동을 시작한 여러분

의 진취성과 용기에 의한 것"이라고 평가했다.[13]

우리나라에서도 330개 단체로 구성된 '기후위기 비상행동'이 집회를 열고 "우리 공동의 집이 불타고 있다. 인류의 생존, 지구의 안전 따위 아랑곳없이 화석 연료를 써대는 잘못된 시스템을 바꿔야 한다"며 정부에 대책을 요구했다. 이런 사회참여에는 청소년이 기후위기(생태계 파괴)의 당사자라는 문제의식이 담겨 있다.

매일 출근하는 학교에서 학생들의 이 같은 행동을 일상적으로 대면한다면 어떤 심정일까? 생태적 감수성이 탁월한 학생들이 대견할까, 아니면 불편할까? 그것도 아니면 복합적인 감정이 일어날까? 만약 양가(兩價)적 감정 속에서 복합적인 마음이 생긴다면, 앞에서 기술한 민주시민성에 대한 '내적 가치'와 '사적 욕망' 사이에서 갈등하고 있다는 방증이다. 우선은 한 번의 성공, 혹은 실패의 대가가 너무 과도한 승자독식 사회에서 사회적 실천을 통한 진정한 배움을 이야기하기에는 너무 공허하기 때문이고, 그다음은 학교를 '시민성 충전소'라고 했을 때 사람들이 추론하는 시민성(책임, 참여, 사회정의 지향)이 다양할 수 있기 때문이다.

이 같은 학생들의 사회참여는, 교사는 교육과정의 민주주의를 성취할 수 없을지도 모르지만, 지구적 이슈에 대해 성찰하는 학생들이 할 수 있을지 모른다. 이는 현실 감각이 떨어지는 순진한 꿈처럼 보이지만, 매력적인 논의다. 왜냐하면 이는 학생들에게 있어 지구적 문제에 대한 통찰을 실천적 행위로 표현하는 결정적 경험이요, 동시에 참된 배움을 위해 학교에서의 배움까지도 일정 정도 유예하는 역설적 상황이기 때문이다.

교육과정에 대해 새롭게 프로그래밍한다는 것은 학생들이 자신의 학습 내용을 결정할 수 있는 권리와 연결된다. 즉 학습자들이 그들의 필요, 흥미, 배경, 능력에 따라 학습 경험을 결정할 수 있어야 한다는 말이다. 이는 수업의 방법뿐만 아니라 배움의 과정에서의 민주성을 의미한다. '관계 그 자체'가 교육과정 민주주의의 마스터 개념이다. 그 관계는 두 가지 측면이 있다. 하나는 '배우려는 사람'과 '배움을 지원하는 사람'과의 관계이고, 다른 하나는 '배우려는 사람'이 '배움에 다가가는 방법과 내용'의 관계이다. 즉 배우려는 사람, 배움을 지원하는 사람, 배움에 다가가는 방법, 배움이 목표로 하는 내용 등이 위계적으로 작동하지 않고 상호작용하는 관계를 말한다. 왜냐하면 민주학교는 학교민주주의와 더불어 '실천적인 교육과정'을 통해 사회문제에 접근하기 때문이다.

민주학교는 어떠한 사상이라도 자유롭게 공유되어야 하며, 모든 구성원이 충분히 접근할 수 있어야 한다. 어떠한 사상, 문제, 정책들을 평가할 수 있는 비판적 성찰과 분석 능력이 전제되어야 함은 당연하다. 민주학교는 학생 중심 교육을 통해 학생 자신이 스스로 책임지고 참여하며 사회정의를 추구하는 교육이 동시에 시행되는 학교이기 때문이다. 앞에서 기술한 바와 같이 민주학교에서는 학생들이 사회문제에 눈감지 않고 직접 관여하면서 스스로 자신의 삶을 개선할 수 있는 것까지를 교육과정에서 포함할 수 있어야 한다. 그러므로 교육과정을 통한 학생의 경험은 유연하고 (flexible), 개별적(individualized)이어서 사회적 실천(social practice)까지도 포함할 수 있어야 한다.

경기도 A 고등학교에서는 학교 구성원이 함께 출자하여 경영해나가는 사회적협동조합의 설립을 통해 소통과 나눔에 근간한 교육복지 실현이라는 사회적 실천을 경험하고 있다. 사회적협동조합을 이끄는 이사회는 교직원, 학부모, 학생들로 구성되어 있는데, 이중 2/3가 학생이사이다. 이들은 스스로 사업계획을 마련하여 공유경제사업, 장학사업, 학교 환경 개선 사업 등을 실천하고 있다. 위생용품, 우산, 필기도구 등과 같은 학생의 필수 생활용품 판매를 통한 학생 생활 복지 실현, 카페형 학교매점 공간을 통해 학생, 교직원, 학부모, 지역주민의 소통 공간 구현, 한 개의 제품을 여럿이 함께 쓰는 협업소비를 기본으로 하는 공유경제교육 실천 등이 그것이다.

학생들은 이러한 사업을 전개하면서 학생 이용자의 욕구 및 기호도 조사, 친환경 먹거리 시장 조사, 지역주민을 대상으로 한 홍보활동, 판매 물품 가격 조정 및 결정, 이용자 만족도 조사, 학생생산품을 직접 판매할 기회 제공, 카페형 매점 공간 인테리어 함께 하기 등 사회적협동조합 활동으로 공정한 소비와 친환경, 상호연결성, 다양성, 순환성을 강조하는 '생태'라는 개념을 자연스럽게 내면화하게 된다. 또한, 사회문화, 기술·가정, 경제 등 관련 교과를 통해 저개발국 생산자와 개발국가 소비자의 연대로 저개발국의 생산자들에게 공정한 대가를 지불함으로써, 그들이 가난에서 벗어나고 자립할 수 있는 공정무역을 탐구하고 홍보활동을 전개한다. 이러한 과정을 통해 삶을 배우고 실천하는 깨어있는 민주시민 의식을 함양하고 있다.

일반적으로 삶의 장면, 실제 맥락을 배움에 연결한다는 것은 교과 지식을 실제 맥락에 적용해보거나, 교과 지식의 구조에 적합한 사례를 찾아보는 방식이었다. 하지만 이 같은 접근은 교과 지식을 삶의 장면에 연결한다는 점에서 맥락적 지식을 지향하지만, 학습자 개인의 관심과 실천이라는 측면에서 보았을 때는 참된 배움이 될 수 없다. 앞에서 소개한 기후행동과 사회적협동조합의 사례는 학습자가 교과 지식을 탐구하고 사회적 실천에 참여하는 과정을 통해 지적, 정서적, 의지적 성장을 꾀한다는 점에서 그 배움의 형식이 다르다. 이는 교과 지식을 학습자의 경험에 비추어 들여다보는 관념적 행위가 아니라, 학습자의 삶에 교과 지식을 활용하는 실천적 행위이다. '교육과정의 민주주의'를 '학교와 교사의 교육과정 자율성'만으로 환원할 수 없는 이유가 바로 여기에 있다. 이러한 맥락에서 보면, 교육과정의 민주주의는 일상의 배움과 삶 속에서 민주적인 자질과 가치의 함양을 지향한다.

또한, 민주학교는 교육과정에 대한 새로운 관점을 요구한다. 이는 교육과정의 의미에 대한 범위와 층위에 관한 문제이다. 학교는 교육과정을 운영하는 장소(place)이다(초 · 중등교육법 제23조). 장소는 물리적 공간을 넘어선다. 장소는 물리적 공간, 행동(실천), 의미가 혼합되어 있는 정체성의 공간이기 때문이다. 따라서 학교라는 장소는 공간, 행동(말과 행위), 의미를 통해서 교육과정을 운영하는 곳이다. 학생들이 학교라는 장소를 경험하는 방식은 교육과정의 민주주의를 전면적으로 사유하게 한다. 우리는 학교를 어떻게 경험하고 의미화하고 있는가? 학교라는 장소를 통해 '경험하는 세계'는 무엇인가?

학교는 진로를 개척하고 확장하기 위해 공부하는 공간일 뿐만 아니라 민주주의를 사는 삶의 공간이다. 그래서 학교는 민주적인 경험을 통해 민주시민으로서의 정체성을 찾아가는 공간이기도 하다. 학교라는 공간은 별생각 없이 행동하고 움직이는 본능적이고 무의식적인 지각 공간과 같은 원초적 공간일 수 없다. 원초적 공간은 단지 자아중심성만 가득한 공간이다. '학교는 우리가 행동하는 대로 만들어진다'는 말은 원초적 공간을 '의미의 장소'로 바꾸기 위한 언표다. 왜냐하면 학생들은 학교라는 세계 속에서 타인들과 섞여 있고, 서로 묶여 있으며, 타인을 이해하기도 하고, 이해의 대상이 되기도 하는 한 인간으로서 살아가기 때문이다.

　이런 맥락에서 보면, 학교라는 장소는 삶으로서의 민주성을 경험하고 실천하는 곳이다. 앞에서 언급한 스웨덴 환경운동가 그레타 툰베리가 주도한 '미래를 위한 금요일'이라는 등교 거부 운동은 기후행동이 더 이상 미룰 수 없는 현재적 과제라는 절실함 속에서 지구의 주인은 인간, 식물(나무), 동물(늑대)임을 말하고 있다. 이는 생태 감수성으로 인간, 식물, 동물을 넉넉히 품어 안은 '관계의 민주성'이다. 경쟁적 서열화, 능력주의 속에서 생태적 감수성을 경험할 수 있는 소중한 사회적 실천인 것이다.

우리 학년, 우리 학교가 함께하는 주제 중심 프로젝트 활동

　주제 중심 프로젝트는 과목별로 특정한 주제를 분절적으로 탐색하는 것이 아니라 주제를 중심으로 여러 교과가 연계함으로써 통합적 사고능력을 함양하는 방법을 의미한다. 한 가지 주제로 한 달 정도 운영하기도 하고 길게는 한 학기 동안 운영하기도 한다. 또 학년별로 프로젝트를 하기도 하지만, 전 학년이 하나의 프로젝트를 함께 운영하기도 한다.

　민주시민 교과서를 살펴보면, 민주주의, 선거, 미디어, 인권, 다양성, 노동, 평화, 연대, 정의, 안전까지 10가지 주제를 선정하여 주제 중심 수업을 할 수 있도록 구성해놓았다.

초등학교 3~4학년용 「더불어 사는 민주시민」 교과서 차례

Ⅰ. 민주주의와 참여

    1. 함께 결정해요_민주주의

    2. 누구를 뽑을까요_선거

    3. 생각을 전해요_미디어

Ⅱ. 인권과 평화

    4. 우리는 소중해요_인권

    5. 우리는 달라요_다양성

    6. 즐겁게 일해요_노동

    7. 평화를 꿈꿔요_평화

Ⅲ. 연대와 정의

    8. 우리 함께해요_연대

    9. 공정하게 살아요_정의

    10. 안전하게 살아요_안전

이처럼 초등학교부터 고등학교까지 민주시민이 되기 위해 배우고 실천해야 할 주제를 학교별로 선정하여 함께할 수 있다.

다음은 소하중학교가 3·1운동 및 대한민국 임시정부 수립 100주년을 맞이하여 전교생이 함께한 주제 중심 프로젝트 활동 사례이다. 7개월 정도 소요된 장기 프로젝트로 도덕, 역사, 국어, 미술 교과와 자치활동을 연계했다. 이를 통하여 학생들은 우리나라의 역사를 바로 아는 것에서 출발하여 공공문제를 해결하기 위해 참여하는 활동을 함으로써 민주시민 의식을 고취하고 자신의 참여로 사회를 바꿀 수 있다는 주체의식을 함양한다.

소하중학교 프로젝트 수업 사례

I 목 적

1) 3.1 운동 및 대한민국 임시정부 수립 100주년을 맞이하여 대한민국 100년의 발전과정을 성찰하고, 평화와 인권, 민주공화국 수립을 위한 노력을 기억하고 기념하며, 현실의 여러 모순을 고쳐나가는 민주 시민으로서 필요한 자질을 키운다.
2) 세월호 (4·16) 참사 5주기를 맞이하여 희생자들을 기억하고 추모하며, 안전한 학교 문화 만들기 및 학생들의 안전 의식 고취에 힘쓴다.
3) 청소년들 공공의 문제해결에 참여하고 사회변화를 이끌어낸 청소년의 사회참여 활동 등의 사례들을 통해 청소년들이 민주시민으로서 역할을 하며 더 나은 세상을 직접 만들어간다는 자부심을 키운다.

II 세부 활동 계획

1) 통합 과목 : 도덕, 역사, 미술, 학급자치   2) 대상 : 소하중학교 전체 학생
3) 일정 : 2019년 4월 14 ~ 11월 까지 장기 프로젝트로 진행

III 기대효과 및 제안 사항

1) 기대효과 : 앎과 깨달음에서 그치는 것이 아니라 구체적인 행동(표현, 실천)을 이끌어냄으로 배움에 대한 실천적인 삶을 지향하고 교과간의 통합적 협력적인 배움의 문화형성에 기여한다.

2) 제안사항 : 프로젝트 수업의 목적을 분명히 하고 교사 및 학생 모두가 공유하여 진지하게 임한다. 관련 교과 담당교사들이 일상적인 수업 나눔을 통해 해당 일정을 협력적으로 진행한다. 학급자치, 학기말 프로젝트 운영과 연계하여 학생회, 학년부 등 관련부서와 긴밀하게 협의하면서 운영한다. 사후 평가회를 통해 이후 학교 계획 및 교육과정에 발전적으로 반영한다.

학급별 대형 걸개그림 그리기
- 민주회의 길 6월항쟁

학급별 대형 걸개그림 그리기
- 민주화의 길
5·18 민주화운동

소하중학교 '민주화의 길',
문구 공모전 당선작

공간의 민주성 회복 프로젝트 수업

학교 공간을 학생들에게 돌려주자는 움직임으로 '공간의 민주성 회복 프로젝트'가 학교마다 추진되고 있다. '공간의 민주성 회복 프로젝트'는 학교 공간을 멋지고 예쁘게 만드는 것이 목적이 아닌 학생, 학부모, 교직원이 서로 소통하여 민주적인 절차와 과정으로 공간에 민주적인 철학을 담고 이를 통해 교육공동체의 주체성을 회복하기 위한 것이다.

이러한 프로젝트는 복잡한 절차와 긴 시간, 많은 예산이 동반되어야 하지만, 수업을 통해 학교와 공간이 주는 의미에 대해 고민하고 배우고 민주시민으로 성장할 기회를 제공하는 것이 무엇보다 중요하다.

초등학교에서는 학생들이 마음껏 상상을 해보고 상상한 것을 구체화하기 위해 각 교과의 관련 단원마다 공간에 대해 배우고 탐색하는 시간을 갖는다.

"선생님, 정말 우리가 생각하는 대로 돼요?"

점심시간이면 강아지 농장도 생기고 고양이 놀이터도 생기는 상상력이 무한한 아이들이라 평소 같으면 "말이 되는 데까지만…"이라고 대답했을 테지만, 이번만큼은 "그럼, 너희가 하고 싶은 대로 해봐"라고 말하는 선생님이 되었다. 건축가가 아닌 이상 어떤 공간을 직접 생각한 대로 바꾼다는 것은 어른들도 생소한 일인데 아이들 스스로 생각한 대로 공간을 바꾸어준다니 얼마나 신나는 일이었을까._ 전곡초등학교에서 '공간의 민주성 회복 프로젝트'를 주도한 교사의 리뷰 중에서

중학교의 자유학년제 활동에서도 공간의 회복 프로젝트 수업은 훌륭한 주제중심수업, 융합수업이 된다. 사회-가정-미술-기술-자유학년제

상미초등학교 공간의 민주성 회복 프로젝트를 위한 교육과정 재구성 사례[14]

차시	교과 - 단원명 (6학년 예시)	수업 및 평가 계획
건축가와 교직원, 학부모, 학생이 함께하는 교내 인사이트 투어로 공간 혁신 철학 공유하기		
1	도덕 - 4.공정한 생활	학교 공간에 대한 생각 공유하기(학급별)
2	창체 - 자율활동	학교 공간을 대상으로 관찰하기 안내(학급별)
관찰하기 주간(약 2주간)		
3	창체-자율활동	관찰한 내용 발표하기(학급별) 폴라로이드 카메라, OHP필름, 네임펜 등 이용
위의 3차시에 학급에서 발표한 내용을 상미 공간 혁신 동아리에서 수합하여 분류, 우선 순위 정하기 - 5대 영역 (조경, 휴식, 놀이, 학습, 편의 시설) 선정		
4-5	미술 - 10. 시시각각 변화하는 풍경	전교생 참여 인사이트 토크활동하기 전교 자치회 학생이 진행 및 공간 혁신 동아리의 우선 순위 프리젠테이션, 건축가 자문, 상미 공간 혁신 동아리 참여
전교생 참여 인사이트 토크활동을 바탕으로 학교 공간의 우선순위 정하기 투표 - 〈휴식, 놀이〉 공간으로 선정		
6-8	국어 - 3. 타당한 근거로 글을 써요	학교 공간에 대한 아이디어 나타내기(학급별)
건축가 컨설팅 - 3,6학년 아이디어 구체화 내용 및 수업 방법 협의(학교내 오솔길로 선택과 집중)		
9-10	미술 - 10. 시시각각 변화하는 풍경	학교내 오솔길에 대한 아이디어 구체화 하기 (건축가 수업 3,6학년 대상)
구체화된 아이디어들을 대상으로 건축가 컨설팅		

'공간의 민주성 회복 프로젝트'를 주제로 한 호평중학교 1학년 교과통합수업 사례

관련 교과	교과의 역할	관련 단원	수업흐름	수업 특색	시기
사회	학교 공간을 평등하고 평화롭게 사용하기 위한 방안에 대해 논의하고 대안을 제시한다.	Ⅳ.개인과 사회 생활	학교라는 공간은 ~ (학교 공간에서 느껴지는 문제 진단, 문제 해결을 위한 대안제시) → 독서 '학교 공간, 어떻게 바꿀 수 있을까?'(창비교육)을 읽고 활동지 작성 및 공유 → 민주적 공간을 위한 제안 (학교에서 바뀌어야 하는 공간, 학교에 더해져야 하는 공간) → 학교에 필요한 공간을 구현해 보기 (공간을 구상하여 표현) → 학교 공간을 민주주의 척도로 표현 (가장 평등한 공간과 불평등한 공간은?) → 불평등한 공간의 개선을 위한 토론 및 대안제시	독서, 토의·토론	8월~9월
가정	조명이나 채광 등 여러 조건에 따른 공간의 기능과 역할을 학습하고 학교 공간에 가구와 조명을 배치한다.	Ⅱ.청소년의 생활과 안전 03. 주거 환경과 안전	주거 공간을 구성하는 여러 환경에 대해서 학습→ 환경을 구성하는 방법 고민→ 학교 가구(탁자와 의자), 조명의 역할과 느낌 공유	이론 및 공간 배치 시뮬레이션	9월~10월
미술	환경디자인, 공공미술, 유니버설 디자인의 개념을 학습하고, 디자인 목표 설정 및 아이디어 스케치, 렌더링(완성예상도) 제작한다.	- 우리가 사는 집, 건축 - 디자인의 탄생	환경디자인, 공공미술, 유니버설디자인의 정의와 의의→ 학교 지도 그리기 : 학교공간과 사용자와의 관계 탐색하기 → 디자인의 과정 및 환경디자인, 공공미술의 종류 이해 → 디자인 기획(모둠의 디자인 장소 및 목표 설정) → 디자인 기획(개인디자인 목표설정) → 아이디어 발상 및 스케치 →아이디어 정교화 및 렌더링 → 렌더링 및 프레젠테이션 기획 → 프레젠테이션 및 동료평가	모둠 토의, 창작, 발표	8월 ~ 11월
기술	팅커캐드 프로그램을 활용하여 공간 구성한 내용을 3D 모델링하여 3D 프린터로 출력	02. 제조 기술의 문제 해결	팅커캐드 프로그램을 익힘 → 미술시간에 모둠별로 작성한 공간 구성 내용을 3D로 모델링 → 3D 프린터로 출력	모둠 활동, 전시	10월~11월

동아리 교과통합수업을 진행하면서 주제에 관한 심도 있는 탐구와 체험
이 가능하게 한다. 특정 집단이 독점하지 않는 평등한 공간, 서로 존중하
는 공간을 만들고, 온기가 있고 심리적인 안정과 위안을 줄 수 있는 '쉼'과
'틈'이 있는 공간으로 만들기 위해 교과의 벽을 허물고 교사와 학생이 함
께했다. 사회 시간에는 평등한 공간과 불평등한 공간에 대한 토론을 하고,
가정 시간에는 주거공간의 역할과 기능에 대해서 배우고, 미술 시간에는

환경디자인, 공공디자인, 유니버설 디자인에 대해서 배운 다음 아이디어 발상과 스케치를 하고, 기술 시간에는 미술 시간에 가상으로 구성한 공간을 3D프린팅으로 만들어보았다.

　호평중학교 1학년 교과통합수업 사례를 통해 알 수 있듯이, 공간의 민주성 회복 프로젝트 수업에 공이 많이 들어간다. 촘촘한 준비가 필요하다. 우리가 이러한 준비와 공을 들이는 이유는 아마도 이런 프로젝트를 통해서 다음과 같은 결과를 기대하기 때문일 것이다.

　학생은 학교 공간의 주 사용자로 불편함을 인지하고 변화를 요구·제안하는 과정에서 자존감 높은 민주시민으로 성장할 수 있을 것이며, 인간답게 존중받을 수 있는 공간 속에서 배움의 기회를 갖게 될 것이다. 또한, 학부모는 학생들의 학교생활 만족도 증대를 통해 학생들이 성숙한 민주시민이 되도록 지원할 수 있을 것이며, 교직원은 다양한 공간을 학생과 함께 누리고 교육과정을 보다 풍부하게 만드는 주체성과 자율성을 가진 민주시민으로서 학교에서 근무할 수 있게 될 것이다.

함께 성장하는 민주적 학생평가

참여와 실천 중심의 민주시민교육을 위한 교수 · 학습 방법으로 수업이 개선된다고 할지라도 평가방법이 바뀌지 않으면 학교에서 민주주의는 완성될 수 없다. 이러한 맥락으로 평가를 바꾸면 수업이 바뀐다고들 이야기한다. 꼬리를 잡아 몸통을 흔들자는 이야기이다.

많은 교사가 수업과 평가방법을 바꾸지 못하는 대표적인 이유를 첫째는 대학입시 때문이라고 이야기하고, 또 하나는 평가문항 및 평가결과에 대한 공정성 시비에 휘말리지 않도록 기존에 해오던 안전한 방식의 평가방법을 교사 스스로 선택하기 때문이라고 이야기한다.

이처럼 학생평가는 '혁신'이나 '민주성'을 이야기하기에 아직 갈 길이 먼 것 같다. 많은 사람이 평가에 혁신이 필요하다는 것에 공감한다. 그 평가 혁신의 해답을 민주시민교육에서 찾고자 한다. 민주적 삶을 배우고 실천하는 곳을 학교라고 할 때, 배운 것을 알맞게 평가하는 방법은 민주적이지 않아도 되는 것일까? 학생평가에서 민주성은 어떻게 발휘될 수 있을까? 특히 민주시민교육의 중심 주제인 인권, 선거, 평등, 다양성, 평화, 연대, 환경, 민주주의, 노동, 미디어 등은 어떤 방법으로 평가하는 것이 좋을까? 5지선다형 지필평가만으로 평가를 하기에는 무언가 석연치 않은 것이 분명해 보인다.

이에 대한 해답을 찾기 위해 학생평가에 대해 우리의 고정관념은 무엇인지 학생평가의 현재를 진단해보고, 학생평가의 장면에서 민주성은 어떻게 발휘되는지에 대해 함께 생각해보자.

현재의 학생평가를 진단하다

오직 대학진학을 위한 내신 성적 산출

고등학교 교사의 81%가 대입의 영향력 때문에 학생평가를 성장중심평가로 변화를 시도하기 어렵다고 응답한 조사 결과가 있다. 언젠가부터 고등학교 교실의 지필평가와 수행평가는 대입 내신 산출을 위해 존재하는 것처럼 보인다. 평가뿐만 아니라 수업도 마찬가지이다. 수업에서 융합수업이나 프로젝트수업 등 다양한 수업 방법을 통해 학생들의 배움을 일으키더라도 수업과 달리 평가에서는 지필평가 방식으로 실시하여 성적 줄세우기가 결정되고 나면, 재미있고 의욕적으로 수업에 참여했던 학생들은 교사들에게 배신감을 느낄 수밖에 없다. 수업 따로 평가 따로인 교실에서 학생들이 수업에 열심히 참여하기를 바라는 것은 어려운 일이다.

평가 문제를 이야기하면서 2018년 서울 강남의 ○○고등학교 사태를 빼놓을 수 없을 것이다. 자녀의 내신 성적을 높이기 위해 교무부장이 같은 학교에 다니는 자녀에게 시험문제와 답안을 유출한 의심을 받는 사건…아니, 사태 말이다.

이 사태 이후 시험의 공정성과 교사의 도덕성이 언론의 먹잇감으로 오르내리고 학교와 교사들도 한층 몸을 사리고 있는 것이 현실이다. 평가 시 보안 관리가 강화되어 학교마다 평가실 앞에 CCTV가 설치되었으며, 교직원은 자녀와 같은 학교에 근무할 수 없도록 상피제가 전국적으로 실시되었다. 학교는 지필평가를 치를 때마다 서로에 대한 믿음이 사라지고 감시체제만 남았고, 작은 전쟁을 치르는 것처럼 긴장하는 모습이 역력하다.

> 전교생 대부분이 '목숨 걸고' 공부하는 강남에서, 한 번에 100등씩 올리는 것은 기적에 가까운 일이라는 것이다. 학원가에서는 "강남에서 내신 경쟁은 러닝머신 위에서 뛰는 것과 같다."는 비유가 있다. 3학년까지 아무리 달려도 제자리라는 얘기다. _ 조선일보 기사 중에서, 2018.12.29.

이 사태와 관련하여 한 학원 관계자가 인터뷰한 내용을 살펴보면, 얼마나 많은 학생이 내신 성적과 수능시험에 '목숨 걸고' 있는가를 알 수 있다. 과연 평가는 목숨 걸고 해야 하는 것인가? 다시 말하면, 목숨과 바꿀 수 있는 동급의 가치를 지닌 것이 평가란 말인가? 가슴이 먹먹하다.

무엇을 평가할 것인가?

지식은 폭발적으로 증가하고 있다. 어떤 학자는 1790년에는 지식의 양이 두 배로 증가하기 위해 150년이라는 시간이 필요했지만, 점차 50년, 10

년으로 짧아져 2020년 이후가 되면 지식의 양은 75일 만에 두 배로 증가하게 될 것으로 예측했다.

더 이상 학생들에게 지식을 가르칠 수 없다. 5년 뒤, 10년 뒤에도 여전히 유용한 지식이 무엇인지 알 수 없기 때문이다.

우리는 흔히 학생들에게 '배우는 방법을 가르쳐야 한다', '다른 사람과 함께 하는 방법을 가르쳐야 한다' 라고 말한다. 그렇다면, 학생들의 지식을 평가하는 것이 아니라 잘 배우는 역량, 협업 능력, 더불어 소통하는 능력 등을 평가하면 되는 것이 아닐까? 교과가 추구하는 역량이 무엇인지를 들여다 보면, 그 수업에서 무엇을 가르쳐야 하고 무엇을 평가해야 하는가를 잘 알 수 있다.

시인도 틀리는 수능 문학 문제

수능 국어영역에 나온 문항의 지문에 나온 시를 쓴 시인에게 수능 문제를 풀어보라고 했더니 자기가 쓴 시 문제를 틀렸다는 유명한 일화가 있다. 아이러니하지 않은가? 시인의 숨은 의도를 묻는 물음에 글을 쓴 시인이 답을 틀린다면, 그 문제는 참된 질문, 참된 답안이라고 할 수 있을까? 문제를 위한 문제, 혹은 출제자가 의도한 답을 맞히기 위한 문항이 아닐까 유추해볼 수 있다. 자기 생각을 묻는 질문에 열린 답이 아닌 정답이 있을 수 있는 것인가?

그러나 우리는 이제까지 정답을 요구받았었고, 여전히 학교에서는 학생들에게 정답을 맞힐 것을 요구하고 있다. 그 의도된 정답에 조금이라도 접근하지 못하면 점수를 받을 수 없다.

국어 영역의 하위 평가 항목인 문학을 이야기하면 흔히 나오는 말들 중에 하나가 '수능 문학 문제는 그 시를 쓴 시인이 풀어도 문제를 다 틀린다'는 것입니다. 가장 유명한 것은 최승호 시인의 '아마존 수족관' 문제인데, 2004년 10월 고3 모의고사에 본인의 시가 나왔고, 그 시에 엮인 문제가 24, 26, 28번인데 최승호 시인은 다 틀렸습니다. '출제자가 문제를 낼 때 아예 출제자의 입맛에 맞는 감상을 제시하고, 거기에 틀을 끼워맞추는 식'의 문제, 즉 작품의 감상을 지나치게 일률적으로만 흘러가게끔 문제를 구성했기 때문에 문제가 되었다고 생각합니다. _ '시인도 틀리는 수능 문학 문제에 대한 이야기' 인터넷 게시글

일제식 5지선다형으로 시험을 보는 것이 가장 객관적이고 공정하다는 낡고 오래된 잣대는 어떻게 신념으로 굳어졌는가? 교과서대로 수업하고 평가하면 가장 옳다는 생각이 오래 지속되고 있는 이유는 무엇인가? 교사도 학생도 불편한 자율을 추구하기보다는 편안한 타율을 선택했기 때문이 아닐까? 이제는 5지선다형의 공정성에 대한 신화를 과감히 버리고, 자기 생각을 만드는 논술형 평가를 학교에서 적극적으로 도입하는 것이 필요하다.

어느 하나의 평가 방식만이 옳거나 절대적인 방법은 아니다. 어떠한 평가 방식이든지 적절한 시기에 시행한다면 그 방식이 좋은 평가일 수 있다. 이와 맥락을 같이하여 논술형 평가만이 절대적인 평가라는 의미는 아니다. 그러나 민주시민교육의 다양한 주제에 대한 자신의 입장을 근거 있게 정리하고 합리적인 해결 방법을 서술하기에 논술형 평가가 적절한 방법 중 하나라고 말할 수 있겠다.

시민은 자신이 사고하고 판단할 수 있는 지성인

논술형 평가에 대해 이야기할 때 빠질 수 없는 평가가 바로 프랑스의 바칼로레아 시험이다. 바칼로레아는 우리나라에서 '논술형 평가'라는 이름 하에 출제되고 있는 본고사 같은 문제와는 형식과 목적이 사뭇 다르다. 다음은 2015년 프랑스 바칼로레아 철학 시험 문제[15]이다.

- 문과 계열(Bac L)

  - 살아있는 모든 생명을 존중하는 것은 도덕적 의무인가?

  - 나는 나의 과거가 만든 것인가?

  - 제시된 토크빌의 지문을 읽고 코멘트하기

- 경제·사회 계열(Bac ES)

  - 개인의 의식은 단지 그가 속한 사회의 반영인가?

  - 예술가는 이해해야 하는 어떤 것을 제공하는가?(?)

  - 제시된 스피노자의 지문을 읽고 코멘트하기

- 이과 계열(Bac S)

  - 예술작품은 항상 의미를 가지는가?

  - 정치는 진실의 요구를 벗어나는가?

  - 제시된 키케로의 지문을 읽고 코멘트하기

이 문제의 답은 무엇일까? 이런 문제를 시험에 낸다면 우리나라의 학부모와 학생들은 '문제가 수준 높고 훌륭하다'라고 말할까? 아니면 '정답이 모호하여 공정한 평가가 어렵다'고 말할까? 특히 수능시험 문제로 낸다면? 아마 온 나라가 발칵 뒤집힐 것이다.

바칼로레아가 한국의 수능시험처럼 대학입학의 허가 여부를 결정하기 위해 학생의 우열을 가리는 시험은 아니다. 수험자가 중등교육과정을 얼마나 성공적으로 이수했는지를 검사하여 고등학교를 졸업시키고 다음 과정으로 진학하게 해도 되는지를 결정하는 대학입학 자격시험이다.

바칼로레아의 전 계열 공통 필수과목을 우리식으로 말하면 국어, 철학, 수학, 영어, 역사–지리인데, 국·영·수 외에 철학과 역사–지리가 포함된다는 점이 주목할 만하다. 특히 프랑스어(국어) 다음으로 가장 중시하는 과목이 바로 철학이다. 바칼로레아의 철학 문제는 철학자나 철학적 개념을 암기해서 답할 수 있는 것이 아니라 논리적이고 비판적인 자기 사유를 할 수 있어야만 답을 쓸 수 있다. 계열별로 3개의 문제가 주어지고, 그중에서 하나를 골라서 4시간 안에 답안을 작성해야 한다. 우리처럼 50분이나 한 시간 만에 5지선다형의 30문항 정도를 푸는 것과는 사뭇 다르다.

'프랑스 공화국의 시민은 자신이 사고하고 판단할 수 있는 지성인'

프랑스가 어떤 시민을 길러내고자 하는지, 교육의 목표를 가장 잘 알 수 있는 문구이다. 바칼로레아의 논술형 평가는 프랑스 교육 목표에 알맞은 평가 방법으로 100년 이상을 이어왔다.

전통 있는 시험 방식인 만큼 프랑스 국민은 바칼로레아 시험에 대한 자부심이 대단하다. 우리가 하고 있는 평가 방식에 우리는 자부심을 느낄 수 있을지, 우리가 하고 있는 평가 방법이 '민주시민 육성'이라는 우리 교육의 목표에 잘 부합하는지 생각해보아야 할 것이다.

민주적인 평가는 함께하는 평가

그렇다면, 우리가 생각하는 민주적인 평가는 어떤 평가일까? 이 물음에 대한 답을 유명한 예화에서 찾아보고자 한다.

> 미국의 어느 초등학교에 인디언 아이들이 전학을 왔다. 시험 시간에 선생님이 시험을 볼 준비를 하라고 하자, 백인 아이들은 책상을 벌리고 가림판을 올리며 시험 치를 준비를 했다. 하지만 인디언 아이들은 책상을 모으고 서로 상의를 하며 문제를 풀기 시작했다. 이를 본 선생님이 야단을 치자, 인디언 아이들은 어리둥절해 하며 이렇게 말했다. "선생님, 저희는 어려운 문제에 부딪히면 항상 도우면서 해결하라고 어른들께 배웠어요."

이런 상황이 우리나라에서 일어난다면 어떻게 될까? 시험 시간이 되었는데, 서로 모여서 의논하고 어려운 문제를 해결하겠다는 아이들이 있다면, 교사는 어떤 반응을 보일까? 학생들의 성취도달도를 촘촘히 나누어서 그 결과에 따라 순위를 정하는 기존의 평가에서는 받아들이기 어려울 것이다. 그러나 평가의 목적이 함께 배우는 과정 가운데 학생의 성취도달도를 확인하고 잘 도달할 수 있도록 성장을 도와주는 것이라면, 인디언 아이들의 행동을 잘 이해할 수 있을 것이다.

일방적인 평가, 단 한 번의 기회로 점수를 내는 평가, 줄 세우기를 위해 일부러 어렵게 문항을 출제하는 평가, 피드백이 없이 결과만 통보하는 평가, 학생을 존중하지 않는 평가, 친절하지 않은 평가는 민주적인 평가라고 할 수 없을 것이다.

중학교나 고등학교에서 '민주적인 평가'의 사례를 찾기가 쉽지 않았다. 교사들이 민주적인 평가를 하지 않고 있다는 뜻이 아니다. 보편화된 수업 나눔과는 달리, 교사 스스로 자신의 평가 현장을 당당히 열어 보여주거나 학교의 평가문화나 실태를 공개하는 학교가 많지 않았다는 뜻이다.

어렵게 평가 사례를 열어준 덕양중학교의 '민주적인 평가문화를 만들어가는 평가' 사례와 태장고등학교 한문 수업 중에 이루어지는 '학생이 참여하는 평가' 사례를 통해 민주적인 평가는 어떤 것인지 생각해보자. 이 두 사례는 거창한 사례가 아니다. 지금 우리가 함께 모여 교육과정을 재구성하고 프로젝트 수업을 구성하는 방법에 '평가'도 포함하자는 것이다. 함께 머리를 맞대고 학생들의 성장을 위한 평가에 대해 이야기를 나누어 보는 것이 민주적인 평가의 시작일 수 있다.

함께 평가 원칙 세우기

덕양중학교에서는 모든 교과가 지필평가에서 선다형 평가를 폐지하고 논술형과 서술형 평가로만 실시한다. 혁신학교 10년을 바라보는 학교답게 평가에서도 개인의 책무성에만 두지 않고 공동체의 합의와 민주성을 발휘하려고 노력하고 있다.

평가를 공동체의 일로 함께 논의하는 장은 매 학기 말 진행되는 교육과정 평가회이다. 교사, 학생, 학부모가 각각 실시하고 이후 교사, 학생, 학부모 대표가 모여서 함께 논의한 후 그 결과를 교사 공동체가 논의하는 방식이다. 평가회에서 나온 결과를 바탕으로 새 학기 준비 워크숍을 통해 다음 학기 교육과정에 반영한다. 이 워크숍을 통해 덕양중학교에서는 그 학교만의 평가 원칙을 세웠다.

우리가 지향하는 평가	우리가 지양하는 평가

■ 성장이 있는 평가
  - 뭘 잘했는지, 잘 해야 하는지 아는 성장이 있는 평가
  - 평가가 다시 학습으로 이어질 수 있는 평가
  - 각각 수준이 다른 아이들이 자신이 얼마만큼 성장 했는지 알 수 있는 평가
  - 학생들이 자신의 부족한 점을 개선할 수 있는 방법을 알게 되는 기회를 제공하는 평가
 	
■ 피드백이 있는 평가
  - 피드백을 통해 부족한 부분을 올려주고 수행에 몰두하는 경험을 줄 수 있는 평가
  - 수행평가 후 결과에만 치중하지 않고 반드시 피드백이 될 수 있는 평가
 	
■ 친절한 평가
  - 달성해야 하는 것이 명확히 드러나는 평가
  - 배우는 내용이 평가와 어떻게 연관 있는지 충분히 설명하자
  - 학생들이 평가의 이유를 충분히 이해한 평가를 하자
  - 평가의 의미를 미리 명확히 전달하자
 	
■ 아이들도 행복한 평가
  - 졌·잘·싸(졌지만 잘 싸운 평가)평가
  - 누구나 잘할 수 있을 것 같은 평가
  - 모둠과제에서 각자의 역할이 뚜렷하게 나타날 수 있는 평가
	■ 점수 내기만을 위한 평가
	  - 평가를 위한 평가: 평가의 목적, 평가를 통한 배움 없이 수행평가 점수가 필요해서 하는 평가
	  - 과정이 없고 산출물(보고서)로만 평가하는 것
	  - 결과에 치중한 평가
	  - 결과로 판단되어지는 것으로 끝나는 평가
	  - 결과물에 의미만 두는 평가
	  - 상대평가 하지 말자. 기준을 통과하면 점수 부여하기.
	
	■ 겉보기에만 좋은 평가
	  - 보기만 좋은 평가는 피하자
	  - 핵심 내용이 아닌 요소를 평가하는 평가
	  - 내용을 습득했는지 배움이 일어나고 있는지 평가해야지 기술을 평가하지 말자(영상기술, 그림실력)
	  - 평가요소가 아닌 면을 평가하지 말자 (예: 인권 UCC 주제 전달력이 중요한데 동영상 기술 평가)
	
	■ 불친절한 평가
	  - 공지하지 않고 하는 평가
	  - 구체적인 수행 방법에 대한 안내가 없는 평가
	  - 평가의 의미를 학생들이 이해할 수 없는 평가
	  - 기말고사 직전에 하는 평가
	
	■ 배움을 포기하게 만드는 평가
	  - 만회할 여지를 차단해버리는 평가
	  - 학생들이 참여하고 노력해도 잘할 수 없는 평가(성취기준이 너무 높은 평가)
	  - 수행을 위해 꼭 필요한 배움이 선행되지 않고 이루어지는 평가

수행평가 시기 조정하기

교육과정 평가회에서 나온 수행평가에 대한 학생들의 불만 중 하나는 수행평가가 너무 한 기간에 집중된다는 것이었다. 특히 프로젝트형 평가가 한 기간에 몰리면 방과 후 시간이나 주말에도 모둠 친구끼리 만나야 하는데, 그런 시간을 만드는 것이 어렵고 힘들다.

이러한 수행평가의 쏠림현상을 방지하기 위하여 수행평가 시기를 조정하는 워크숍을 학년별로 진행한다. 진행 방식은 전지 크기의 일정표에 교사들이 교과별로 언제 수행평가를 진행하는지 포스트잇을 붙여보고 많이 몰리는 일정한 시기가 있으면 교사들이 서로 조정해서 시기를 확정하는 것이다.

이러한 활동은 수행평가 시기를 분산하여 학생들의 부담을 줄이는 역할도 크지만, 다른 교과가 어떤 내용과 방식으로 수행평가를 하는지를 알 수 있어 평가 방식의 겹침도 예방할 수 있으며, 나열된 수행평가의 수를 보고 학생들이 느끼는 수행평가에 대한 부담을 교사들도 조금이나마 이해하여 역지사지할 수 있다는 의미가 있다.

덕양중학교에서 워크숍에 사용한 수행평가 시기 분산 방식

친절한 평가, 학생의 성장을 돕는 평가

덕양중학교 '평가 개선 TF'에서는 불친절한 평가를 지양하고 친절한 평가를 하자는 원칙을 세웠다. 이는 일방적인 평가 안내와 시행으로 인해 생기는 불필요한 오해와 불신을 없애자는 것이다.

구체적인 방법으로 첫째, 학생들에게 수행평가에 관련한 공지를 자세하게 하자는 제안이 나왔다. 학생들에게 '어떤 수행평가를 진행할 것인가?'만 알려주는 것이 아니라 이 수행평가가 '어떤 의미가 있는가?', '수행평가를 위해 수업 시간 무엇을 배우는가?', '수행평가 후 어떤 피드백을 받을 수 있는가?'를 알려주자고 결정했다.

평가에서도 각종 문제는 소통의 부재에서 시작된다. 서로 소통하지 않고 상대방의 마음과 형편을 이해할 수 없듯이 평가에서도 어떻게 평가를 할 것인지, 이 평가를 통해서 무엇을 배울 수 있는지, 어떤 방법으로 기록되고 피드백할지에 대해서 서로 소통한다면 지금 학교 현장에서 일어나고 있는 크고 작은 평가에 대한 문제들은 어느 정도 사라질 것이다.

친절한 평가, 학생의 성장을 돕는 평가를 실시한 결과, 학생들의 만족도만 높아졌을까?

> 모두가 만점을 받을 수 있다고 아이들에게 격려를 해주어요. 아이들이 1차 수행평가물을 제출하고 나면 제가 다시 틀린 부분을 피드백해줘요. 그러면 아이들이 다시 고쳐서 내면 됩니다. 이러면서 제 마음속에 변화가 생겼는데, 예전에는 나도 모르게 아이들을 줄 세우고 점수를 깎아야 할 부분을 찾았지만, 지금은 아이들이 기준에 도달했느냐 여부로 평가를 하게 되었어요. _ 덕양중학교 교사 인터뷰 중에서[16]

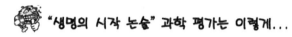

"생명의 시작 논술" 과학 평가는 이렇게...

1. 이 평가를 통해 어떤 배움과 성장이 있을까요?

엄마 인터뷰를 통해 엄마의 신체적 정서적 변화를 알고, 생명의 존귀함을 느꼈으면 합니다. 또한 생명은 언제부터 시작인 지에 대해 조사하고 토론한 후에 자신의 생각을 논리적으로 정리하는 과정을 통해 이미 태어난 아이만을 생명이라고 생각 했다면 생각을 더욱 확장시키는 기회가 되었으면 합니다. 더불어 논란이 되고 있는 낙태 문제도 함께 생각할 수 있는 기 회가 되었으면 합니다.

2. 이 평가에서 어떤 수행과제를 하게 되나요?

- ◦ 계획 단계 : 엄마 인터뷰, 토론 근거자료 수집하기
- ◦ 수행 단계 : 인간의 생명의 시작은 언제인가에 대한 토론
- ◦ 산출물 단계 : 인간의 생명의 시작은 언제인가에 대한 논술문 쓰기

평가과정	평가 내용		
계획 (6점)	**〈엄마 인터뷰〉** ◦ 엄마의 마음, 신체적 심리적 변화와 느낌을 포함하고 있는가? ◦ 생명에 대한 자신의 생각을 포함하고 있는가?		
	등급	채점기준	배점
	A	위의 평가내용을 2가지를 모두 만족하는 경우	3
	B	위의 평가내용 중 1가지를 만족하는 경우	2
	C	본인의 의사에 의한 미계출시	1
	〈근거자료 수집〉 ◦ 주장에 맞는 근거 자료를 수집하였는가? ◦ 주장을 뒷받침할 근거 자료의 양이 충분한가?		
	등급	채점기준	배점
	A	위의 평가내용을 2가지를 모두 만족하는 경우	3
	B	위의 평가내용 중 1가지를 만족하는 경우	2
	C	본인의 의사에 의한 미계출시	1
토론 (4점)	◦ 자신의 주장을 설득력 있게 말하고 있는가? ◦ 상대의 주장에 대해 적절히 반박하는가?		
	등급	채점기준	배점
	A	위의 평가내용을 2가지를 모두 만족하는 경우	4
	B	위의 평가내용 중 1가지를 만족하는 경우	3
	C	본인의 의사에 의한 미응시	1
논술문 (10점)	◦ 주장과 관련된 논거가 충분히 제시되어 있는가?		
	등급	채점기준	배점
	A	위의 평가내용을 4가지를 모두 만족하는 경우	5
	B	위의 평가내용 중 3가지를 만족하는 경우	4
	C	위의 평가내용 중 2가지를 만족하는 경우	3
	D	위의 평가내용 중 1가지 이하만 만족하는 경우	2
	E	본인의 의사에 의한 미응시	1
	◦ 논거가 과학적으로 타당한가?		
	등급	채점기준	배점
	A	위의 평가내용을 4가지를 모두 만족하는 경우	5
	B	위의 평가내용 중 3가지를 만족하는 경우	4
	C	위의 평가내용 중 2가지를 만족하는 경우	3
	D	위의 평가내용 중 1가지 이하만 만족하는 경우	2
	E	본인의 의사에 의한 미계출 및 미응시	1

3. 이 평가 후 어떤 피드백을 받을 수 있나요?

- ◦ 토론 자료를 참고 자신의 의견을 쓰는 과정에서 부족하면 선생님이 보충을 할 수 있도록 알려줄 겁니다.
- ◦ 친구들의 논술문을 함께 공유하며 자신의 글에 대해 성찰할 수 있는 시간을 가질 겁니다.

인터뷰에서 볼 수 있듯이 민주적인 평가는 학생들만 성장을 하는 평가는 아닐 것이다. 성숙한 평가는 학생도 교사도 학부모도 함께 성장한다.

학생이 주체가 되어 참여하는 평가

태장고등학교 한문 수업에서는 평가의 단계마다 학생의 참여를 적극적으로 반영하고 학생을 평가의 한 주체로 인정하고 함께하는 평가를 만들고 있다. 학생평가에서만큼은 교사의 평가권이 절대적이라고 생각하는 교사가 많다. 하지만 수업과 마찬가지로 과정마다 학생이 함께하는 평가는 학생이 평가자와 평가 대상자의 역할을 모두 경험함으로써 교사의 입장을 이해할 수 있으며, 평가에서도 주체성을 발휘하여 자존감을 높일 수 있는 중요한 방법 중 하나라고 할 수 있다. 모든 평가를 이렇게 운영할 수는 없지만, 프로젝트 수업의 경우 조심스럽게 도입해볼 수 있을 것이다.

한문 수업은 단계별 프로젝트로 진행하고 있는데, 적게는 2차시, 많게는 12차시까지 한다. 프로젝트 수업의 특징을 살려 수업의 계획, 실행, 마무리까지 모든 단계에서 학생이 평가의 주체가 된다는 점이 매우 특징적이다. 평가는 모든 수업 활동에서 이루어지는데, 개략적인 흐름은 다음과 같다.

1단계	2단계	3단계	4단계	5단계
평가 계획 안내	평가 요소 및 채점기준안 피드백	평가 계획 수정 후 재공지	평가 실행	피드백

1단계: 평가계획 안내

교사가 수업 및 평가를 안내하는 단계이다. 이 단계에서 학생들은 수업을 통해 도달해야 하는 성취기준과 평가 요소 및 채점 기준을 확인할 수 있다. 이때 교사는 평가 요소 및 채점 기준안에 대한 학생들의 의견을 묻는다.

학생들에게 최초 공지한 평가 요소 및 채점 기준안

'방김거사야거' 감상활동		
평가주제: '김거사에게 줄 선물' – 평가 요소 및 채점 기준		
1. 시의 형식과 운자(1점) 2. 시구의 음을 바르게 띄어읽기(1점) 3. 시구 바르게 풀이하기(1점) 4. 정도전이 김거사를 방문하며 가지고 갈 선물을 육하원칙에 맞추어 설명하기(6점) 5. 선물을 그림으로 표현하기(1점) 6. 정도전에게 선물을 판매-학급원 투표(3점) 발표 후 투표를 통해 김거사에게 선물하고 싶은 물건을 다득표 순으로 최상위 1모둠 3점/나머지 2점/최하위 1모둠 1점 7. 발표 시간 2분 이상~3분 미만(1점)	배점	
	총점 21점 이상: A	A: 5점
	총점 18~20점: B	B: 4점
	총점 15~17점: C	C: 3점
	총점 11~14점: D	D: 2점
	총점 10점 미만: E	E: 1점

2단계: 평가 기준안 피드백

교사의 안내를 통해 평가 요소 및 채점 기준안을 확인한 학생들이 교사가 제시한 평가 요소와 채점 기준안에서 본 수업을 통해 도달해야 할 성취기준과 무관하거나, 채점 기준이 모호하여 공정성이 의심되거나, 항목별로 지나치게 높거나 낮은 점수가 부여된다고 생각하는 부분에 대해서는 교사에게 적극적으로 의견을 제시한다.

- 2분 이상 3분 미만의 발표 시간을 2분 이상 3분 이하로 수정
- 시의 형식과 운자를 각각 1점으로 부여
- 시구의 음을 바르게 띄어읽기를 매 구마다 점수를 부여
- 그림에 채색을 포함할 경우와 포함하지 않을 경우를 구별하여 점수를 부여
- 투표의 최상의 1위만 3점이 아닌 3위까지 3점을 줄 것을 요청
- ABCDE의 급간을 동일하게 해줄 것을 요청 – 총점 11~14점을 총점 12~14점으로

3단계: 평가계획 수정 후 재공지

 교사가 학생들의 의견을 경청하고 적극 수용하여 평가 요소 및 채점 기준안을 수정하고 학생들에게 채점 기준과 배점을 재공지하는 단계이다. 평가가 학생을 변별하기 위한 도구가 아닌 학생들의 성장을 확인하기 위한 과정임을 보여주는 것으로, 교사와 학생이 함께 평가 기준안을 만듦으로써 수업과 평가에서 민주적인 문화를 형성해나갈 수 있다.

학생들 의견을 반영하여 재공지한 평가 요소 및 채점 기준안

'방김거사야거' 감상활동		
평가주제: '김거사에게 줄 선물 ' – 평가 요소 및 채점 기준		
1. 시의 형식(1점), 운자(1점) 2. 시구의 음을 바르게 띄어읽기(각 1점) 3. 시구 바르게 풀이하기(각 1점) 4. 정도전이 김거사를 방문하여 가지고 갈 선물을 육하원칙에 맞추어 설명하기(6점) 5. 선물을 그림으로 표현하기-채색 포함(1점) 6. 정도전에게 선물을 판매-학급원 투표(3점) 발표 후 투표를 통해 김거사에게 선물하고 싶은 물건을 다득표 순으로 최상위 3모둠 3점/나머지 2점/최하위 1점 7. 발표 시간 2~3분(1점)	배점	
	총점 21점 이상: A	A: 5점
	총점 18~20점: B	B: 4점
	총점 15~17점: C	C: 3점
	총점 12~14점: D	D: 2점
	총점 11점 미만: E	E: 1점

4단계: 평가 실행

수업 활동이 이루어진 후 전 단계에서 수립한 평가 기준안에 따라 평가를 진행하는 단계이다. 교사와 학생 모두가 참여하며 즉각적인 공개평가로 진행한다. 앞서 언급한 대로 모든 수업을 프로젝트로 진행하고 있기 때문에 수업의 마무리 단계에서 산출된 결과물을 발표하며 공유하는 단계를 거치는데, 이때 평가가 이루어진다.

모둠별 발표를 경청하면서, 학생들과 교사가 함께 만든 평가 기준안에 따라 채점을 하고 발표 후 점수를 부여한다. 점수를 부여하는 과정에서 교사는 발표 모둠을 제외한 나머지 모둠에게 발표한 모둠에 대해 평가해보는 기회를 주거나, 발표한 모둠 스스로 평가해보도록 하는 등의 방법을 활용한다. 학생들은 채점을 하면서 수업 활동 중 몰랐던 부분에 대해서 한 번 더 학습할 수 있고, 발표와 채점을 반복함으로써 대부분이 성취기준에 도달할 수 있을 뿐만 아니라 자신의 성장을 확인할 수 있었다.

또한, 이 단계에서 교사는 발표를 영상으로 기록하는데, 이는 평가를 받는 학생들이 생각하는 점수와 평가를 하는 학생과 교사의 점수가 불일치하여 의견이 분분할 경우나 평가에 대한 이의가 있을 경우에 기록한 영상을 즉시 함께 되돌려보며 공정한 채점이 이루어질 수 있도록 하기 위함이다. 학생들은 평가에 이의를 제기하는 과정에서도 불편한 내색을 하지 않고, 교사 또한 흔쾌히 받아들이며 다시 채점을 하는데, 매우 허용적인 분위기에서 이루어진다.

5단계: 피드백

마지막은 평가 완료 후 개별 소감문을 작성하는 단계이다. 학생들은 모든 평가가 완료된 후 개인의 성장과 성취수준의 도달을 한 번 더 확인하고 수업과 평가에 대해 피드백을 한다. 교사는 학생의 피드백 결과를 다음 단계의 수업과 평가 계획을 수립하는 데 반영한다. 다음은 학생들이 평가에 대해 소감문을 작성한 내용이다.

일반적인 시는 많이 접해봤지만, 한시라는 것은 처음 접해보았다. 글자 수, 띄어쓰기, 시상전개 등 지켜야 할 것들이 너무 많아서 처음 시를 창작할 때는 많이 막막했다. 하지만 다른 모둠들의 시를 보고 평가 요소를 따지며 점수를 매기는 활동을 여러 번 하다 보니 처음엔 잘 감이 오지 않았던 것도 슬슬 보이기 시작하며 순조롭게 진행되는 게 신기했다. 평소에도 시를 읽기를 좋아하는 나에게 한시 수업은 무척 흥미롭게 재미있었다.

이 활동을 하면서 관점이 바뀌게 되었다. 항상 평가를 당하는 존재였는데, 직접 평가를 해보니 어떤 점에서 문제가 있고 무엇이 잘 되었는지 알게 되었다. 또한, 어떤 관점에서 어떻게 작성해야 할지 알게 되었다.

매 수업 시간을 거치면서 정말 새롭게 독특하고 선생님만의 수업을 해나가신다는 느낌이 들었다. 지금까지는 한 번도 경험해보지 못한 수업 방식과 구성… 처음에는 낯설어서 어떻게 해야 하는지 막막하기만 했지만, 이제는 무엇을 할지 너무나도 기대되는 한문 시간이다. 수행평가에 있어 누구나 인정할 만큼 공평하게 채점해주시는 점이 너무 좋았다. 2학기 때에는 어떤 모둠을 만나 활동할지 너무 궁금하다. 1학기 때 느끼고 배웠던 것을 토대로 2학기엔 더 열심히 해보고 싶다.

학생들은 프로젝트를 위한 계획을 수립하고 실행하며 결과물을 산출해 내는 수업에서만 주체가 되는 것이 아니라, 평가를 계획하고 평가 기준안을 수립하며 직접 점수를 부여하는 과정에 참여하면서 평가의 주체가 되었다. 그 과정에서 학생들은 수업을 통해 도달해야 하는 성취기준과 학습 요소를 자연스럽게 이해했고, 평가가 자신을 변별해내기 위한 수단이라고 느끼며 부담을 갖는 것이 아니라 자신이 완전한 배움에 이르렀는지를 확인하기 위해 필요한 절차라는 것을 알게 되었다. 또한, 평가가 즉각적으로 이루어지고 그 과정이 모두에게 공개되는 것과 허용적인 분위기에서 평가에 대한 이의를 제기할 수 있고, 이의가 제기된 부분에 대해서도 즉시 확인할 수 있는 것을 합리적이라고 생각하며 평가를 매우 신뢰했다.

　배움중심수업은 수업에서만 학생이 주체가 되는 것이 아니다. 교육과정, 수업 그리고 평가에 이르기까지 학생이 주체가 될 수 있어야 한다. 학생은 내가 어떤 기준으로 어떻게 평가받고 있으며 나의 배움이 어디에 이르렀는지 자신의 성장을 확인할 수 있어야 한다. 교육과정을 이해하고 수업을 주도하고 평가를 하는 것이 더 이상 교사 고유의 영역이 아니다. 교사는 평가에도 학생을 참여시키는 민주적인 절차를 통해 교사와 학생이 함께 만들어가는 평가 문화를 이루어야 한다. 이것이 교사와 학생 모두를 진정한 배움에 이르게 하고 성장시키지 않을까 생각한다.

1   마이클 애플·제임스 빈, 강희룡 역(2015). 민주학교. 살림터. pp.38~39.
2   김성천·김요섭·박세진·서지연·임재일·홍섭근·황현정(2018). 학교자치. 즐거운학교. p.147.
3   김성천·김요섭·박세진·서지연·임재일·홍섭근·황현정(2018). 학교자치. 즐거운학교. pp.145~146.
4   Booth, T., & Ainscow, M.(2002). Index for inclusion: Developing learning and participation in schools. Centre for Studies on Inclusive Education(CSIE).
5   이병희·이지명·최종철·홍석노(2018). 경기도 학교민주시민교육 발전 방안 연구. 경기도교육연구원.
6   장은주·홍석노·김상무·이경옥·정경수(2014). 왜 그리고 어떤 민주시민인가? – 한국형 학교 민주시민교육의 이론적 기초에 관한 연구. 경기도교육연구원.
7   이병희·이지명·최종철·홍석노(2018). 경기도 학교민주시민교육 발전 방안 연구. 경기도교육연구원.
8   교육부·한국교육개발원(2018). 2018년 민주 시민 육성을 위한 인성교육 프로그램 '즐거운 교실 당당한 시민'
9   교육부·한국교육개발원(2018). 2018년 민주 시민 육성을 위한 인성교육 프로그램 '즐거운 교실 당당한 시민'
10 경기도교육청 학교민주시민교육 진흥 조례[경기도조례 제5266호, 시행 2016.7.19.] 제4조 '기본원칙' 참조.
11 이진희, '교육과정 측면에서 본 학교민주주의와 학교자치' 2019.7월 교육정책포럼 원고 발췌.
12 한겨레신문사(2019). 「2019 학교민주시민교육 국제포럼」 서울·경기·인천·강원도교육청, 징검다리교육공동체. 한겨레교육
13 2019.09.23.자 경향신문 참조.
14 경기도교육청(2019). 2019 민주시민교육 실천학교 배움 공유회 사례집, 민주시민교육 실천학교 보고서 중 실천사례 발췌.
15 Le Monde 2015. 6. 17. (Campus) : Bacs S, ES et L 2015 : decouvrez les sujets de philo. 2016 시민교육 보고서 시민교육 체계 구축 과정 연구(영국, 미국, 프랑스, 독일, 스웨덴), 한국민주주의 연구소. pp.81~85(재인용)
16 허연구·이형빈·김자영·김성수·강미향(2019). 학생의 성장을 위한 중등평가 혁신 방안. 경기도교육연구원.

제3장

민주학교,
학교문화가 중요하다

학교문화의 민주주의란 무엇인가?

흔히 학교는 사회의 축소판에 비유되며, 학교에서의 소중한 경험이 곧 사회로 이어진다. 학생들은 학교와 지역사회의 다양한 문제를 교육과정과 수업을 통해 경험하고, 이를 민주적 생활문화로 바꾸어 나간다면 언젠가는 학교와 사회도 바뀔 수 있다는 강한 믿음 속에서 생활한다. 대한민국은 민주국가로서 사회의 모든 제도와 문화가 민주적으로 작동되어야 한다. 학교 역시 학생들을 민주시민으로 길러내야 하기 때문에 그 어느 곳보다 민주적이어야 한다. 즉 사람들은 학교가 가장 민주적인 곳이고, 학교가 민주주의를 가르치고 있고, 민주적인 학교 교육이 대한민국에 민주주의를 확산한다고 믿는다.[1]

실제 민주주의 신념에 가득 찬 교사들은 학생들에게 민주주의가 무엇인지, 그리고 그것을 어떻게 실현할 수 있는지를 배울 기회가 주어질 때만이 민주적 삶을 살아갈 수 있다고 믿는다. 즉 민주학교는 민주적 생활방식을 학교문화에 녹아내는 것이며, 이는 학교라는 민주적 공간에서 다양한 교육활동을 통해 실천 가능하다.

존중과 협력의 민주적 학교문화 조성

학교는 학교 구성원들의 자발성을 바탕으로 교육 비전을 함께 세우고 그것을 공동으로 실천해야 하며, 다양한 문제를 새로운 비전에 근거해서 발견해내고 또 함께 해결해나가야 한다. 이처럼 학교는 구성원 간의 존중과 협력을 바탕으로 학교문화를 최대한 민주적으로 꾸려나가기 위한 다각적인 고민과 실천 노력이 요구된다. 이와 관련해 경기지역에서 혁신학교 교장으로 활발하게 활동했던 강범식 교장의 인터뷰 내용은 시사하는 바가 크다.[2]

(중략) 혁신학교 운영을 통해 가장 변화된 것은 선생님들 사이의 민주적 문화라고 생각합니다. 선생님들끼리 서로 존중하며 수업 이야기를 나누고, 자발적으로 자신의 수업을 성찰·협력해 문제를 해결하는 회의문화가 활성화되어 있는 것이 기존의 학교와 가장 큰 차이점이라고 할 수 있어요. 이것이 가능하기 위해서 저는 기존의 지시와 명령만 있었던 교직원회의를 교장이 사회를 보며 안건 중심의 토론하는 회의로 만들었는데요. 그 회의에서 자신들이 낸 의견이 정책으로 결정되는 모습을 보며 선생님들은 학교에 대해 주인의식을 가질 수 있었습니다.

학교를 민주적인 교육공동체로 만들기 위해 가장 필요한 것은 무엇일까?[3]

구분	학교장의 민주적 리더십 (학생, 학부모, 교사 의견 청취 및 수용)	학교 구성원들의 대화와 소통	학생회, 교사회, 학부모회 등 학교자치기구의 법제화	학생, 학부모, 교사 등 교육 주체의 평등한 관계 정립
학생	25%	47.2%	4.4%	22%
학부모	31.7%	44%	7.4%	16.4%
교사	36.1%	48.7%	4.4%	9.9%

설문조사 결과를 통해서도 민주적 학교문화에 대한 학교 현장의 요구 등을 확인할 수 있다. 전교조에서 실시한 교육권 확립을 위한 교육주체 대상 교육권 만족도 조사결과를 보면 학생(47.2%), 학부모(44%), 교사(48.7%) 모두 '구성원 간의 대화와 소통'을 시급한 과제로 꼽았다. 다음으로 '학교장의 민주적 리더십', '학생, 학부모, 교사 등 교육 주체의 평등한 관계 정립' 순이었다.

실제 학교를 운영하는 과정에서 학교장이 교사들의 의견을 많이 반영할수록 교사의 수업 몰입도가 높다는 연구 결과도 있었다.[4] 즉 교사들이 의사결정에 많이 참여하는 학교에서 교사의 수업몰입 수준을 수치화해서 분석했더니 35.3%로 조사됐고, 교사의 의사결정 참여도가 낮은 학교는 수업 몰입도가 16.7%로 절반에도 미치지 못했다. 학교장이 '교육과정', '교사인사', '업무분장' 영역에서 교사의 의견을 많이 고려할수록 교사의 '수업방식'에 대한 직무 몰입도가 더 높아졌다는 점은 민주적 학교문화가 갖는 가치를 보여준다.

학교운영에서 민주적 의사결정 시스템 구축

민주사회의 가치는 인간의 존엄성과 자율성을 존중하는 데 있으며, 이는 개인의 자유와 권리를 존중하는 것과 맥을 같이 한다. 이러한 흐름에서 볼 때, 학교운영에 있어 민주화는 의사결정 과정에서 구성원들의 폭넓은 참여를 바탕으로 합리적인 의사결정 과정을 거쳐 합의에 도달하는 것을 의미한다.[5] 민주적 학교운영은 초창기 권위적 학교운영의 대안적 방법으로 고려되었으나, 최근에는 학교를 민주주의 학습의 장으로 만들기 위한 교육 문화적 실천과 함께 민주적 교육공동체로서의 학교문화를 구축하는 것으로 그 의미가 점차 확대되고 있다.

우선 민주적 학교문화를 위해 학교 구성원들이 각자의 신념, 가치관을 있는 그대로 수용하고 존중하면서 함께 나아갈 학교교육의 목표와 방향성에 대해 합의점을 찾고 행동규범으로 표출할 수 있어야 한다.[6] 민주적 학교문화는 "학교라는 공간을 둘러싸고 형성되어 있는 주된 가치 규범"[7]이라 할 수 있는데, 학교 구성원(학생, 학부모, 교직원)들이 스스로 학교문화를 민주적으로 바꾸어 나가면서 동시에 각 주체 또한 민주적 주체로서 변화해나가야 한다. 이는 수직적·관료적 통제구조를 수평적·민주적 운영 시스템으로 바꾸는 것이며, 이를 통해 관료주의를 극복하고 민주적인 학교운영 체제를 마련하여 학교 구성원 간의 수평적 신뢰 관계 형성을 통한 상호 협력이 가능하다. 즉 민주적 학교문화는 학교의 다양한 구성원들, 즉 교장, 교사, 학생은 물론 학부모가 자율적 의지로 다양한 교육활동에 참여하면서 상호존중과 협력, 개방적 의사소통, 분산적 권한 부여와 책임이 공존하는 교육공동체로서의 삶의 실천양식을 의미한다.[8]

민주적 문화와 가치로 일상적 학교생활 실천

이처럼 민주학교에서는 학교 교육 및 생활의 문화적 측면에 특별히 주목할 필요가 있다. 왜냐하면 학교는 그 자체로 하나의 민주적인 '정치공동체'라기보다는 구성원들이 그 안에서 일상적으로 민주주의를 살아나가는 (living democracy) 작은 '생활공동체'라고 보아야 할 것이기 때문이다.[9] 민주주의를 단순히 제도나 절차로만 보아서는 안 되며, 민주적 문화와 가치가 일상적 학교생활 전반에 뿌리내리게 할 수 있어야 한다.

교직원회의가 학교의 최고 의사결정 기구인지 아닌지, 학급회의는 한 달에 몇 번 정도 열리며 학생자치회 활동을 위한 독립적인 공간이 있는지와 같은, 구체적이고 객관적인 제도적 운영뿐만 아니라 이를 뒷받침할 수 있는 민주적 학교문화 조성이 무엇보다 중요하다. 특히 민주주의 교육철학과 가치가 얼마나 철저하고 일관되게 학교 교육의 현실 속에서 구체적으로 구현되고 있느냐가 민주적 학교문화의 중요한 관건이라는 점도 잊어서는 안 된다.

소통과 공감의 민주적 학교문화

민주학교는 학교 구성원 모두가 민주주의적 가치와 철학을 가지고 민주적 절차를 통해 공동의 비전을 함께 만들고 실천하는 과정의 경험을 줄 수 있어야 한다. 즉, 소통과 공감의 민주적 학교문화 조성을 위해 삶의 양식으로서 학교 안의 모든 교육과정과 학교생활 속에서 민주적 가치 그리고 민주적 태도와 관계 맺기의 일상적 실천을 중요하게 여겨야 한다.

무엇보다도 학교 구성원 간 갈등을 넘어 평화적인 관계를 형성하기 위해서는 상호존중과 배려의 문화가 전제되어야 하고 학생, 학부모, 교직원이 학교운영의 공동책임자로 인식될 수 있도록 단위 학교 협치 시스템이 구축되어야 한다. 이를 위해 평화적 갈등 해결, 민주적 가치 형성과 비전 공유를 위한 교육공동체 생활협약 제정·실천, 구성원 간의 민주적 소통과 수평적 관계 맺기 등에 대한 구체적 내용과 실천사례를 함께 살펴보자.

학교민주주의의 성장 엔진, 갈등을 넘어 평화로

민주적인 학교에서도 갈등은 발생한다

그동안 학교교육은 혁신학교, 민주학교 운영 등을 통하여 수평적 협력 관계, 자율성과 책무성, 민주적 의사결정, 권한위임 등 민주적 문화를 만들기 위해 노력해왔다. 이러한 정책적인 노력에도 여전히 학교 내 갈등은 존재한다.

학교에서 갈등 민원의 추이를 보면, 대체로 학기 초에서 학기 말로 갈수록 증가한다. 함께하는 시간이 늘어날수록 갈등이 많아진다는 것은 갈등의 가장 큰 원인이 관계의 문제인 것으로 보인다. 관계의 측면에서 갈등의 원인을 바라보면, 다음과 같이 생각할 수 있다.

먼저 긍정적인 측면에서 학교 구성원 간에 동등한 수평적 관계가 형성되어 있을 때이다. 힘의 역학관계가 어느 쪽으로 기울어져 있다면 의견 충돌은 발생하지도 않는다. 누구나 동등한 입장에서 자유롭게 의견을 개진할 수 있는 환경일 때 대립하는 의견을 관철하는 과정에서 긍정적인 갈등을 만난다.

한편 갈등이 발생하는 가장 큰 원인은 학교 구성원 간의 존중, 배려, 신뢰의 부족이다. 구성원들의 소통과 경청, 존중과 배려가 잘 되는 학교에서는 모든 문제가 협력적으로 잘 해결되므로 민주적인 학교 구조를 만들 필요성을 느끼지 못하는 경우가 많다. 그러나 반대로 민주적인 구조가 잘 구축되어 있다 해도 소통과 경청, 존중, 배려가 없는 문화에서는 민주적인 학교를 만들기 어렵다. 따라서 존중과 배려, 신뢰는 민주적인 학교를 만드는 데 매우 중요한 요소이다.

갈등 해결 방식은 민주적이어야 한다

어느 조직이건 갈등은 항상 발생한다. 흔히 갈등이나 집단이기주의는 나쁜 것으로 여겨왔다. 그러나 갈등은 민주주의를 움직이는 엔진이라는 관점으로 바라볼 필요가 있다. 구성원 스스로가 갈등 해결의 주체가 되어 이익결사체를 만들고 서로 갈등하면서 균형점을 찾아가는 것, 이것이 민주주의 본연의 모습이다.

EBS '다큐프라임' 프로그램에서 갈등을 주제로 한 민주주의를 소재로 방영한 적이 있다. 방송에서는 갈등과 민주주의의 관계성에 대해 다음과 같이 설명했다.

교실에서 싸움이 발생하였다. 갈등의 사적인 해결에서 보통은 학생들 간의 권력관계로 해결된다. 학생들 사이의 서열, 그 가장 높은 곳에 위치한 힘센 학생이 갈등을 해결하게 된다. 갈등의 공적인 해결은 약자인 학생이 선생님에게 알리는 것이다. 그 순간 해결 주체는 담임선생님이 된다. 담임교사 역할처럼 정부나 정치권이 나서서 사회갈등을 해결하는 것, 이것이 바로 공적인 해결 방식이다.

개인 간의 갈등은 언제나 불평등하기 마련이다. 힘이 센 사람은 강자인 자신이 결과를 결정할 수 있기 때문에 갈등을 언제나 사적으로 해결하고자 한다. 결국 공적인 권위의 도움을 요청하는 사람들은 강자가 아니라 약자이다.

권위주의 체제가 갈등을 다루는 방식은 처벌이다. 갈등 상황에 참여한 사람들에게 벌을 줌으로써 누구도 다시는 요구도 불만도 할 수 없게 만드는 것, 이것이 권위주의가 사람을 통제하는 방식이다. 한편 갈등의 존재를 인정하는 동시에 질서를 구축하는 또 다른 방법이 있는데 바로 민주주의적 질서를 구축하는

것이다. 민주적 제도하에서 갈등은 표출될 수 있지만 심각한 문제로 이어지지
는 않는다.

이 내용을 학교로 가져와서 적용해보자. 앞의 설명에서 공적인 갈등의
해결 주체는 민주적 절차로 구성된 정부이다. 그런데 학교에서 정부와 같
은 역할을 하는 기관은 없다. 학교에서 '민주적인 정부'의 역할을 하는 것
은 결국 갈등을 평화적으로 해결하기 위한 민주적 절차와 질서를 만드는
구조와 문화이다.

갈등을 민주적으로 해결하기 위해서는 우선 집단 구성원들의 신뢰 구
축, 서로의 생각을 있는 그대로 가치 있게 여겨 귀 기울여 나눌 수 있는 존
중과 배려문화가 전제되어야 한다. 상호 신뢰와 존중이 바탕이 되지 못하
면, 소통과 협력은 어렵다. 교사 전체가 아닌 한 사람 한 사람으로 개인들
을 존중하며, 다양하고 상이한 견해, 가치, 선호, 입장 등을 존중하고 인정
한다. 타인이 실수하거나 뜻밖의 행동을 하더라도 비판하기보다는 나름
의 사정과 이유가 있을 것이라 여긴다. 사적 대화도 공적 논의도 자연스럽
고 활발하게 흐르며, 신규 교사와 현임교 경력이 짧은 교사들도 자유롭게
의견 형성과 결정에 참여하며, 보직이나 직급 등에 상관없이 의견 개진과
토론, 비판이 이루어질 수 있어야 한다.

또한, 갈등은 소통의 부재에 따른 오해에서 비롯되는 경우가 많다. 소통
은 갈등 예방과 해결에 필수적으로 요구되는 집단 구성원 간의 상호작용
이다. 침묵하거나 피상적인 대화에 그치지 않고 깊이 있게 생각과 느낌을
나누어야 좋은 의사결정에 도달할 수 있다. 자기 자신의 안위, 자기가 속
한 부서보다 학교 전체를 염두에 둘 때 소통이 잘 이루어진다. 특히 교장

과 교감은 학교에서 직위상 학부모, 교사, 행정직원 등과 가장 많이 소통하는 위치이다. 그래서 갈등 발생 시 '네가 일으킨 문제 네가 해결하라' 는 식의 입장을 취해서는 안 되며, 소통이 가능하도록 객관적인 입장에서 조정자로서의 리더십이 필요하다.

한편 공동의 이익이 최대의 사익이 된다는 인식의 전환이 필요하다. 에릭 리우(Eric Liu)와 닉 하나우어(Nick Hanauer)는 그들의 저서 『민주주의 정원』에서 뛰어난 조직은 조직이 직면하는 모든 문제가 모든 직원의 문제라고 보는 문화를 만들어야 한다고 말한다. 이런 문화에서 직원들은 문제를 피하기보다는 확인하고 해결하려 노력하며, 문제점들은 신속히 인지되고 해결되며, 심지어 완벽히 저지된다. 반대로 문제를 기피하거나 다른 이를 책망하는 조직문화는 필연적으로 내분이 일어나거나 차선책을 택해야 하거나 실패를 경험할 수밖에 없다. 모든 문제가 모두의 문제인 문화에서는 아무런 문제도 없게 된다. 아래의 학교 사례는 공동의 이익 추구가 어떻게 개인 사익으로 연결되는지를 잘 보여준다.

어느 초등학교가 있다. 초등학교의 경우 중등학교와는 달리 한 교사가 모든 과목을 가르치기 때문에 수업에 참여하지 못할 경우 다른 교사가 보결을 하여야 한다. 그래서 이러한 부담 때문에 교사들은 일이 있어도 결석이나 조퇴를 하지 못한다. 심하게는 자녀의 입학식과 졸업식에도 참여하지 못하고, 평일 낮에 이루어지는 학부모 공개수업, 자녀의 운동회 등은 꿈도 꾸지 못한다. 그리고 다른 사람을 대신해서 수업에 들어가야 하는 교사도 썩 내키지 않는다. 자녀돌봄휴가가 공식적으로 인정되는 현재도 이러한 문화는 존재한다.

이러한 문제를 해결하는 데 교사 간 단 하나의 동의만 있으면 된다. 누군가 연가, 병가, 조퇴를 할 때 보결수업을 아무런 조건 없이 즐거운 마음으로 해줄 수 있는 마음이다. 횟수의 차이는 있을 수 있지만, 누구나 다른 사람에게 민폐를 끼쳐야 하는 상황이 발생할 수 있다고 여긴다. 이러한 합의만 되어 있다면, 교사들은 누구나 본인이 필요로 할 때 편안하게 자녀돌봄 휴가를 사용할 수 있다. 나의 동료가 대신해 줄 것이라는 든든한 믿음과 함께.

다른 사람의 필요에 의해 협조적으로 생각하고 따르는 예의는 진정한 시민의식의 출발이 될 수 있다. 복잡하게 네트워크화된 세상에서 상호작용하는 우리는 이를 연습해야 한다. 이런 태도는 시민 생활에서 어떤 의식이나 관례가 아니라 진정성 있게 실천되어야 한다. 동료를 위해 따뜻한 차 한잔 권할 때, 민원으로 밤늦게까지 학부모 상담으로 수고하는 동료를 위해 아무런 도움을 주지 못해도 그냥 함께 남아서 지켜봐 줄 때 학교를 민주적이고 평화롭게 만드는 사람이 될 수 있다. 앞에 소개한 사례에서 무임승차자들이 발생할 수 있다. 무임승차자들은 비무임 승차자들에 반해 초기에는 이득을 얻게 되며, 이는 비무임 승차자들에게 압박으로 작용한다. 그러나 선한 행동이 전염되어 비무임 승차자가 조금씩 많아진다면 그 조직은 시간이 지날수록 단단해진다.

학교 구성원들은 갈등 상황을 극복하고 해결하는 과정에서 존중과 배려, 소통과 경청을 자연스럽게 배우게 되고, 상대방에 대해서도 더 깊이 이해하게 된다. 구성원들이 자신의 의견을 표현하고 요구를 주장하면서 다른 의견을 가진 집단과 부딪힐 수 있는데, 이러한 갈등은 공동체에서 더불어 살아가는 능력, 나와 의견이 다른 사람을 이해하고 수용하는 태도 등을 기르는 좋은 기회로 활용할 수 있어야 한다. 그러나 갈등이 발생하면 어떤 식으로든 당사자는 많은 상처를 남기게 된다. 따라서 갈등 발생 후 사후처리도 중요하지만, 갈등이 유발되지 않도록 예방하는 노력 또한 중요하다. 학교에서 갈등이 발생하는 많은 원인 중의 하나는 비민주적인 학교문화로 인한 경우이다. 따라서 갈등 없는 학교를 만들기 위해서는 민주적 학교문화 조성이 반드시 전제되어야 한다.

함께 만들고 실천하는 생활협약

학급 규범으로서 학급헌장 만들고 함께 지키기

학급은 학생들이 가장 오랜 시간 머무는 학교 삶의 중심 장소이다. 교실 속 관계의 출발은 교사와 학생에서 비롯되며, 교사의 학생에 대한 존중, 학생과 학생 간의 배려는 배움의 좌절과 두려움을 극복하게 하고 새로운 도전으로 학생을 성장시킨다. 나아가 학생과 학생, 학생과 교사 간의 공감적 소통의 바탕이 된다.[10] 존중과 배려의 관계를 바탕으로 일상적 생활공동체를 이루는 곳이 바로 학급이다. 학급 안에서 학생과 교사 간의 올바른 관계 맺기는 학생들의 학습과 성장에도 중요하다.

학급은 학교공동체의 시작이며, 공동체가 유지되기 위해선 최소한의 규범이 필수다. 규범을 통해 학급 구성원들은 서로에 대한 최소한의 의무를 진다. 이러한 규범의식의 내면화는 신뢰적 관계 형성에도 영향을 주며, 궁극적으로 학생들의 자존감 형성과 행복한 학교생활에도 도움을 준다. 이와 관련한 대표적 활동이 학급 단위의 규범 만들기이다. 주로 3월 학기 초에 학급자치회 시간을 활용해 진행된다. 학생들이 규범 만들기 과정에 참여하면서 규범의 중요성도 인식하고 학급공동체의 지향점도 공유하게 된다. 학생들의 규범 내면화를 위해선 규범 만들기에 더 많은 학생이 참여하여 교실 생활의 일상적인 규범에 관한 논의를 할 수 있어야 한다. 자칫 학생들에게 통제로 여겨질 수 있기 때문에 실제 규범을 만들 때는 지나치게 많은 것을 담기보다는 학급공동체를 위해 반드시 지켜야 할 것들에 한해 만드는 것이 효과적이다.

다음은 용인 왕산초등학교에서 학급 구성원들이 함께한 학급헌장 만들기 과정의 예시이다. 학급헌장이란 평화로운 학급운영을 위해 모두가 지켜야 할 규칙을 의미한다.

1. 내 생각 적기
   – '우리 반을 어떤 반으로 만들고 싶습니까?'라는 물음에 자신의 생각을
   3가지 단어로 쓰기
2. 우리 반 의견 모으기
   – 짝과 한 팀이 되어 6가지 단어 중에 3가지 선택하기
   – 두 모둠이 한 팀이 되어 3가지로 추리기, 모둠끼리 모여 우리 반 의견
   3가지 단어로 추리기
3. 우리 반 비전 정하기
   – 선택된 3가지 단어 연결하여 우리 반 비전 만들기(예시: 친절, 웃음, 꿈 →
   친절하고 웃음이 넘치며 꿈이 큰 6–1반)
4. 비전에 어울리는 반을 만들기 위해 우리가 지켜야 할 일 정하기

- "우리 반 비전을 이루기 위하여 어떤 말과 행동을 해야 할까요?"

5. 의견 정리하여 학급헌장 완성하기

이러한 학급헌장 만들기에 함께 참여하고 실천하는 경험을 통해 학급 구성원들은 민주주의 가치를 배울 수 있고, 이를 기반으로 학년약속과 학교약속을 교육공동체와 함께 만들고 실천해나감으로써 공동의 비전을 공유하며 가치를 형성해나갈 수 있다. 실제 학급헌장 제정·실천 과정에 참여한 학생과 담임교사의 소감을 통해 그 교육적 가치를 확인할 수 있다.

> 학급자치회의를 거쳐 민주적인 절차에 의해 학급 친구들과 함께 학급헌장을 만들어 보면서 민주주의 절차가 이렇게 복잡하고 어려울 순 있지만, 우리 스스로의 힘으로 토론과 협력을 통해 정한 의견이기에 더 가치 있는 학급헌장이라고 생각합니다. _ 학생

> 학급헌장을 만드는 과정에서 서로 의견이 다르고, 이를 조정하면서 서로 합의해가는 과정을 우리 반 학생들이 경험할 수 있어 좋았습니다. 특히 우리 학급의 문제가 무엇이고, 학생들이 무엇을 원하는지에 대해서도 정확히 알 수 있었고요. 이 과정을 통해 학급 학생들과도 좀 더 가까워졌어요. 그렇지만 어렵게 만든 학급헌장을 학생들이 어떻게 지키고 실천해나갈 것인가도 걱정이에요. _ 담임교사

존중과 배려의 학급공동체: 교실 속 자존감 형성을 위하여

학급규범 제정과 함께 존중과 배려의 학급공동체를 위해 교실 안에서의 관계적 신뢰 형성도 매우 중요하다. 교실 속 자존감을 형성해야 하는데, 여기에는 학생 개인의 자존감뿐만 아니라 교사와 학생 간의 신뢰, 학생 간의 존중감이 포함된다. 이를 위해 교실에서 학생과 교사 사이에 유대감을 형성하고 이들이 공유하는 생각과 이상을 결속시키는 것이 중요하다. 교사–학생, 학생–학생 간의 공감과 신뢰의 관계를 형성할 수 있도록 대화와 토론의 시간을 만들고 협력의 학급 분위기를 만들어야 한다. 이 과정에서 교사는 교실 안에서 상호존중과 배려의 문화가 자리 잡도록 수범의 모습, 특히 따뜻한 언어와 친절한 대화 모습을 보여줘야 한다.[11]

다음은 학생의 자존감 향상을 위한 교사의 역할을 정리한 것이다.[12]

학생의 자존감 향상을 위한 교사 10계명

각 학생과 친밀한 관계를 유지하라.

모든 학생들에게 공평하게 대하라.

학생들에게도 배운다는 자세를 갖자.

무엇을 가르칠 때 아이들이 배우는 과정을 중요하게 여기자.

학생들에게 근거 있는 칭찬을 하자.

결과와 점수에만 집중하지 말자.

어떤 경우에도 학생들을 비판하지 말자.

학생들에게 언어폭력을 금하자.

학생들을 비교하지 말자.

학생들에게 수치심을 느끼게 하지 말자.

왜 교육공동체 생활협약인가?

학교는 학생과 교사, 학부모의 관심과 참여로 교육활동이 이루어진다. 학교 구성원, 즉 학생, 교사, 학부모가 교육공동체를 형성하며 학교 성장뿐만 아니라 교육공동체의 성장을 위해 함께 노력한다. 이러한 기반 조성을 위해선 학교 구성원들이 서로 관심을 가지고 이해해주고 믿고 배려하는 협력적이고 동반자적 관계 형성이 전제 조건이다. 즉 학생, 교사, 학부모는 교육공동체의 구성원으로서 서로 존중하고 배려하는 관계 속에서 공동의 비전과 목표를 설정하고, 대화와 토론의 과정을 통해 학교 현안을 해결하며 이에 대한 책임도 함께 지며 성장해나가는 민주적 학교의 모습을 지향한다.

생활협약은 교사가 일방적으로 정하고 시행하는 것이 아니고 학생, 교사, 학부모가 공동으로 규정을 정하고 자율적으로 책임지는 방식이다. 학생의 입장에서는 '부모들도 잘못하는 경우가 많은데, 왜 우리만 통제하는 규칙이 있나?' 라는 불만이 나올 수 있기 때문에 교사, 학부모도 자신을 규제하는 규정을 만들어 교육 3주체가 대등하게 상호 이해와 균형을 취할 수 있도록 한다. 각급 학교에서는 '학교비전', '교육약속', '학교헌장', '생활협약' 등의 다양한 형식으로 실천해나가고 있다.

교육 3주체의 자율 약속인 생활협약 만들고 실천하기

교육공동체가 생활협약을 함께 제정하고 실천한 대표적인 사례로 서울 국사봉중학교를 소개한다.[13] 이 학교는 혁신학교로서 학생, 교사, 학부모가 각각 회의를 거쳐 생활약속을 정하는 3주체 생활협약을 만들고 실천해나가고 있다. 학년 초에 학급별로 생활협약에 담았으면 하는 내용을 토론하고, 학년별 토론과 전체 학생토론을 거쳐 8가지로 추리고, 교육 3주체 공청회와 설문조사를 거쳐 타협안을 도출했다. 6개월간의 어려운 과정을 거쳐 교육공동체 생활협약은 교육 3주체가 자율적으로 지키자는 자율 약속과 8개 조항의 강제규정이 제정되었다.

생활협약 제정은 학생에 대한 믿음과 신뢰에서 출발했다. 이 학교는 생활협약을 만들 때 학급, 학년, 전 학년으로 점차 확대하면서 학생들의 의견을 반영하고, 이 중에서 교사와 학부모의 의견과 달라 쟁점이 되는 것은 서로의 이해 폭을 좁히고 소통할 수 있도록 학생, 교사, 학부모가 참석하는 교육 3주체 공청회를 개최한다. 물론 공청회를 통해서 모든 것을 결정할 수는 없었다. 학생들은 좀 더 자유로운 휴대전화 사용과 두발의 완전 자유화를 주장했지만, 학부모와 교사의 입장은 이와 다른 부분이 많아 합의에 이르지 못했다. 하지만 상대방이 어떤 생각을 하는지 그리고 왜 이런 부분에 대해 걱정하고 염려하는지에 대한 이해의 폭을 넓혔다는 것이 중요하고, 그 과정 자체가 교육적으로도 의미가 크다.

이후 쟁점 부분에 대해서는 교육 3주체가 참여하는 설문조사를 통해 생활협약이 만들어졌다. 설문조사에서 학생:교사:학부모의 비중을 3:1:3으로 반영하여 학생과 학부모의 의견을 존중했다. 그래서인지 결정된 내용은 기존의 학생생활인권 규정에 비해 완화되고 자유로워졌다. 물론 학생들의 의견이 모두 반영되지는 못했지만, 학생들에게 이를 존중하고 따를 수 있는 명분을 주었다는 면에서 의의가 있다. 더불어 생활협약의 의미에 대해 학생들이 충분히 공감하도록 교과 수업 시간을 활용하여 생활협약을 주제로 한 프로젝트 수업도 병행해나갔다.

국사봉중학교 생활협약 중 '교육 3주체의 자율 약속'

학생 자율 약속	교사 자율 약속	학부모 자율 약속
[수업 매너] · 수업 시간에 졸거나 잠자지 않겠다. · 자리를 바꾸거나 다른 과목 공부를 하는 등 수업을 방해하는 행위를 하지 않겠다. · 휴대폰을 수업에 방해되지 않는 범위에서 자유롭게 사용한다.	[학생들과 공감, 소통하기] · 학생들의 말을 믿고 존중하며, 눈높이를 맞추어 끝까지 경청하기 · 학생들의 감정과 기분을 이해하고, 공감의 표현을 한 후 차분하게 설득하기	[자녀와 공감, 소통하기] · 하루에 5분씩 손잡고 대화하기, 등하교 시 안아주기, 하루 3번 이상 사랑한다고 말하기 · 자녀가 말할 때 눈높이를 맞추어 끝까지 경청하기

생활협약은 만드는 것도 중요하지만, 지키기 위한 노력도 필요하다. 특히 일부 소수의 학생은 규정에 대한 참여도와 이해가 낮았다. 이러한 문제를 해결하기 위해 국사봉중학교에서는 생활협약에 대한 다양한 홍보활동과 함께 분기별로 해당 학생과 학생대표, 교사, 학부모가 참여하는 생활협약 삼자협약위원회를 통해 진술하게 이야기를 나누고 문제점을 찾아가기 위한 노력을 함께했다. 이와 관련해서는 실제 교육공동체 생활협약 제정·실천 과정에 참여한 학생, 학부모, 교사의 소감 내용을 통해 확인할 수 있다.[14]

> 학생들이 더 자유롭게 활동할 수 있고 책임감이 더 생겨 생활협약이 더 좋은 것 같다. 특히 내가 낸 의견이 지켜지니깐 하고 싶은 생각이 들고, 학생끼리 사이도 좋아져서 규칙을 더 잘 지켜나갈 수 있어서 좋았다. _ 학생

사실 부모들은 아이들이 의견을 내고 스스로 지키는 것에 대해 불안해했다. 처음엔 약간의 강제성이 있어야 하지 않을까 생각하는 부모가 많았는데, 한 해 한 해 가다 보니 협약이 잘 정착되고 아이들 스스로 지키려는 모습이 눈에 띄면서 믿음이 커졌다. 특히 아이들이 자기가 낸 의견이 협약으로 채택되는 걸 경험하며 스스로 대견하게 생각하는 것 같다. 나중에 사회생활을 하면서도 이런 경험이 큰 도움이 될 것 같다. _ 학부모

학생들에게는 멍석만 깔아주고 기다려주면 된다. 학교나 교사의 일방적인 지시나 강요는 아이들을 수동적인 대상으로 만드는 반면, 학생들 스스로 무언가를 결정하고 참여를 통해 학생들이 능동적이고 적극적인 사고방식으로 지식과 마음이 함께 성숙해가는 것을 목격할 수 있는 소중한 기회였다. _ 교사

학생자치 활동의 핵심 키워드: 존중, 신뢰, 소통

학생자치 활동의 성공 요소

어느 초등학교에서 남학생들이 남자 화장실 문에 세로로 길게 낸 유리창문을 없애 달라고 학생자치회를 통하여 제안했다. 이유는 소변기에 서 있는 모습이 지나가는 사람들에게 보여 창피하다는 것이다. 여기에서 학교의 선택은 두 가지이다. 흔히 어른들의 관점으로 '그것이 뭐 어때서'라고 판단하고 '안 돼'라고 한다면, 학생들은 자신들의 문제를 더는 고민하지 않을 것이다. 그리고 그러한 경험은 힘 있는 권력자가 모든 것을 결정한다는 잘못된 인식을 갖게 하여 수동적인 사람이 될 위험성이 있다. 다행

히 그 학교는 학생들의 의견에 대해 세심하게 분석하고, 학생, 학교장, 행정실 직원, 교사가 함께 모여 진지하게 토론했으며, 모두가 학생들의 입장을 공감하고 화장실 문의 유리창을 없애기로 했다. 그 이후 학생들은 더욱 학교 일에 관심을 가지고 참여하게 되었으며, 자신들의 문제에 대해 자발적으로 해결하려는 학교문화를 만들어가고 있다.

이 사례는 학생들에게 변화의 경험을 주는 것이 얼마나 중요한지를 알게 해준다. 이처럼 학생들이 의견을 말할 수 있는 학생 대토론회, 학교장과의 정기적 간담회, 학교운영위원회 참여 보장, 학급회의 시간 확보, 각종 소모임 활성화 등을 학교에서 제도적으로 보장해주어야 한다.

활발하고 말이 많던 아이들도 자기주장을 하는 과정에서 학교를 힘들게 한다거나 쓸데없는 일을 한다며 묵살당하는 경험을 하게 되면 많이 위축된다. 학생이 열정을 가지고 하려는 일이 있다면 해볼 수 있도록 지원해주는 것, 믿고 지켜봐 주며 지지해주는 것은 소통 문화의 밑거름이 된다. 작은 일이지만 자신의 의견이 받아들여지는 경험을 통해 학생은 능동적으로 움직이게 되며 가지고 있는 재능을 마음껏 펼쳐낸다. 단지 말한 내용이 교육적 의의가 너무 작다는 이유로 받아들이지 않는다면, 학생은 말문을 닫게 되며 아무리 소통의 외형적 인프라를 갖추더라도 다시는 절대 입을 열지 않게 된다.

좋은 교육 활동이라 할지라도 아이들의 자발성과 함께하는 교사의 자발성이 결여되면 배움이 적을 수밖에 없다. 교육 활동을 정하는 단계에서부터 능동적으로 참여하고 학급 구성원이 서로 소통하며 의사결정을 해나가고 같이 어울리는 것이 학생 주도 자치문화의 시작이다. 이 과정에서 교사와 학생의 관계가 형성되고 신뢰가 쌓이면서 모든 교육 활동이 유의미하게 자리잡게 된다.

학생들이 기획한 행사들을 어른인 교사가 보기에는 볼품없어 보일지도 모른다. 하지만 그 학급행사에는 겉으로 보기에 그럴듯하다, 아니다를 떠나 아이들의 열정과 마음이 깃들어 있다. 교사는 아이들이 하고자 하는 바를 교육적 의도가 담길 수 있도록 옆에서 보조하며 작은 행사라도 성공하는 경험을 할 수 있도록 도와주어야 한다. 학생들에게 자신감과 자존감을 심어주기 위해서는 작은 일이라도 능동적으로 수행해서 성취감을 맛볼 기회를 만들어주는 것이 중요하다. 성공의 추억을 만들어주고 칭찬에 목말라 있는 아이들에게 가능성의 기회를 제공하는 것이 교사와 학교가 해주어야 할 일이다.

학생 자치문화 우수 사례들을 보면 좋은 프로그램이 많다. 하지만 교사에 의해 기획되고 아이들은 그저 참여만 해서는 안 된다. 기획단계에서부터 아이들이 직접 참여해서 행사까지 진행하는 경우가 드물다. 물론 학생 주도 학생자치 문화의 로드맵을 작성하고 이를 실현하는 과정에서 자기주도 역량이 갖춰질 때까지 교사가 관여해야 할 부분은 있다. 하지만 점차 교사의 비중을 줄여가며 아이들이 스스로 기획하도록 해야 한다.

교사의 관여가 계속되는 이유는 행사의 성과 때문인 경우가 많다. 성과를 포기하고 아이들을 믿어주며 성취감을 맛볼 수 있도록 기다려주는 것은 지루한 기다림일지 모른다. 학생 주도 학생자치 문화는 성과와 그럴듯한 행사를 포기하지 않고는 불가능하다. 이러한 부족함과 실수가 쌓여 아이들의 역량으로 내면화되는 것이며, 이 과정에서 좌절하지 않도록 교사는 옆에서 격려하고 지지해주며 도움을 아끼지 않아야 한다.

최근 학교에서는 학생들이 바라고 원하는 교육정책을 실천하기 위해 토론회를 많이 진행한다. 학생에 의한 정책제안 토론이 되기 위해서는 논제 선정, 토론회 날짜와 토론 방법, 참가자 선정 등을 학생 스스로 기획하고 운영해야 한다. '학생이 말하는' 것과 '학생에게 듣는' 것이 주는 어감의 차이는 크다. 학생에게 듣는 것이라고 할 때 주체는 교육청이나 학교가 된다. 학생들에게 '너희의 이야기를 들어줄 테니 한번 해 봐' 하는 것이다. 그러나 '학생이 말하는'의 의미는 학생이 주체가 된다는 것이다. 학생들이 스스로 자신들과 관련된 문제를 인식하고 이를 해결하기 위한 숙의 과정을 거쳐 찾아낸 해결 방안을 당당하게 이야기하라는 것이다. 그러기 위해서는 학생토론회 관련 논제를 선정할 때 논제의 선택권은 반드시 학생에게 주어야 한다. 학생들은 자기들의 필요를 이야기할 때 더욱 적극적으로 입을 연다.

민주주의의 열쇠는 우리가 개인적인 욕망에 의해서만 추동되는 삶을 살지 않으며, 어떻게 하면 개인과 집단들의 욕망이 집합적으로 수행될 수 있는지, 또는 개인과 집단들의 욕망이 집합적으로 바람직하게 전환될 수 있는지 끊임없이 질문을 던진다는 점에 있다. 개인과 집단의 욕망을 집합적으로 바람직한 것으로 전환하는 이 과정에서 핵심적이고 근본적인 교육적 이슈를 찾을 수 있다. 학교 구성원들이 자신들의 욕망 중 어떤 것이 바람직하게 여겨질 수 있는지 질문을 던지게 하는 것이다. 이에 대해 거트 비에스타(2019)의 학생 중심, 아동 중심의 교육에 대한 견해는 학생자치 활동의 방향에 많은 시사점을 준다.

내가 여러 가지로 말로 교육의 개입적 성질을 설명하고 정당화하는 것은 교육에 대한 많은 현대적 견해들이 이와 상반된 주장을 하고 있기 때문이다. 많은 사람들이 아동이나 청소년을 교육과정의 중심에 두는 '아동 중심 교육' 또는 '학생 중심 교육'을 이야기한다. 이러한 교육은 아동과 청소년이 교육과정을 통해 원하는 것이 무엇인지에서부터 출발한다. 그리고 그들을 만족시키는 것을 목적으로 하고 있다. 이러한 '행동' 교육은 아동과 청소년이 그들 자신이 원하는 것하고만 만나고, 그들이 원하는 것만 얻고, 결코 세계 속으로 들어가지도 못하고, 기대했던 것과는 다른 것과 만나는 도전은커녕 결코 그런 상황에 초대받지도 못한다는 위험성을 가진다. 학생들을 세계 쪽으로 '돌아보게' 하고 세계를 향해 나아가게 하는 것이 교육의 과업이라고 한다면, 우리는 학생들이 어려움을 극복하고 세계와 자신 스스로를 적절하게 만날 수 있도록 지원과 자양분을 공급해주어야 한다. 여기에서 세계는 학생들이 바라는 모습이 아닐 수도 있고, 그들에게 도전할 수도 있는 어려운 것이다. 우리는 아동과 청소년이 어려움을 견디고 세계와 자신들을 만날 수 있게 하도록 지지와 양분을 제공해주어야 한다.[15]

공간을 만나며 민주시민으로 소통하다

학교는 교사와 학생이 함께 어우러져 가르치고 배우는 교육공동체이다. 학교는 교육 활동을 위해 특별히 만들어진 곳이지만, 수업 등 계획된 교육 활동만 있는 곳은 아니다. 학생과 교사의 일상생활이 이루어지는 학교는 학생과 학생, 학생과 교사가 만나고, 대화하고, 때론 갈등하기도 하며, 학부모는 학생을 매개로 하여 깊숙이 관여하고 있는 생활공동체이다. 생활하는 데 주거공간이 미치는 영향이 크듯이 하루의 많은 시간을 보내는 학교에서의 공간 역시 학생들의 삶에 많은 영향을 미친다.

1장에서도 말한 것처럼 공간에는 설계자의 철학과 의도가 담겨 있다. 그렇게 만들어진 학교의 공간은 사람들의 생각과 의식을 지배한다. 예로 초등학교의 복도는 뛰고 싶어 하고 맘껏 낙서하고 싶은 아이들의 욕구와 이를 제지하는 교사의 생활지도가 충돌하는 공간이다. 그래서 복도 곳곳에 '낙서 금지' '복도에서는 사뿐사뿐' 등의 문구를 게시하고 계도한다. 그럼에도 아이들은 뛰고, 낙서하고 그래서 이에 따르는 대가를 치르기도 한다. 복도에서 맘껏 뛰어놀 수 있게 하면 좋겠지만, 다른 사람의 학습에 방해가 되거나 사고가 생길 위험이 있어 마냥 두고 볼 수도 없다. 그러나 강압적인 지도는 학생들에게 교사가 마치 감시자나 힘 있는 권력자로 이미 지화될 수 있고, 자칫 어려서부터 힘없는 자의 억눌림을 경험하게 할 수 있다.

복도의 그 긴 통로는 아이들에게 뛰고 싶은 욕구를, 복도에 하얀 페인트로 칠해진 그 넓은 벽은 그들의 상상의 세계를 맘껏 표현하고픈 욕구를 불러일으키기에 안성맞춤이다. 공간이 그렇게 학생들의 의식을 지배한다. 만약 넓은 복도에 테이블을 배치하고 중앙현관에 낙서 공간을 운영한다면, 복도는 테이블에 앉아 학생들이 이야기하는 공간으로 서서히 바뀌어 가지 않을까? 그러면 강압적인 지도 방식도 자연스럽게 없어질 것이다. 이처럼 공간은 그 속에 살아가는 사람의 생각과 욕구를 변화시킨다.

따라서 민주시민 교육의 장으로서 학교는 민주적 공간이어야 하며 삶이 공간이어야 한다. 그러기 위해 가장 중요한 것은 교육공동체가 건축가가 되어 공간을 설계하는 과정에 주도적으로 참여하여야 하며, 특히 다수의 구성원인 학생들이 주도적으로 참여하도록 해야 한다. 학생의 참여 기회가 많아질수록 권력 중심의 복종과 침묵을 강요하는 곳이 아니라 인간 친화적이며 인간 중심적인 생활공동체의 공간으로 변할 수 있다. 평화로운 공간에서 살아가게 함으로써 강압적인 지도가 아니라 학생들에게 존중과 배려, 소통과 참여가 자연스럽게 일어나게 할 수 있다.

'우리가 꿈꾸는 학교! 우리가 만드는 학교! & 오고 싶은 교실! 머물고 싶은 교실!'이라는 구호로 산본고등학교에서 진행된 학생 주도 민주성 회복 공간 혁신 프로젝트는 주도적인 민주시민으로 성장하고, 민주적이 며 긍정적인 학교문화 조성 및 소통과 쉼이 있는 학교 공간을 만들기 위해 추진되었다. 이런 과정에 참여하는 학생들은 스스로 공간을 변화시키면 서 공간에 대한 권리를 갖는 학교 공간의 주권자로서 성장한다. 또한, 학 생들이 주체가 되어 학교 공간의 문제부터 출발하여 공감 단계(인터뷰, 관찰 또는 경험), 문제 또는 과제의 정의(또는 재정의), 구상(발산 및 수렴) 수용, 프로 토타입(신속한 사고 및 학습을 위하여 설계) 사용을 거쳐 테스트를 진행하는 과 정을 통해 민주적인 의사결정을 위한 소통과 주인의 권리를 배울 기회를 가진다. 다음은 이 프로젝트에 참여한 학생의 소감이다.

> 학교에서 10년간 생활해본 결과 친구와 서로 편안히 이야기를 나눌 수 있고 공부에 지쳤을 때 잠깐이라도 위로받고 편안함을 느낄 수 있는 공간이 현재 한국 학교에는 존재하지 않았다. 그로 인해 나는 이 학교라는 공간이 개인적 으로 참 답답했다. 하지만 그 점과 동시에 나의 꿈은 학교 공간에서 생활하는 선생님이었다. 그렇기 때문에 나는 참 혼란에 휩싸여 있었다. '학교 오기를 싫 어하는 내가 과연 선생님이 될 수 있을까?' 하는 그런 생각들이었다. 하지만 학생 주도 공간혁신 프로젝트단에 가입하고 『공간이 아이를 바꾼다』라는 책 을 읽고 관련 공간혁신 민주시민교육 또한 들으면서 이러한 생각은 나 혼자만 의 생각이 아니라, 학교 구성원 전체의 생각이었다는 것을 알게 되었다. 단순

히 투표와 선거를 할 수 있다고 해서 그것이 과연 민주주의라고 할 수 있을까? 지금까지 우리 사회는 민주주의의 껍데기만 경험시켰다고 생각한다. 나는 민주주의의 핵심이 자신의 삶을 스스로 꾸려갈 수 있다는 것에 있다고 생각하는 만큼 우리들의 공간을 우리가 만들어나가는 이 활동은 앞으로 우리 사회에서 중요한 요소로 자리 잡아야 한다고 생각한다. 산본고 학생 주도 공간혁신 프로젝트를 진행하기 전에는 교육에 많은 관심을 두고 있음에도 불구하고 공간과 교육을 연관 지어 생각해보지 못했다. 그러던 나는 이 활동을 통해 공간과 교육이 밀접한 연관이 있다는 점을 배울 수 있었고, 학생들을 위한 공간 변화가 나의 인생에 있어 한 가지 큰 다짐이자 목표가 되었다. 교육의 목적은 성공한 사람이 아닌 행복한 사람을 기르는 것이므로 나는 계속해서 학교 구성원들을 위한 바람직한 공간과 교육을 위해 노력하고 고민할 것이다. _〈내일교육〉 최 ○○ 학생 인터뷰

산본고등학교 민주성 회복 공간 혁신 프로젝트 운영 방법

가. 운영: 공간 변화 학생 프로젝트단(3월 말 현재 30명 자발적 참여자), 교사 추진
단(10명), 전교생, 산본고 교사, 학부모, 지역시민 등등

나. 운영 단계

1단계. 공감: 다른 사람의 입장이 되어 그들의 시선으로 '바라보는' 활동
을 통해서 학교 공간을 새로운 시작으로 바라보게 하는 활동이다.

1) 인터뷰, 2) 관찰, 3) 경험의 3가지 단계로 활동을 통해 얻은 내용을 분석한 후, 명시적 니즈(말과 행동)와 암묵적 니즈(생각과 느낌)를 구분해서 정리한다.

> 벽자보를 만들어 민주적인 소통이 가능하기 위해서 개선되어야 할 것들과 소통을 위해 학교 내 필요한 공간 또는 제도 등을 알아본다.
>
> ───────────────────────
>
> 1. 학생회 회의, 학급회의 등의 관찰을 통해 민주적인 회의를 진행하기 위해서 어떤 조건들이 필요한지 알아본다. ➡ 회의 공간, 토론 방법, 회의 절차 등
> 2. 학급회의나 학생회 회의 등이 아니어도 개별 학생이 자신의 의견을 학교나 학생회에 전달할 수 있는 방법 찾기 ➡ 인터뷰 실시

2단계. 정의: 학교 공간의 문제들을 재논의하여 문제와 과제를 재정의한다.

> 조사한 내용을 바탕으로 실현 가능한 내용을 정리하고, 정리한 내용을 바탕으로 시급을 다투는 문제와 필요성과 중요성이 높은 문제를 분리해서 각각 우선순위로 정리한다.
>
> ───────────────────────

조사 내용을 정리 ➡ 시급성, 필요성, 중요성에 따라 조사한 내용을 정리해서 우선순위를 결정한다. ➡ 결정한 내용을 학생들이 공개투표로 결정한다.

3단계. 구상: 공감을 구축하고 과제, 문제/니즈를 재정의한 다음에는 발산(가능성 제시), 수렴(아이디어 선택)의 과정을 브레인스토밍을 진행한다.

공개투표를 통해 결정한 문제 해결을 위해 다양한 논의를 통해 해결 단계를 그려보고 실천한다.

해결단계를 만들고 단계별로 참여할 학생들을 모집한다.

4단계. 프로토타입 작성: 생각하고 느낄 수 있도록 창조하는 과정으로, 프로토타입이란 아이디어를 '실현 가능한' 유형의 사물로 탈바꿈하는 과정이다. 바꿔야 할 학교 공간을 직접 그림으로 그리거나 미니어처로 만들어보거나 하는 등 구상의 과정에서 민주적으로 확정한 내용을 바탕으로 실질적으로 눈으로 확인할 수 있도록 하는 과정이다.
공간에 대한 설계를 하고, 민주적 의사결정을 위한 회의 진행 방법이나 공간 구성 또 다른 방법으로의 의사전달 통로를 그림이나 미니어처 방식으로 설계한다.

5단계. 테스트: 프로토타입을 실제 사람들에게 테스트하는 과정으로 테스트의 목적은 프로토타입 및 솔루션을 개선하고 사용자의 행동과 패턴에 대해 더 자세히 파악해 개선하기 위한 과정이다. 이 과정에서 전체 학생의 투표를 진행해도 좋고, 개선 아이디어를 수집하는 과정을 진행해도 된다.

실제로 변화된 공간 또는 룰에 따라 실제로 진행해보고 개선사항이나 보완이 필요한 것이 없는지 찾아본다. ➡ 오픈식을 통해 공식화한다.

교육공동체 구성원 간의 민주적 의사소통

민주적 의사소통을 위한 시간과 공간 확보

학교 구성원 간의 민주적 소통을 위해선 무엇보다 상호존중 문화가 전제되어야 한다. 이는 공동책임자이며 주체로서 학교운영에 실질적으로 참여할 수 있는 협력적 동반자 관계 형성을 의미한다. 이를 위해 구성원 간의 수평적 관계 맺기가 필요한데, 그러려면 각 구성원의 주체성을 인정하고 자율권을 보장해야 한다. 예를 들어, 학생자치회의 독립성을 보장한다는 의미에서 학교장 임명장이 아닌 학생선거관리위원회에서 발급하는 당선증을 발급해야 하며, 학부모회도 기존의 노동력 제공 중심의 참여가 아니라 학부모 다모임을 통해 학교의 현안에 대해 적극적으로 의견을 개진하는 주체로서의 참여권이 보장되어야 한다.

또한, 민주적 의사소통의 기반 조성을 위해 의견수렴을 위한 시 · 공간 확보와 방법 마련이 필요하다. 이를 위해 단위 학교에서는 토론 시간 확보, 토론 활성화가 가능한 공간 배치, 발언 기회와 시간이 제공되는 회의 운영, 교육공동체의 의견수렴 기간 운영(SNS, 학교 홈페이지 활용), 아고라(Agora) 토론광장 등이 마련되어야 한다.

다음은 학교 중앙현관을 '녹음이 있는 열린 소통의 공간'으로 바꾼 서울 상천초등학교의 사례를 소개한다. 이 학교에서는 과거 폐쇄적인 중앙현관과 교무 · 행정실에서 탈피해 권위적인 장소가 시각적으로 열리고 정보가 확장되는 곳으로 만들고 싶어 했다. 학생들이 원했던 휴식 공간, 식물 같은 요소를 디자인에 반영했고, 교사들의 의견을 수렴해서 소통할 수 있는 열린 공간을 마련하는 데 초점을 맞췄다. 특히 교장실 벽 전체를 유리로 마감해 밖에서 훤하게 보이도록 했는데, 이곳에 학생들이 와서 코코아를 먹고, 수다도 떨고, 교사들과도 편하게 마주하는 소통의 공간으로 만들었다.

또한, 상탑초등학교와 부여여자고등학교에서는 학생들을 위한 아고라 토론광장을 마련하여 학교 구성원 간 민주적 소통의 시간을 만들어나가고 있다. 상탑초등학교에서는 학생들의 제안으로 만든 아고라 광장에서

서울 상천초등학교의 '녹음이 있는 열린 소통의 공간'

학년 다모임, 학생 다모임, 학교장과의 대화, 수요 해피버스킹 등을 통해 민주적 소통의 시간을 갖고 있다.

수요 해피버스킹 운영(예시)

- 학교 구령대 공간을 없애고, 원목으로 낮은 소무대로 공간 혁신하여 학생들의 꿈끼 발표를 하게 함.
- 자치회 회의를 통해서 운영 방법 빛 실시에 관한 전반적인 계획을 세워 매주 수요일 오전 8시 45분에 공연을 자체적으로 함으로써 즐거운 등굣길이 됨.
- 희망서를 내면 방송반이 주축이 되어서 순서를 정하고, 아침에 야외방송 준비를 하며, 동영상 촬영에 대한 동의를 얻은 후 연주를 함.
- 매주 수요일 1~2개의 개인 발표가 이루어지고 버스킹에 대한 관심과 호응도가 높음.

부여여자고등학교에서는 학생자치회(아고라운영부)가 주관하는 아고라 토론회를 매년 개최하여 특별한 주목을 받고 있다. 이 학교는 체계적인 자치활동 프로그램을 개발해 학생 개개인의 자주적 생활 태도를 기르고 민주시민의 기본 자질을 함양하기 위해 힘쓰고 있으며, 2016년 이후에는 직접 민주정치를 학습하고 실천하는 아고라 토론회가 회를 거듭할수록 전교생의 열띤 참여로 활성화되고 있다.

실제 아고라 토론회에서는 △ 제1회─교내 자판기의 학생회에 자판기 운영 여부, △ 제2회─삼천궁녀 추모행사 참여 여부, △ 제3회─토론회는 야간 자기 주도적 학습(자율학습)에 관한 문제, △ 제4회─교내 휴대전화 사용과 휴대의 자율화 문제, △ 제5회─18세 선거권 확대 문제, △ 제6회─소년법 폐지 문제, △ 제7회─상벌점제 폐지 문제를 주제로 정해서 학생들과 함께 소통하는 시간을 가졌다.

학교 구성원 간의 다양한 소통 방식

학교 현장에서는 학생자치회 및 학부모자치회와 함께하는 학교장 간담회, 안건과 토론이 있는 민주적 교직원회의, 학교 현안을 중심으로 한 학교장과 학생─학부모─교직원대표 간 회의 등 다양한 방식으로 민주적 소통이 이루어지고 있다.

특히 학급자치회의 제안 내용이 학생자치회의 의결 절차를 거쳐 교직원이나 학교장에게 전달, 즉각적인 피드백 과정으로 실현되는 민주적인 소통과정이 필요하다. 이를 위해 학생자치회 대표와 학교장과의 정기적 간담회, 학교운영위원회에 학생대표 참석 및 발언 기회 제공 등이 실질적으로 보장되어야 한다. 학생자치회 대표와 학교장의 간담회는 학교 실정에 따라 탄력적으로 운영하며 실질적인 토론의 장이 되도록 운영하고 회의 결과에 대한 반영 여부도 즉각 피드백되어 공유되어야 한다. 또한, 교육 주체 간 합의가 되지 않는 현안의 경우에는 교육공동체 대토론회나 학생-학부모-교직원대표 간 회의 등을 활용하여 합의에 이를 수도 있다.

자칫 학교장과 학생 간의 간담회가 학생자치회 대표와의 정기적 간담회로만 제한될 수 있는데, 다양한 방식으로 학생 의견을 수렴하여 학교운영에 반영하려는 고민이 필요하다. 다음 사례는 별가람고등학교에서 학생과 학교장 간 새로운 소통 방식을 보여준다.

[행사명] 별☆톡투유 교장 선생님! 할 말 있어요!

- 일시: 20○○.○○.○○.(목) 5~6교시

- 장소: ○○홀

- 대상 및 인원: 학급별 희망 학생 ○○명

- 행사 주체: 별가람고 학생자치회

- 토론 내용: 수업과 교육과정/ 생활 규칙 지키기/ 학생복지/ 학교행사 관련 내용 주제(사전에 토론회 참가 신청서와 의견 제안서를 받음)

- 진행 내용(사회자: 학생 김○○)

  1) 건의 나무 만들기

    * 사전에 학급별로 들어가서 의견수렴을 함

    * 행사 당일 주제별로 2~3개의 건의 나무를 설치하고 사전에 접수한

　　　　내용으로 토의함

　　　* 관련 주제별로 현장에서 질문–대답 시간을 가짐

　　2) 별☆톡투유 4행시 짓기

　　　* ○○.○○.(목) ~ ○○.○○.(금)까지 급식실 앞에 이젤을 세워 포스트

　　　잇으로 미리 의견을 받음

　　　* 참가자에게 소정의 상품을 지급함

　　3) 희망 비행기 날리기

　　　* 2학기 희망을 적어 비행기를 날림(추후에 모아서 전시)

　　4) 행사 소감문 작성하기

☞ 토론회는 이벤트와 접목한 즐거운 토론회 방식으로 운영,

　　참가 희망 학생은 행사장에 참석하고 다른 학생들은 교실에서 방송 시청

　　학교장과 학생 간의 간담회 이후 제안된 다양한 내용에 대해 관련 부서에서 충분한 검토를 거친다. 그런 다음 반영될 수 있는지와 반영이 어려우면 그 이유가 무엇인지에 대해 상세한 피드백 과정이 수반되어야 한다. 실제 학생들이 학교장과의 간담회 과정을 진정한 소통이라고 느끼지 못하는 가장 큰 이유 중의 하나는 간담회 이후 실질적인 피드백이나 설명의 과정이 없었기 때문이다. 다음은 학교장 간담회 이후 그 결과에 대한 공고문 예시 자료이다.

20○○학년도 ○월 학교장 간담회 결과 공고

(○차 학급회의+○차 대의원회의 안건 통합)

○ 해결함 / X 해결 어려움(반대) / △ 검토하겠음

학급별 건의사항			
학급	건의사항	반영 여부	학교장 답변 내용
1-1	운동장과 과학실에 시계 비치	O	확인 후 즉시 비치하겠음
2-1	학급 쓰레기통을 넓고 큰 것으로 교체	X	각 학급운영비로 해결하기 바람
3-1	진로진학 관련한 수상 기회 확대 필요	△	학생들의 관심과 참여가 필요하며, 관련 규정도 면밀히 검토해야 함

학생자치회 임원회의 건의사항			
부서	건의사항	반영 여부	학교장 답변 내용
민주시민 교육과	비·눈과 같은 자연재해로 인한 버스 지연 시에 9시 10분 등교 체크	△	교사와 학생 간 추가 협의 필요
진로 학습부	함께 토론하고 이야기할 수 있는 자습 공간 설치	O	빈 교실을 리모델링하여 자습 공간으로 배치하겠음

협치의 소통, 교육공동체 대토론회 운영

교육공동체 대토론회는 새로운 협치의 방식이다

민주적 교육공동체는 학교 구성원의 이야기를 들어주는 것에서 출발해야 한다. 구성원 간에 학교의 철학과 비전을 공유하며, 스스로 성찰하고 상호 간의 협력을 구하는 방안을 찾는 것에 무게중심을 두어야 한다. 이를 위해선 학교 구성원 간의 관계 변화가 전제되어야 하는데, 대표적인 방법이 교육공동체 대토론회이다. 교육공동체 대토론회는 구성원들이 집단지

성을 발휘하는 장으로, 학교 구성원의 열정과 의지를 높이고, 스스로 결과에 대한 책임을 수용할 수 있는 학교 시스템의 근본적인 변화를 가능하게 하여 학생, 학부모, 교직원 모두가 행복한 학교문화를 실현하는 데 기여한다.

교육공동체 대토론회는 교육공동체 협치(協治, governance)의 방법으로 작동될 수 있다. 학생, 학부모, 교직원은 주체별 관련 문제를 스스로 해결해 나가는 의사결정 시스템을 만들어나가고, 공동의 결정을 통한 협치가 필요할 때는 교육공동체 대토론회를 운영하면 효과적이다. 대략적인 진행 절차는 다음과 같다.

의견수렴 ➡ 안건 상정 협의 ➡ 반영 ➡ 결과 홈페이지 게시 ➡

미해결(반영)된 문제 ➡ 대토론회 ➡ 합의 및 결정 ➡ 실행 ➡ 자체평가

토론회의 시기는 단위 학교 상황과 여건에 따라 자율적으로 운영이 가능하며, 학기별 1회(연 2회) 정도를 권장한다. 의무적인 사항은 아니며, 학교 구성원 간의 합의 과정을 통해 자율적인 실천이 무엇보다 중요하다. 학기 초에는 기존의 정형화된 학부모총회를 교육공동체 대토론회로 진행하는 것도 좋은 기회이며, 학기 중에는 학교 현안에 대해 토론하거나, 학생회, 학부모회, 교직원회의에서 쟁점으로 등장한 안건을 토론하는 형식으로 하고, 학기 말에는 교육과정 운영 평가와 다음 학년도 교육과정 운영 계획을 학교 구성원과 함께 기획하고 만들어가는 토론회가 될 수 있다.

대토론회 유형은 토론 주제나 내용에 따라 분류하면 학교운영(정책제안) 형, 학교비전 공유형, 학교 교육과정 운영 준비 · 평가형, 학교 현안 해결형

학교 교육과정 운영 준비·평가형 토론(예시)

시기	· 차기 연도 교육계획서 작성을 위한 준비 시기(10~11월)
활용 분야	· 교육계획서 작성을 위한 공동체 의견수렴 · 학교 자체평가 결과의 검증과 발전적 개선
진행 방법	· 교육과정위원회 협의 결과를 토대로 한 안건 설정 ⇨ 안건에 대한 구성원 의견 수렴(설문) ⇨ 전체 구성원 토론회 논제 확정 ⇨ 토론회 개최 ⇨ 토론 결과 교육계획서 반영 · 교육계획서 작성 시에도 학부모, 학생 참여 역할 부여 가능
기대 효과	· 학생, 학부모, 지역사회 요구를 최대한 반영 수요자 중심의 교육과정 편성 가능 · 실질적인 교육 활동으로 이어질 교육계획으로 창의지성 교육과정 운영

등이 있는데, 학교 상황에 따라 탄력적으로 운영할 수 있다. 위의 표는 학교 교육과정 운영 준비·평가형으로 진행되는 교육공동체 대토론회의 예시이다.

대토론회는 운영 주체에 따라, 학생회 중심 토론회, 교직원회 중심 토론회, 학부모회 중심 토론회, 학생–학부모–교직원 혼합형 토론회 등이 가능하다. 학교의 실정과 여건에 따라 선택할 수 있으나, 가급적이면 학생–학부모(지역사회)–교직원이 공동 주체가 되는 혼합형 토론회를 하는 것이 적절하다. 대토론회는 정형화된 모형보다는 단위 학교 구성원의 특징과 요구에 따라 운영되어야 하나, 패널토론, 포럼토론, 원탁토론 등이 많이 활용된다. 토론 방식에 따라 대집단으로 이루어질 경우, 체육관이나 대강당 등에서 할 수 있고, 대표자 간의 토론회로 이루어지는 경우는 소규모 공간에서도 가능하다. 이 중에서 패널토론은 학교운영(정책제안)이나 학교 현안 토론 등에 활용되는 방법으로 진행 절차를 소개하면 다음의 표와 같다.

패널토론 진행 절차(예시)

의미	· 어떤 문제에 대하여 개인 또는 집단의 입장이 서로 다를 때, 각각의 입장을 대표하는 학교 구성원 대표가 토론하는 형식
구성 및 역할	· 4~6명의 패널, 청중, 사회자 · 사회자: 논제를 사전에 파악하여 설명, 청중에게 토론자 소개, 논제를 충분히 이해하고 결론으로 이끌어가야 하며, 논의 내용을 분명히 하기 위해 토론자에게 요약, 설명하고 질문을 유도하되 자신의 의견을 내세우지 않음 · 토론자: 미리 논제의 성격, 범위, 방향 등의 윤곽을 알고 있어야 하며 자신의 의견을 간결하고 명확하게 발표하되 공격적이지 않도록 하고 청중의 질문을 끝까지 잘 듣고 조리 있게 응답 · 청중: 토론자 발표가 끝난 후에 손을 들어 사회자의 지명을 받은 후에 자신의 이름을 밝히고 질문, 논제의 범위에서 벗어나지 않도록 요점만 간추려 질문, 한 번에 한 가지 질문만 하되 자신의 의견을 간단히 덧붙임
특징	· 패널을 통해 각자의 지식이나 정보 등을 서로 교환하여 문제에 대한 깊은 이해를 도모하고 문제해결 방안을 다각도로 탐색하는 토론 · 찬성과 반대를 명백하게 규명하기보다는 서로 다른 의견을 수렴하여 조정할 필요가 있는 경우 활용
진행 단계	· (사회자) 개회, 토론과제 설명, 토론자 소개 ⇨ (패널) 발표, 상호 정보 교환 ⇨ (사회자) 토론 내용 요약 및 청중 질문 유도 ⇨ (청중&패널) 질의응답 ⇨ 자유 토론 ⇨ (사회자) 의견 정리 유도 ⇨ (패널) 의견 정리 ⇒ (사회자) 토론 결과 정리 및 폐회
유의사항	· 토론을 잘 이끌 수 있는 사회자의 역량이 중요 · 패널은 짧은 시간에 논리 정연하게 자신의 의견을 제시할 수 있게 준비를 해야 함 · 청중의 참여를 유도하기 위해 질문평가단을 구성하여 '최우수 질문상'을 주는 등의 방안이 마련되면 좋음

대토론회 이후에는 토론 결과를 정리하고 분석하여 학교 구성원들에게 학교 홈페이지나 가정통신문 등을 이용해 상세히 안내해야 한다. 또한, 대토론회 사후평가회를 통해 문제점을 진단하고 향후 토론회 운영 시 반영

해야 한다. 무엇보다도 대토론회에서 학교 구성원들이 합의한 내용과 의견에 대해선 차기 년도 교육과정 계획수립 시에 반영하거나 학교비전 설정 및 학교생활인권규정 등을 개정할 때 적극 반영해야 한다.

교육공동체 대토론회를 통해 학교 현안을 함께 해결하다

세종 연서초등학교에서는 교육 3주체 연석회의 방식으로 학교 현안을 해결하고 있다.[16] 학생, 학부모, 교직원이 한자리에 모여 교육과정을 성찰하고 서로 생각을 나누는 소중한 시간이 되며, 3주체의 협력적이고 자율적인 참여로 행복한 배움을 만들어가는 기회가 되고 있다. 3주체 연석회의를 위해 학생, 학부모, 교직원이 주체별 사전 모임을 갖고 학생들은 학력을 높이는 방법, 학부모는 학교에서 학생들의 휴대폰 사용 방법, 교직원은 학교 특색교육 활성화에 관한 것을 함께 토론하고 싶은 주제로 선정했다.

회의에 참석한 학생, 학부모, 교직원은 모둠을 이루어 2시간에 걸쳐 각자의 역할과 협력방안에 대해 열띤 토론을 펼쳤으며, 3개 주제 외에도 3주체의 행복한 동행을 위한 다양한 제안이 이어졌다. 3주체 연석회의는 연 4회 개최될 예정이며, 회의 결과는 모든 구성원이 공유하고 교육과정에 반영되어 행복한 배움의 씨앗이 될 것이다. 실제 연석회의에 참석한 한 학부모의 소감을 통해서 그 교육적 의미를 생각해볼 수 있다.

> 학교 교육에 대한 각자의 생각을 자유롭게 발언하고 토론하다 보니 모두가 학교의 주인이라는 생각이 들었으며, 서로에 대한 이해와 공감의 자리가 되었습니다. 학생, 학부모, 교직원이 존중과 협력으로 학교 교육을 함께 만들어가는 우리 학교가 자랑스럽습니다.

현암고등학교에서는 회복적 서클 방식으로 교육공동체 대토론회를 운영하고 있다. 토론회는 소통과 공감으로 마음을 여는 따뜻한 학교 만들기를 위한 다양한 방안을 모색하기 위해 기획되었으며 학생, 학부모, 교사 60명이 참여했다. 일반적인 토론과 달리 상호 이해와 신뢰 구축을 위한 활동으로 모두가 둥그렇게 앉아 상호 소개 및 공동체 놀이로 시작했고, 이어서 평화로운 현암공동체를 위한 핵심 가치 찾기, 그에 대한 구체적 실천 방안 모색하기, 방안 공유하기, 토론회 참석 소감 말하기 등으로 이루어졌다. 토론회를 통해 평화로운 현암공동체를 위한 핵심 가치로 협력, 배려, 조화, 행복, 질서와 규칙, 경청, 이해, 사랑, 소통 등을 선정했다. 분임토론을 통해 이러한 핵심 가치들을 어떻게 실현할 것인지에 대한 토론이 이어졌고, 분임토론 후 교육공동체가 여러 가지 방안을 함께 공유하는 시간도 가졌다.

교육공동체 대토론회를 기획한 담당 교사와 함께한 교장 선생님의 소감을 통해서 그 교육적 의미를 생각해볼 수 있다.

공동체가 행복해지기 위한 시작은 관계 속에서 서로 단절되어 있는 지점을 찾고 대화를 통해 서로의 입장을 이해하고 공감하는 데에서부터 관계를 연결해 가는 것입니다. 행복의 시작은 단절되었던 학생, 교사, 학부모가 각기 다른 입장을 이해하고 공감하는 것에서부터 시작되기에 이번 토론회 기회를 통해 학교공동체가 서로를 진심으로 이해하며 마음의 온도를 올려 따뜻하고 행복한 공동체가 되기를 소망합니다. _ 담당 교사

학생, 학부모, 교사가 한자리에 모여 이야기를 나눌 수 있는 자리가 많지 않은데, 이러한 기회를 통해 진정으로 학생, 학부모, 교사가 원하는 서로와 학교의

모습에 대해 진지하게 이야기할 수 있어서 좋았습니다. 토론회 결과는 학교의 비전을 세우는 데에도 참고할 것이며, 앞으로 마음의 온도를 올려갈 우리 학교의 미래가 기대됩니다. _교장

대의제를 넘어 모두가 참여하는 직접민주주의를 실현하자

민주주의는 결정이고 변화이다. 이를 위해 참여하고 연대한다. 과거에는 참여와 연대에 시간적, 공간적 제약이 많았다. 그러나 SNS가 일반화되면서 가족 등 개인적 삶에 치우쳐 있던 개인이 국가적 이슈에 관심을 가지고 참여하며 연대한다. 이들 시민은 쏟아지는 각종 뉴스에 대해 적극적 소비자를 넘어 직접 자신의 목소리를 정치, 경제, 사회, 문화 등 주요 현안에 반영하고 싶어 하는 욕구를 스스럼없이 보여주고 있다.

페이스북이나 트위터, 카카오톡 등 SNS를 활용해 시민들이 활발한 소통에 나서면서 특정 사안에 대한 지식의 공유와 대중화에도 갈수록 가속이 붙고 있다. 초지능 사회로 가는 길목에서 대의제가 아닌 직접민주주의 가능성이 다시 부각되고 있는 점은 제4차 산업혁명 시대의 도래와 맥이 닿아 있다. 지능과 정보가 결합하는 정보혁명 시대가 열리면서 예전보다 훨씬 많은 정보를 접하고 활용할 수 있는 통로가 대폭 확대됐기 때문이다. 가짜뉴스 등 일부 부정적 문제도 있지만, 전체적 흐름은 '정보의 공유' 확대로 함축할 수 있다. 예를 들어, 시민들이 어떤 사안에 대해 먼저 인터넷 상에서 이슈화되고 공론화되는 과정을 거친 뒤 나중에 그 내용이 현실 정치에 반영되고 법제화되는 '역전' 사례가 앞으로 얼마든지 생겨날 것으로 보인다. 초지능 사회이기에 가능한 일이다. 그러므로 시민이 직접 자신의 정치를 요구를 표현하기 위해 행동으로 나서는 직접민주주의의 움직임은

앞으로 더욱 확산할 가능성이 크다.

어느 학교에서 학생, 학부모, 교직원이 함께 지켜야 할 교육공동체생활협약을 대토론회를 통하여 만들기로 했다고 가정해보자. 참가 희망자를 모집한 결과, 교직원이 가장 많았으며, 다음으로는 학생, 학부모 순이었다. 토론은 잘 진행이 되었으며, 생활협약 문구도 매우 훌륭하게 나왔다. 학교는 협약 내용을 학부모와 학생들에게 가정통신문을 통해 알렸다. 그런데 참석하지 않은 한 학부모가 말하길 "나는 이 협약이 만들어진다는 것도 몰랐고, 만들어진 내용을 보니 내가 생각하는 방향과는 완전히 다르다. 그래서 따르지 않겠다"라고 한다면 어떨까? 과연 이 생활협약은 교육공동체의 공감을 얻어 잘 지켜질 수 있을까?

학교에서의 직접민주주의가 작동되는 장면은 교육공동체 전체의 의견 수렴이 필요하거나, 많은 구성원이 참여해서 결정해야 하는 안건일 때 더욱 필요하다.

실제 학교에서 직접민주주의를 실현하는 데 방해가 되는 요소는 시간과 장소이다. 맞벌이 부부는 학교를 방문하기가 어렵다. 학생들도 학원이나 방과후수업으로 바쁘고, 교직원 역시 수업과 업무로 너무 바쁘다. 설령 많은 사람이 참석한다고 해도 체육관(강당)과 같은 넓은 곳이 없다면 전체가 모일 장소도 없다. 전체가 모일 장소가 필요한 시간의 확보는 SNS를 통해서 어느 정도 가능해졌다. 다음은 SNS를 활용한 직접민주주의를 통해 생활협약을 제정한 사례이다.

> ○○초등학교에서는 교육공동체 대토론회를 통하여 생활협약을 정하기로 했다. 생활협약을 정하기에 앞서 고민은 어떤 내용으로 할 것인지, 구호로만 남

는 게 아닌 교육공동체의 공감을 통한 지켜지는 약속을 어떻게 만들어낼 것인가의 문제였다.

이를 위해서는 충분한 숙의, 모든 주체에게 참여의 기회가 보장되어야 한다. 여기에서 핵심은 충분한 숙의와 모든 이의 참여의 기회를 어떻게 만들 것인가이다. 그래서 아래와 같은 숙의와 참여의 기회를 보장하기 위한 절차를 만들었다. 물론 모든 사람이 다 참여할 것이라고는 기대하지 않는다. 그러나 참여 배제와 참여의 선택 문제는 다르다.

이 절차를 수행하기 위하여 약 두 달간의 시간을 가졌다. 그리고 철저하게 모든 학교 구성원의 참여가 이루어질 수 있도록 절차를 체계화했다.

모든 구성원의 참여가 이루어지는 단계는 토론 주제 선정, 학교 취약점에 대한 요구, 취약점에 대한 개선 의견 수렴, 교육공동체 대토론회, 토

토론 주제선정을 위한 설문조사	▶	학교 취약점 분석 및 구성원 요구 파악	▶	개선을 위한 1차 의견수렴 (학생, 학부모, 교사)	▶
생활협약 기초안 마련을 위한 준비	▶	교육공동체 토론회를 통한 기초안 마련	▶	기초안에 대한 교육공동체 2차 의견 수렴	▶
생활협약 최종안 마련	▶	학교운영위원회 심위	▶	학교장 승인	▶
실천(2019학년도)	▶	운영 평가	▶	개정안 마련 (2019학년도 말)	▶

론회를 통한 1차 협의안에 대한 동의를 묻는 2차 의견수렴이다. 교육공동체 대토론회를 제외하고는 모두 온라인상에서 진행된다. 이 학교의 경우 약 500명의 학생이 있는데 보통 학생, 학부모, 교원 모두 포함하여 약 300~400여 명이 참여한다. 처음부터 이렇게 많은 인원이 참여한 것은 아니다. 이러한 참여를 통하여 변화를 경험하는 과정을 거쳤으며, 참여하여 바꿀 수 있다는 인식을 가지게 하는 데는 약 2년의 시간이 걸렸다. 또한, 지속적인 홍보와 온라인이 익숙하지 않은 분들을 위해 보조적으로 종이 설문지도 병행했다.

학교가 취약한 것이 무엇인지, 그것을 위해서 각 주체는 어떤 노력을 해야 하는지 그리고 학교공동체가 바라는 모습을 어떻게 협약으로 만들어 낼 것인지 모두의 참여로 만들어진 정당성과 민주성을 담보된 협약이 만들어졌다. 이렇게 만들어진 교육공동체 생활협약이라고 한다면 적어도 "나는 이 협약이 만들어진다는 것도 몰랐고, 만들어진 내용을 보니 내가 생각하는 방향과는 완전히 다르다. 그래서 따르지 않겠다"라고 말할 수는 없지 않을까?

자율과 책임이 있는
민주적 의사결정

민주학교를 만드는 데 가장 중요한 관심사는 '결정의 주제가 누구이고 어떻게, 무엇을, 왜 결정해야 하는가?'이다. 무엇보다 민주적 의사결정 체제가 구축되어야 하며, 학교장의 권한을 교육 주체들과 나누어 민주적 의사소통 과정을 거치면서 교육 주체들의 참여 폭을 확대해야 한다. 학생 자치회, 학부모자치회, 교직원자치회의 자율적인 운영이 제도적으로 보장되어야 하며, 각 자치회에서 안건이 만들어지고 스스로 문제를 해결하기 위한 협의의 문화가 정착되어야 한다. 무엇보다도 각 교육 주체가 학교운영에 관련된 사항을 제안할 수 있는 통로를 다양화하고, 제안된 안건을 교육 주체 간 상호 공유하며, 최종적으로 학교운영위원회에서 심의된 안건이 실행될 수 있도록 새로운 민주적 의사결정 시스템이 마련되어야 한다.

이를 위해 학교운영의 결정과 책임 문제, 민주적 의사결정 시스템, 민주적 교직원회의, 학생자치-학부모자치-교직원자치 등에 대한 구체적 내용과 실천사례를 함께 살펴보자.

왜 민주적 의사결정 '시스템'에 주목해야 하는가?

다음은 요즘 학교에서 오가는 말들을 옮겨본 것이다. 무엇을 의미하는지 한번 생각해보자.

> 요즘은 곧바로 SNS에 올려버려요. 학교에서 애들끼리 싸워도, 선생이 맘에 안 들어도, 학교에 불만이 있어도, 무조건 올리고 봐요. 톡도 괜찮아요. 그게 가장 효과적이죠. 한 방에 해결되죠. 아니면 말고요. 아, 집 가서 부모님께 얘기하는 거. 뭐, 그것도 나쁘지 않아요. _ 학생

> 학교에 요구사항이요? 죄송한 말씀이지만, 교장 선생님께 전화하거나 직접 찾아뵙죠. 그게 가장 좋죠. 번거롭잖아요. 다른 분들은 교육청에 민원도 많이 넣어요. _ 학부모

> 스트레스죠. 학교에 오면 또 무슨 일들이 생길까. 학생들, 학부모들 모두 스트레스예요. 특히, 교장 선생님이 우리에게 가끔 이래라저래라 하시는 말씀 대부분은 민원이에요. 공모 교장일수록 학부모 민원에 굉장히 민감해요. 그게 문제죠. 그나마, 새로운 교장 선생님이 오고 학교 분위기가 많이 달라지긴 했어요. 한순간이더군요, 학교 바뀌는 건. 그런데, 다른 분이 오시면 또 바뀌겠죠? _ 교사

요즘 학생들은 학교에 불만이 생기거나, 하고 싶은 이야기가 생기면 곧바로 SNS에 올린다고 한다. 또 학부모는 학교에 요구사항이 생기면 학교장에게 직접 전화를 걸거나 찾아간다고 한다. 교사들은 학교장이 가끔 교직원회의에서 전달하는 내용이 아마 학부모의 민원일 것이라고 생각한다. 실제 ○○고등학교 학생들이 직접 청와대 게시판에 어느 교사의 징계를 요구하는 글을 올려 충격을 준 사례가 있었다.[17] 문제는 학생들이 게시한 글이 진위를 떠나, 처음부터 교사에 대한 불만과 징계를 인터넷에 공개적으로 요구했다는 사실이다. 언론은 이를 여과 없이 보도했고, 학부모의 민원과 외부의 압력으로 해당 교사와 학교 전체가 얼마나 곤욕스러웠을지 눈에 선하다.

도대체 이런 현상은 왜 나타나는 것일까? 여러 가지 이유가 있겠지만, 학교의 민주적 의사결정 시스템의 관점에서 다음 몇 가지를 추측해볼 수 있다.

첫째, 학교 구조 자체가 왜곡된 시스템으로 짜여 있을 가능성이다. 즉 학생들 입장에서는 불만이나 요구사항이 생겨도, 이를 학교에 전달할 수 있는 통로가 없다고 생각했거나, 또 그럴 필요성을 전혀 느끼지 못했을 수 있다. 학부모 입장에서는 학교에 요구사항이 생기면, 학교장을 통해 민원을 넣고 해결하는 것이 가장 효과적일 것이라는 점을 이미 알고 있을 수 있다. 교사들 입장에서는 자신들에게 전달되는 학교장의 지시사항이, 분명 학부모들로부터 제기되는 민원일 것이라고 생각할 수 있다. 특히 교사들은 공모로 온 학교장일수록 학부모 민원에 더 민감할 수밖에 없다고 생각할 것이다. 단지 성품이 좋은 교장이 오면 덜할 것이고, 고약한 교장이 오면 더 심해질 것이라고 추측할 뿐이다.

어쩌면 이런 현상은 학교의 의사결정 구조 자체가 왜곡된 시스템으로 짜여 있기 때문일 수 있다. 예컨대, 학교 구성원들의 의사가 원활히 소통할 수 있는 통로와 장치가 제대로 마련되어 있지 않고, 전혀 효과적이지도 않을 가능성이다. 다른 하나는 학교의 의사결정 구조가 학교장을 정점으로 수직적이기 때문일 수 있다. 학교의 모든 의사결정 권한이 학교장에게 있다면, 학부모는 당연히 학교장의 의사부터 움직이는 것이 가장 효과적일 수밖에 없기 때문이다.

둘째, 서로 신뢰하고 있지 못할 가능성이다. 즉 학교에 의사소통 통로나 절차가 적절히 마련되어 있고, 권한 배분 등을 통해 어느 정도 민주적·수평적 구조가 형성되었더라도, 신뢰가 형성되어 있지 않으면 아무 소용이 없기 때문이다. 아무리 학교에 대한 불만이나 요구사항을 마련된 절차에 따라 해결하고자 노력해도 전혀 변하는 것이 없다면, 오히려 이런 장치는 거추장스러운 장애물처럼 여겨질 뿐이다.

셋째, 그런 성공의 경험이 전혀 없었을 가능성이다. 즉 학교공동체 안에 마련된 통로와 절차에 따라, 모든 학교 구성원이 머리를 맞대고 공동의 문제를 해결하고자 노력했던 경험, 특히 그렇게 함께 노력했던 과정을 통해 얻은 성공의 경험이 전혀 없다면, 당연히 마련된 절차보다는 자신의 의사를 관철할 효과적인 수단과 방법을 택할 수밖에 없을 것이기 때문이다. 만약, 단 한 번이라도 이런 경험이 있었다면, 처음부터 학교공동체 밖으로 의사를 표출하거나, 민원 등을 통해 문제를 해결하려는 시도는 많지 않았을 것이다.

결국 우리는 '시스템'에 주목해야 하고, 특히 '학교에 민주적인 의사결정 시스템'을 고민해야 한다. 굳이 "좋은 사람이 좋은 제도를 만드는 것이 아니라, 좋은 제도가 좋은 사람을 만든다"는 칸트의 말을 빌리지 않더라도, 학교의 민주적 의사결정 시스템이 마련되어 있을 때 '공동체적 삶의 양식으로서 민주주의'를 경험할 가능성이 매우 커지기 때문이다.

학교를 움직이는 힘, 사람인가? 시스템인가?

학교 구성원은 구조화된 행동을 한다

그렇다면 민주적인 학교운영을 결정짓는 것은 사람인가? 아니면 시스템인가? 사실 거의 모든 인간의 행동은 구조화된 행동으로 볼 수 있다. 즉 이미 짜여진 시스템에 따라 구조화된 행동을 하는 경우가 대부분이다. 다음은 최근 ○○고등학교에서 평가를 둘러싸고 일어났던 실제 사례이다. 이는 단위 학교에서 학교 구성원은 대부분 구조화된 행동을 할 수밖에 없다는 점을 보여주는 상징적인 사례이다.

> 최근의 일이다. 모 고등학교 학업성적관리위원회는 일부 교과, 특히 입시 주요 과목인 국어, 영어, 수학, 과학, 사회탐구 교과의 학기별 지필평가 횟수를 1회에서 2회로 늘릴 것을 권고했다. 이미 교과별 교사협의회를 통해 학기별 수행평가 비율을 60% 이상으로 정하고, 주로 객관식 선택형 문항으로 구성된 지필평가를 40%로 정하여 1회만 평가하기로 한 결정을 바꾸도록 권고한 것이다. 이유는 입시를 코앞에 둔 학생들에 대한 평가의 공정성과 객관성 확보였다. 교사의 주관이 상당 부분 들어갈 수밖에 없는 수행평가는 평가의 공정성과 객관성을 담보할 수 없을 뿐만 아니라, 대체로 교사들은 학생들에게 좋은 점수를

주기 때문에 상위권 학생들을 변별해내기 어렵다는 것이다.

문제는 (교사의 평가 권한 제한, 특히 선별을 위한 상대평가제 등의 문제는 별론으로 하고) 위원회의 권고로 인해, 무엇보다 '학생 주도 수업'을 대폭 줄일 수밖에 없었다는데 있다. 교과별로 수행평가 비율을 늘리고 선택형 지필평가를 축소하여 1회로 정했던 이유는, 학습자가 주도하는 참여형 수업을 늘리고자 하는 의도가 있었기 때문이다.

예컨대 영미문학 교과의 경우, 로이스 로리(Lois Lowry)의 '별을 헤아리며(Number the Stars, 1989)'라는 작품을 한 학기 동안 학생들이 모둠별로 함께 읽고, 자신들이 직접 만든 미니북으로 학기 말에 북아트(Bookarts) 전시회를 기획하고 있었다. 즉 모둠별로 텍스트를 읽고 토론과 발표를 통해 주제 및 등장인물 파악, 줄거리 요약, 이 책을 추천하는 이유 등을 기술할 뿐만 아니라, 직접 작가가 되어이 책의 결말과 전혀 다른 스토리보드를 짜는 등 이른바 미니북 제작 과정을 통해 협력, 경청, 나눔, 소통, 배려, 참여 등 헌법의 기본 이념과 민주적 가치를배우도록 기대했던 것이다. 여기에 다른 교과와도 인권을 중심으로 한 주제 중심 통합 수업까지 고려하고 있었다. 그러나 위원회의 권고로 인해 이러한 수업은 절반 이하로 줄어들었고, 대신 책의 단어나 줄거리 파악 등을 간단하게 묻고 답할 수 있는 수업으로 대부분 바뀌게 되었다. 객관식 선택형 지필평가가 2회로 늘어 이를 준비시켜야 했기 때문이다.

여기서 주목해야 할 점은 위원회의 권고 이유이다. 위원회가 그렇게 권고할 수밖에 없었던 주된 이유는 바로 내신 등급 산출을 위한 상대평가 시스템 때문이다. 아무리 교과별 협의회를 통해 민주적 · 자율적으로 수행평가 비율을 높게 정했더라도, 그리하여 학생 중심 수업을 기획했을지라도, 그리고 교육청의 평가 지침도 이를 권장하고 있을지라도, 위원회가 그런 권고를 할 수밖에 없었던 이유는 바로 교육청의 평가 지침을 넘어선, 상대평가 시스템과 구조가 가로막고 있었기 때문이다.

이렇게 볼 때, 단위 학교에서 학교 구성원이 민주적인 관계를 맺고 민주적 문화를 형성하고 있는가도 결국 민주적 제도와 시스템이 어느 정도 갖춰져 있는가에 따라 얼마든지 달라질 수 있다. 해마다 학교는 새로운 구성원들로 바뀐다. 누가 오더라도, 어떤 구성원들로 채워지더라도, 학교 전체가 순식간에 떠밀려 나가지 않도록 붙잡아 줄 수 있는 '닻'은 반드시 필요하다. 우리가 사람 못지않게 '시스템'에 주목할 수밖에 없는 이유다.

민주적 학교의 핵심 질문, 누가 학교운영을 결정하는가?

민주적 학교운영의 기본 원칙, 학교운영은 모든 학교 구성원의 책임이다

누가 학교운영을 결정하고 책임지는 것일까? 이 질문은 현재 '누가 학교운영을 결정하고 책임지고 있는가?'라는 현실적 물음이 아니라, 실제 '누가 학교운영을 결정하고 책임져야 하는가?'라는 규범적 물음이다. 이 질문에 답하기 위해서는 오늘날 민주적 법치국가에서 학교 교육제도가 형성된 배경을 살펴볼 필요가 있다.

오늘날 학교 제도는 18~9세기를 전후하여 성립되었다. 그 이전까지 교육은 오직 일부 상류층의 전유물이었다. 오랫동안 자녀 교육의 책임은 전적으로 개인에게 있다가, 국가가 학교를 설립하여 이를 책임지기 시작한 것이 18~9세기 보통교육제도의 출발이었다. 원래 부모가 자녀 교육에 대한 일차적인 권리와 책임을 지지만, 국가가 이를 함께 책임진다는 것을 의미한다. 즉 미성년 자녀가 온전한 인격체로 성장하기 위해 받아야 할 교육의 권리를 보장하기 위한 일차적인 책임은 부모에게 있는데(부모의 교육권), 이를 국가가 학교 제도를 통해 함께 책임지겠다는 것이다(국가의 교육권한). 이는 부모의 자녀에 대한 교육권이 국가에 일부 신탁되어, 국가의 교육권한을 형성하게 된 배경이다. 따라서 국가는 이러한 책임을 이행하기 위해 학교를 설립하고, 전문적으로 가르칠 교원에게 다시 위임함으로써 이를 지원하는 것이다(부모-국가-교원). 주의할 것은 부모의 교육권은 국가와 교원의 교육권한의 원천이면서, 자신의 교육권을 국가와 교원에게 모두 양도한 것이 아니라는 점이다. 따라서 부모는 국가의 교육권한 행사에 개입할 수 있고, 특히 학교 교육에 참여할 권리가 보장되어 있다. 우리 헌법재판소도 여러 결정문을 통해 이를 특별히 강조하고 있다.

> 자녀의 양육과 교육에 있어서 부모의 교육권은 교육의 모든 영역에서 존중되어야 하며, 다만 학교 교육에 관한 한, 국가는 헌법 제31조에 의하여 부모의 교육권으로부터 원칙적으로 독립된 독자적인 교육권한을 부여받음으로써 부모의 교육권과 함께 자녀의 교육을 담당하지만, 학교 밖의 교육 영역에서는 원칙적으로 부모의 교육권이 우위를 차지한다(헌재 2000.4.27. 98헌가16 등).

> 부모의 교육권과 국가의 교육권한은 학교에서 동등한 지위를 가진다고 볼 수 있기 때문에 양자의 교육권은 실제적 조화의 원칙에 따라서 상호 간에 조정되어야 할 것이므로, 학부모는 국가가 주도하는 학교 교육과정에 어떤 형태로든지 간에 참여해야 마땅하다(헌재 1999.3.25. 선고 97헌마130 결정 등).

(교사의) 수업의 자유 … 그것은 자연법적으로는 학부모에게 속하는 자녀에 대한 교육권을 신탁받은 것이고, 실정법상으로는 공교육의 책임이 있는 국가의 위임에 의한 것이다(헌재 1992.11.12. 선고 89헌마88 결정).

즉 학교 교육에 관한 국가의 권한은 부모의 교육권으로부터 신탁된 것이며 국가는 이를 담당할 교원을 선발하여 다시 위임한 것이므로, 학교 교육에서 부모-국가-교원은 협력하여 자녀의 교육받을 권리를 보장하도록 하고 있다. 다시 말해, 학교 교육은 모든 학교 구성원의 책임이라는 점을 강조하고 있다. 그런 의미에서 우리 교육기본법 제13조 제2항은 '부모 등 보호자는 보호하는 자녀 또는 아동의 교육에 관하여 학교에 의견을 제시할 수 있으며, 학교는 그 의견을 존중하여야 한다'고 규정하고 있다. 독일 연방헌법재판소도 학교 제도 안에서 부모와 국가의 자녀 교육의 책무는 이른바 '의미 있게 상호 연관 지어진 협력'을 토대로 이행되어야 한다는 원칙을 확인함으로써(BVerfGE 4, 52-57), 부모의 교육권과 국가의 교육권한이 학교 제도 안에서 '동등한 협력관계'를 유지해야 한다는 점을 특별히 강조하고 있다.

다시 질문으로 돌아와 보자. '누가 학교운영을 결정하는가?' 아니 '누가 학교운영을 결정해야 하는가?'

그 답은 이제 분명하다. 모든 학교 구성원이 동등하게 협력적 관계를 유지하면서, 학교운영에 참여하여 결정해야 한다. 여기에 학교 교육을 직접 받는 학생들도 포함되어야 한다는 점은 불문가지다. 이것이 바로 민주적 학교운영의 기본 원칙이다.

학교 구성원 간의 동등하고 협력적인 관계

학교 구성원의 고유 권한은 서로 다르다.
그러나 학교운영의 참여 권한은 모두 동등하다

여기서 다음과 같은 의문이 다시 떠오를 수 있다. 모든 학교 구성원이 동등한 협력적 관계를 유지한다는 것은 '모든 주체의 권한 내지 포션(portion)이 같다는 것을 의미하는가?' 학교에는 학교(원)장, 교(원)감, 교사들이 있고, 특히 학생들과 학부모들이 있으며, 행정직원을 비롯한 공무직원까지 다양한 구성원들이 있다. 이들의 학교운영에 관한 권한과 포션이 모두 같다고 볼 수 있을까? 민주적 학교운영의 기본 원칙은 학교 구성원의 동등한 협력적 관계를 요구한다. 그렇다면 학교 안에서 이렇게 다양한 구성원들의 협력적인 관계는 어떻게 조화롭게 형성할 수 있을까?

현행법상 학교장은 학교운영에 관한 교무 통할권(通轄權)을 가지고, 교직원을 지도·감독하며, 학생을 교육하고 징계할 수 있는 권한을 가진다(초·중등교육법 제18조 및 제20조 제1항). 교원은 법령에서 정하는 바에 따라 학생을 교육하며(동법 제20조 제4항), 이를 위한 교육과정 운영, 수업, 평가 등의 권한을 가진다. 행정직원 등은 법령에서 정하는 바에 따라 학교의 행정사무와 그 밖의 사무를 담당해야 한다(동법 제20조 제5항). 학생은 학교 교육에서 학습자로서의 기본적 인권이 보장되며(교육기본법 제12조 제1항), 학생 자치 활동 등을 비롯한 각종 교육내용·교육방법·교재 및 교육시설은 모두 학습자의 인격을 존중하고 개성을 중시하여 학습자의 능력이 최대한으로 발휘될 수 있도록 보장되어야 할 권리를 가진다(동법 제12조 제2항). 학부모는 자녀가 다니는 학교에 의견을 개진할 수 있는 권리를 가진다(동법

제13조 제2항). 여기에 각 구성원의 권한에 따른 책임까지 그 스펙트럼은 다양하게 펼쳐져 있다.

이처럼 학교 안에는 다양한 학교 구성원의 학습권과 인권, 교육권과 행정권한 등이 매우 복잡하게 얽혀 있다. 즉 학교 구성원들이 가지는 각각의 고유권한은 결코 같다고 볼 수 없다. 이들의 권리와 권한 그리고 의무와 책임의 범위는 가늠하기 어려울 정도로 다층적으로 펼쳐져 있기 때문에, 그 윤곽과 경계를 가늠해본다는 것은 대단히 어려운 일이다. 따라서 이들이 동등한 지위와 협력적 관계를 조화롭게 형성하면서, 학교운영 결정 과정에 동등하게 참여할 수 있는 권리를 보장한다는 것은 정말 어려운 과제이다. 그럼에도 불구하고, 다음 몇 가지 차원에서 그 가능성과 접점을 생각해볼 수 있을 것이다.

첫째, 학교 구성원이 가지는 각자의 '고유권한'과, 모든 학교 구성원이 가져야 하는 '공동권한'을 각각 구별할 필요가 있다. 학생, 학부모, 학교장, 교직원 등은 각자의 지위에서 가지는 각자의 권한과 책임이 있다. 이러한 서로 다른 고유권한과 책임은 반드시 서로 존중하고 보장해야 할 영역이다. 이런 의미에서 학교 구성원의 권한(포션)은 모두 같다고 볼 수 없다. 다만, 모든 학교 구성원은 서로 다른 고유권한과 책임이 있음에도 불구하고, 학교운영에 동등하게 참여할 수 있는 권한이 보장되어야 한다. 이러한 참여 권한은 모든 학교 구성원이 누릴 수 있는, 또는 반드시 누려야만 하는 '공동권한'으로 볼 수 있는 것이다. 다만, 학교 구성원이 공동권한을 가진다는 것은 공동책임을 지겠다는 의사의 표현임을 명심해야 할 것이다. 이런 의미에서 ○○중학교가 민주시민교육 실천학교를 만들기 위해 '권한 부여에 따른 공동책임과 역할 부여'를 핵심 주제 내용으로 삼고

핵심 주제	내용	기대효과
학교민주주의 정착 (회의문화 구축)	• 교육 주체의 참여와 학교자치 확대를 위한 회의 진행 연수 → 학생, 학부모, 교사 퍼실리테이터 연수 • 민주적 의사결정 시스템 구축 • 교육공동체 생활협약 제정, 비전 점검 및 공유	• 교육공동체 구성원의 참여로 인한 공동책임과 역할 부여 • 함께 만들어가는 학교문화 조성
민주적 의사결정 과정 및 참여의 제도화	• 교육공동체 대토론회 실시(연 2회) 1학기-교육공동체 쟁점 주제 2학기-교육과정운영 평가	

출처: 경기도교육청(2019), 민주시민교육 실천학교 배움 공유회(자료집), 191쪽.

있다는 점이 흥미롭다.

둘째, 민주적 리더십을 통한 동등한 참여 권한을 보장하는 것이다. 특히 학교장의 민주적 리더십을 통해 학교 구성원의 참여 권한을 보장하여, 동등하고 협력적인 관계를 형성하는 방안이다. 즉 민주적 리더십을 발휘함으로써 서로 다른 학교 구성원의 학교운영 참여 권한을 동등하게 보장하는 것이다. 예컨대, 학교운영의 다양한 영역에서 권한위임 내지 권한 배분의 방식을 통해 민주적 참여의 권한을 확대하는 것이다. 다만, 이는 민주적 문화 형성과 인적 자원에 의존하는 방식이기 때문에, 어떤 리더를 만나는가, 어떤 리더십을 발휘하는가에 따라 참여 보장의 질이 달라질 수 있다. 다음은 ○○고등학교의 2019년 민주시민교육 실천학교 운영 사례 중 일부이다. 특히 민주적 리더십과 관련하여 이 학교가 중점을 두고 노력한 부분이 눈에 띈다.

학교 조직, 학교 문화와 분위기부터 민주적 관계로 바뀌어야!

▶ 우리의 노력은

● 민주주의가 학교운영의 일반 원리로 자리잡게 해야 한다.

→ 교장, 교감은 관리자가 아닌, 학교공동체 구성원들의 민주적 '대표 자'로 서기

→ 모든 이해 당사자에 의한 숙고와 결정이 이루어지는, 서로의 목소 리를 경청하며 지지하고 격려함으로써 조직의 활성화를 꾀하는 수 평적 리더십 발휘

→ 권한을 공유하는 리더십 발휘: 교육과정 중심의 조직 편성, 안건과 토론이 살아 있는 교직원회의, 학교 주체 간 민주적 의사소통 활성 화(학생자치회의 및 교육공동체 간담회 활성화, 학교운영위원회의에 학생 대표 참 석 및 의견 개진 등)

→ 민주적 생활 원리: 교육공동체 생활협약 제정 및 실천, 회복적 생 활교육과 회복적 서클을 통한 공동체 세우기 및 공동체 지키기, 학 교민주주의 지수를 통한 학교문화 진단 및 민주적 자체평가 시스 템 도입 등

민주주의는 밥!! 민주시민교육은 교사의 삶이자, 철학이자 교육과정, 수업 그 자체!

▶ 우리의 노력은

● 학교 철학(학교 비전과 교육 목표, 학년 중점 철학, 민주시민교육 가치)을 교사공

동체가 함께 세우고, 교육과정 방향성을 함께 고민하기 ← [새 학년 워크숍]

● 학교 교육과정을 함께 만들고 함께 운영하기: 학교에서 추구하는 철학이 학교운영, 교과 교육과정과 수업, 학급운영까지 일관성 있게 민주시민교육의 가치가 반영될 수 있도록 재구성하여 운영하기

출처: 경기도교육청(2019), 민주시민교육 실천학교 배움 공유회(자료집), 319쪽.

마지막으로 동등한 참여 권한을 보장하기 위한 시스템을 만드는 것이다. 이는 사람에 기대는 방식이 아니라, 구조와 시스템에 의존하여 동등하고 협력적 관계를 구축하는 방안이다. 즉 모든 학교 구성원이 동등하게 참여할 수 있는 자치기구들을 만들고, 여기에 동등하게 참여하여, 함께 논의한 결과들을 공동으로 결정하고 책임질 수 있도록 과정과 절차를 만들어놓는 것이다. 최근 각 시·도의 조례를 통한 학교자치에 관한 제도화가 그 예이다. 이는 어떤 리더십을 가진 사람일지라도, 또 전혀 다른 학교 구성원으로 바뀔지라도 어느 정도 평균적인 수준을 유지할 수 있다는 장점이 있다.

이것이 민주적 의사결정 시스템이다

단위 학교의 민주적 의사결정 시스템은 학교공동체 구성원의 자치기구

중 무엇을 중심에 두고 디자인했는지에 따라 달라진다. 예컨대, 현행법상 단위 학교의 심의기구인 학교운영위원회를 중심에 두고 의사결정 시스템을 디자인했는지, 아니면 교무회의나 다른 자치기구를 중심으로 의사결정 시스템을 설계했는지에 따라 그 모습과 성격이 달라진다. 이는 단순히 시스템의 모습이 어떠하냐에 그치는 것이 아니라, 의사결정 권한 내지 그 포션의 배분과 성격, 흐름이 전혀 달라질 수 있다는 점에서 중요한 의미가 있다.

학교자치조례를 통한 민주적 의사결정 시스템 구축 사례와 한계

최근 전라북도, 광주광역시, 경기도에서는 학교자치조례[18]를 제정하여 단위 학교의 민주적 의사결정 시스템을 제도화했다. 먼저 전라북도는 '전라북도 학교자치 조례'(2019)에서 학생회, 학부모회, 교사회, 직원회를 설치하고, 학부모회를 제외한 이들 기구가 학교운영위원회나 교무회의에 안건을 상정하여 심의토록 시스템을 설계하고 있다. 특히 교무회의는 현

교무회의를 중심으로 한 민주적 의사결정 시스템

출처: 전라북도 학교자치 조례(2019)에서 재구성.

행법상 학교운영위원회와는 별도로 조례를 통해 설치된 기구로서, 학생회, 교사회, 직원회에서 올라온 안건을 심의할 수 있는 권한을 부여하고 있다. 즉 학교장은 특별한 사유가 없는 한 교무회의의 심의 결과를 받아들여야 하고, 이의가 있는 경우에는 다시 교무회의에 부치도록 하고 있다.[19] 어쩌면 현행법상 학교운영위원회의 심의 권한보다, 교무회의의 권한이 더욱 강화된 것으로 볼 수 있다.

그동안 현행법상 학교운영위원회가 제대로 작동하지 못했고, 학교의 의사결정 권한이 학교장에게 지나치게 쏠려 있었다는 문제를 해결하기 위한 제도적 장치로 볼 수 있다. 실제 단위 학교에서 학교운영에 관한 의미 있는 논의와 결정은 대부분 교무회의에서 이뤄질 수 있다는 점도 반영된 것이다. 그런 의미에서 이를 '교무회의를 중심으로 한 민주적 의사결정 시스템'으로 부를 수 있을 것이다.

그러나 이러한 시스템은 상위법과의 충돌 문제 그리고 관리자와의 갈등 문제가 나타날 수 있다는 한계가 있다. 현행법상 학교장의 교무 통할권을 제한할 수 있는 자치기구는 학교운영위원회인데, 조례에서는 교무회의의 심의 결정을 학교장이 따르도록 사실상 강제하고 있기 때문이다.

광주광역시에서는 '광주광역시 학교자치에 관한 조례'(2019)에서 학생회, 학부모회, 교직원회를 자치기구로 설치하고, 특히 학교자치회의를 그 상위 기구로 설치하여 여기에서 의견과 분쟁을 종합·조정토록 시스템을 설계하고 있다. 즉 현행법상 학교운영위원회와 별도로, 조례에서 이 기구를 설치하여 다른 자치기구의 의견을 종합하고 분쟁을 조정하도록 권한을 부여하고 있다.[20] 그동안 단위 학교 구성원의 서로 다른 의견과 분쟁을 실제적으로 조정할 수 있는 기구가 없었다는 문제점을 해결하기 위한 제

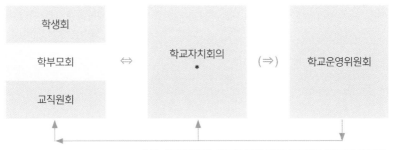

학교자치회를 중심으로 한 민주적 의사결정 시스템

학생회			
학부모회	⇔	학교자치회의 *	(⇒)	학교운영위원회
교직원회			

출처: 광주광역시 학교자치에 관한 조례(2019)에서 재구성.

도적 장치이다. 그런 의미에서 '학교자치회를 중심으로 한 민주적 의사결정 시스템'으로 부를 수 있을 것이다.

다만, 이 기구는 전라북도처럼 교무회의의 심의 결과에 학교장이 따르도록 하는 권한까지 부여되어 있지 않지만, 조례를 통해 자치기구들의 의견 종합 및 분쟁 조정 권한이 부여되어 있다는 점, 자치기구들의 상위 기구라는 지위가 오히려 옥상옥에 불과한 것은 아닌지, 그리하여 단위 학교의 행정 부담만 가중시키는 것은 아닌지에 대한 한계가 있다. 실제 학교에서는 이들 기구를 설치하고, 관련 위원을 구성하는 등 제반 행정 업무를 감당해야 하기 때문이다.

마지막으로 경기도는 최근 '경기도 학교자치 조례'(2019)에서 학생회, 학부모회, 교사회, 직원회를 자치기구로 설치하고, 학부모회를 제외한 이들 기구가 학교운영위원회와 교직원회에 안건을 상정하여 심의토록 하고 있다. 이는 전라북도 학교자치 조례(2019)와 매우 유사하지만, 교직원회의 협의 결과를 학교장이 존중하도록 규정하고 있다는 점에서 차이가 있다.[21] 전라북도와 비교하여 교직원회의의 권한을 다소 완화시켰다.

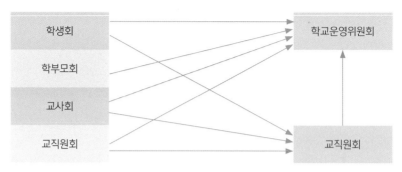

출처: 경기도 학교자치 조례(2019)에서 재구성.

그럼에도 불구하고, 조례로써 교직원회의를 새로 창설하여, 여기서 다른 자치기구들의 안건을 협의하고, 그 결과를 학교장이 존중하도록 시스템을 디자인하고 있다는 점은 단순히 교직원회의가 다른 자치기구들의 옥상옥에 불과한 것이 아니라는 점을 분명히 하고 있다.

다만, 교직원회의 협의 결과를 학교장이 따르지 않을 경우, 그 후속 절차가 마련되어 있지 않다는 점, 조례로써 이러한 권한을 새로 창설할 수 있는지 등 여러 가지 우려나 한계점은 여전히 존재할 수 있다.

어쨌든 단위 학교의 민주적 의사결정 시스템은 어떤 자치기구를 중심으로 설계했는가에 따라 달라진다. 어쩌면 가장 바람직한 시스템은 구성원들의 합의를 통해 디자인하는 것이다. 그러나 학교마다, 지역마다 그리고 구성원들이 바뀔 때마다 그 시스템이 불안정하게 요동친다면 학교 교육에 오히려 방해가 될 것이다. 따라서 법령이든 조례든 어느 정도 안정적인 제도적 설계가 이뤄진 후 단위 학교의 특성에 맞게 민주적 의사결정 시스템이 마련되도록 지원해야 할 것이다.

학교운영위원회를 중심으로 한 민주적 의사결정 시스템과 과제

다음으로 현행법상 자치기구인 학교운영위원회를 의사결정 구조의 정점에 둔 시스템이다. 학생자치회, 학부모회, 교직원회를 통해 모은 구성원들의 의사가 최종적으로 학교운영위원회에서 심의·결정되는 구조다. 이는 현행법상 단위 학교의 자치기구로서 학교운영위원회의 기능과 권한을 존중한다는 의미에서 가장 일반적이고 바람직한 의사결정 시스템으로 제시되고 있다. 현행법상 학교장이 가지는 학교운영에 관한 통할권을 제도적으로 제한할 수 있는 권한을 가진 기구가 바로 학교운영위원회이기 때문이다.

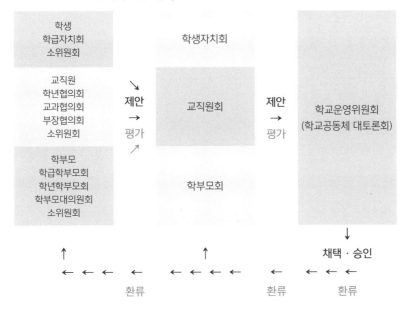

학교운영위원회를 중심으로 한 민주적 의사결정 시스템

* 출처: 이병희 외, 「경기도 학교민주시민교육 발전 방안 연구」(2018), 210쪽

그러나 이 시스템이 제대로 작동하기 위해서는 먼저 학생자치회와 학부모회가 제도적으로 잘 정비된 상태에서,[22] 특히 학교운영위원회가 대표성을 가지고 그 기능이 활성화되어 있어야만 한다. 현재 학생자치회나 학부모회는 학교운영위원회처럼 현행법상 자치기구로서 지위를 인정받고 있지 않으며, 특히 그동안 학교운영위원회는 위원의 대표성 문제나 심의 기능이 제대로 작동하지 못했다는 문제가 지속해서 제기되어 왔기 때문이다. 즉 학생자치회와 학부모회는 아직 현행법상 자치기구가 아니라는 점, 그나마 현행법상 자치기구인 학교운영위원회도 제대로 기능하고 있지 못하다는 문제가 꾸준히 제기되어 왔다.

안건과 토론이 있는 민주적 교직원회의 운영

왜 교직원회의가 중요한가?

민주적인 환경을 경험하지 못한 교사는 민주적인 교사가 되기 어렵고, 비민주적인 교사가 교실에서 행하는 비민주적인 행위는 이전 세대가 학교에서 경험했던 것들을 대물림한다. 대부분의 교사는 민주적인 환경에서 학교에 다니지 않았다. 교사가 되어서도 연수, 전달 중심, 학교장의 의지나 빅마우스에 의해 결정되는 회의문화는 민주적인 교사가 되는 데 장애가 되고 있다. 학생들에게 민주주의를 가르치는 학교 현장에서 정작 교직원 간에는 민주적인 회의가 진행되지 못하는 경우가 많다는 비판에서 교직원들에게 민주적인 경험을 만들어줘야 한다는 요구가 끊임없이 제기되어 왔다.[23] 민주적 교직원회의 문화는 교사들에게 민주적인 경험을 제공하여 시민으로서의 덕성과 소양을 자연스럽게 체득하게 하는 중요한 기제이다. 이러한 문화 속에서 생활한 교사들은 학교 현안을 민주적인 방식으로 해결하는 방법을 찾아 실천하는 활동을 통해 학교 삶의 주체로 거듭난다. 사람의 의식과 행동은 그가 속해 있는 문화에 영향을 받는다. 따라서 교직원회의의 민주성 회복은 민주적 학교문화 조성을 위해서도 매우 중요하며, 무엇보다 민주적 의사결정의 한 축으로서 교직원회의의 위상 강화에도 기여할 수 있다.

교직원회의의 새로운 변화가 필요하다

2017년 민주적 교직원회의 운영에 대한 실태조사 결과[24]에 따르면, 회의는 주로 한 달에 한 번(58.4%), 정규수업 종료 이후부터 5시 이전(91.2%), 부서별 전달사항 위주(36.3%)였으며, 안건 중심 회의는 22.3%, 행정실 직원은 필요에 따라 참석한다는 응답이 50.3%였다. 회의문화 개선 방안에 대해선 학교 관리자의 인식 전환(40.1%), 교직원회의 참여 의지(36.4%), 교직원회의 운영규칙 제정(12.6%), 교직원회의 역량 강화(9.2%) 순으로 나타났다.

회의가 소통이나 토론의 장이 아닌 단순한 업무 전달의 기능을 주로 하다 보니 회의 주체인 교직원들이 소외당하는 현상이 발생하고 있다. 교원들에 비해 상대적으로 교육공무직원을 포함한 직원들의 참여가 보장받지 못하고 있다. 무엇보다도 회의에서 아무리 좋은 안건을 제안해 결정하더라도 결국 학교장이 반대하면 시행되지 못하는 의사결정 구조에 대한 비판도 끊임없이 제기되어 왔다. 결국 학교 구성원이 함께 참여하는 민주적 학교운영은 교직원회의 문화 변화로부터 출발해야 한다. 직원도 학교 구성원으로서 회의에 함께 참여해 의견을 개진해야 하고, 학교장 역시 회의에 끝까지 함께하고 결정된 내용에 대해서도 존중하는 문화가 필요하다.

실제 교직원회의가 어떤 내용, 어떤 형식으로 운영되느냐에 따라 그리고 협의 내용이 학교운영에 반영되느냐에 따라 많은 변화가 일어난다. 학교 구성원의 집단지성을 통한 민주적 의사소통 구조를 마련해야 한다는 현장의 요구가 많다. 즉 단순 업무 전달을 지양하고 다양한 협의회를 통한 민주적 의사소통 채널을 다양화해야 한다. 회의 내용(주제)에 따른 교직원회의 유형 중에서 '단순 정보전달형 회의'에 대한 회의감이 증가하고, 이미 많은 학교가 '안건 중심 토론형 회의'로 협의 문화를 바꾸어가고 있다. 더 나아가 교육적 주제 중심 연수형 회의, 즉 수업분석협의회, 교직원 학생생활 워크숍, 교육과정운영 평가회 등을 통해 동료 교사 간 교수·학습 영역, 생활상담 및 진로상담 영역 등의 전문성을 공유하고 있다. 학교 현안 해결형 회의를 통해 풀기 어려운 문제를 극복하고, 학교 구성원이 함께 책임을 다하는 경우도 있다. 이와 같은 회의 유형을 단위 학교가 처한 상황에 따라 탄력적으로 운영한다면, 함께 소통하는 민주적 학교문화를 구현함으로써 학교 구성원의 자율성과 책임감을 높일 수 있을 것이다.

안건과 토론이 있는 민주적 교직원회의 운영

많은 학교에서 각 학교 여건에 맞는 '안건과 토론이 있는 교직원회의'를 시행하고 있다. 하지만 학교마다 여건과 상황에 차이가 있다. 안건과 토론이 있는 교직원회의가 소기의 성과를 거두기 위해서는 우선 교직원이 편안한 분위기에서 이야기할 수 있는 환경 조성(원형, ㅁ자형, 자리 배치, 음악이 있는 회의, 마음 열기가 있는 회의 등) 등에 대한 구체적인 프로그램을 마련할 필요가 있다. 또한, 교직원회의는 단순 전달이나 연수 방식을 넘어서 안건과 토론이 있는 회의가 되어야 한다. 교직원회의의 협의 사항으로는 학교운영위원회에 상정할 교무안건에 관한 사항, 학교운영과 관련된 교직원의 제안사항, 교육과 관련된 학교 내 각종 위원회 구성에 관한 사항, 각종 자치기구 및 위원회에서 협의한 사항 중 전체 교직원의 의견수렴이 필요한 사항 등이 가능하다. 특히 단위 학교에서는 교직원들이 함께 회의 운영 규칙을 마련하여 시행하고, 회의에서 결정한 내용을 학교장이 존중하고 함께 실천해나가는 민주적 의사결정 시스템이 정착되어야 한다.

통진초등학교에서는 다음과 같은 절차로 안건과 토론이 있는 교직원회의를 운영하고 있다.

1단계		2단계		3단계		4단계
안건 수렴	▶	안건 결정	▶	안건 협의	▶	협의된 내용 실행
메신저 이용 의견 수렴		부장 협의회		안건에 대한 자유토론		메신저 이용 발표

호평중학교에서는 'ㅁ'자형 교직원회의 방식으로 편안한 회의 분위기를 조성했고, 비전 설정과 공유, 회의 자율권 부여 등으로 역동적인 교직원회의 문화를 만들었다.

소통과 신뢰를 바탕으로 살아 숨 쉬는 학교를 만들고자 호평중학교의 혁신은 새로운 교장 선생님이 부임하면서 시작되었다. 강범식 교장 선생님은 "졸업생이 중학교 때 참 즐거웠다는 추억을 떠올릴 수 있는 학교가 되었으면 좋겠다"라는 비전을 선생님들과 공유했다. 선생님들에게 최대한 자율권을 준 결과, 우선 교직원회의 방식부터 달라졌다. 선생님들은 'ㅁ'자형으로 모여 앉아서 회의를 진행했고, 모두가 편한 분위기에서 자유로운 대화를 나누었다. 교직원회의에 참석했던 한 선생님은 "처음 몇 주 동안은 다들 조용했어요. 이제는 논의할 만한 안건에 대해서 스스로 자료까지 뽑아 준비해 옵니다"라고 소감을 말했다.

언동중학교에서는 학교공동체 구성원들이 학교 교육의 비전을 공유하고, 민주적 회의 방식으로 소통을 통해 서로 배려하고 더불어 실천하는 학교문화 정착을 위해 협의를 통해 다음과 같은 교직원회의 운영 원칙을 만들고 실천했다.

- 회의 시간 지키기
- 소집단 토론 활성화
- 1교사 1안건 제안하기
- 다음 회의 안건 정하기

교직원회의를 넘어서 교직원자치로

안건과 토론이 있는 민주적 교직원회의가 지속되기 위해선 단위 학교에서 교직원들이 함께 지킬 수 있는 교직원회의 운영 규칙을 제정하여 실천해나가야 한다. 교직원이 학교운영의 주체로서 교직원회의에 참여해야하고, 교직원회의는 민주적 의사소통 기구이며 단위 학교 의사결정의 한축으로서 자리매김해야 한다. 이를 통해 학교의 주요한 의사결정(교육과정, 예산, 인사 등)이 이루어지고, 이를 학교장이 존중하고 함께 실천하며 책임지는 새로운 학교문화가 실현되어야 한다. 이것이 교직원회의를 넘어서 실질적인 교직원자치로 나아가는 방향이다.

　민주적 학교운영을 위해서 가장 필요한 것은 각 주체의 자치구조를 만드는 것이다. 이를 위해서 먼저 교직원자치회의 자율적 운영이 제도적으로 보장되어야 한다. 교직원자치회에서 안건이 만들어지고 스스로 문제 해결을 위한 참여와 숙의의 문화가 정착되도록 노력해야 한다. 각종 소위원회나 협의회에서의 결정에 대한 권한위임이 이루어져야 하며, 때로는 각 주체의 협치가 이루어지는 민주적 의사결정 구조를 만들어나가야 한다. 다음은 파주 검산초등학교에서 시행되고 있는 교직원자치 구조이다.

파주 검산초등학교 교직원자치 구조

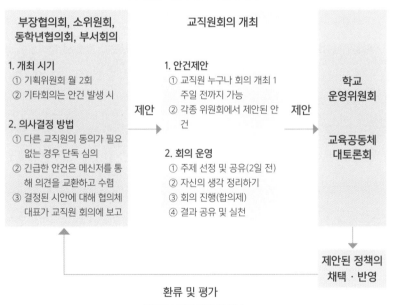

이 학교에서는 학교 교육은 교원뿐 아니라 교직원 모두의 참여와 협력이 이루어질 때 극대화될 수 있으므로 교사회의가 아닌 교직원회의로 규정하여 운영하고 있다. 학교의 구성원이 바뀌어도 회의 운영 시스템이 바뀌지 않도록 회의 규칙을 제정하여 운영한다. 또한, 전달 중심의 회의는 배제하고, 안건 중심의 회의를 운영하려고 노력한다.

특히 민주적 의사결정 구조 실천을 위해 다음과 같은 사항을 고려했다.

• 교육 활동과 관련된 안건에 대한 민주적 의사결정의 인식은 높으나 각종 소위원회, 학년 협의회, 부서협의회, 전체 교직원회의와 유기적으로 연결되지 못하고 분절적인 경향이 있음
• 각종 소위원회와 연계되고 모든 주체의 자발적 참여를 이끌 수 있는 민주적 의사결정 시스템의 구축 필요
• 교직원회의 참석 범위를 교원에서 교직원으로 확대했으나 교원 외 참석률이 저조하였음. 따라서 참석의 범위는 열어두되 의무참석을 강요하지 않고, 참석하지 않을 시 결정을 위임하는 것으로 규정함

민주적 의사결정이 가능한 학교의 구조와 소통과 참여가 있는 교직원회의 문화를 만들기 위한 교직원회의 규정을 제정했고, 그 절차와 주요 내용은 다음과 같다.

• 제정 절차
인사자문위원회에서 초안 마련→초안에 대한 교직원 의견수렴→1차 수정→수정안 마련→교직원회의를 통한 최종안 마련→내부결재 후 시행

- 회의 규정 주요 내용

  - '교직원회의'는 모든 교직원이 참여하여 교육 활동 및 교직원 관련 사항 심의를 담당하는 것임.

  - '교직원'이라 함은 검산초등학교에 소속되어 있는 모든 교원과 직원(공무직원 포함)을 말함.

  - 의장은 ○○부장으로 하되, 안건에 따라 부서별 담당 부장교사가 의장이 되어 진행함.

  - 회의는 정례회의와 임시회의로 구분하여 진행함.

  - 의안의 심의는 충분한 의견수렴 과정을 거쳐 합의에 도달하고, 그렇지 못한 경우 투표로 결정함.

  - 발언권을 받아서 발언하고, 특별한 경우를 제외하고 2분 이내로 발언을 제한함.

  - 교직원회의는 심의기구이며 학교장의 승인으로 효력을 발생함.

  - 학교장은 민주적인 절차에 따라 정해진 사안에 대하여 관련 법률이나 교육청 지침 등에 의해 오류가 없을 시 그 결과를 존중함.

  - 결정된 사안에 대해서는 교육공동체 모두가 실천해야 할 책무성이 부여됨.

민주적 경험을 제공하는 학생자치회와 학부모회 운영

학생들에게 학교운영의 주체로 성장하는 기회를 주는 학생자치회

학생자치회는 학생들이 학교운영의 주체로서 그리고 민주시민으로서 성장할 기회를 제공할 수 있다. 학생들은 학교공동체 안에서 발생하는 여러 문제를 발견하고, 이를 학생자치회를 통해 해결하는 경험을 통해 민주주의를 체득하게 된다. 학생 개인의 의견이 무시되지 않고, 그들이 속한 자치회를 통해 실제 학교운영에 반영되는 과정을 지켜보는 것만으로도, 학생들은 학교운영의 주체로서 존중받는 경험을 갖게 될 것이다. 이런 민주적 경험을 쌓는다면, 학생들이 학교공동체에 관한 문제들을 처음부터 학교 밖에서 해결하려고 시도하진 않을 것이다. 학생들의 의견이 학교공동체 안에서 소중하게 다뤄지고, 실제 학교운영에 반영되는 민주적 효능감을 갖게 된다면, 학생들과 관련된 학교의 문제들은 대부분 학교 안에서 자연스레 해결될 가능성이 크기 때문이다. 학교 안에서 학생자치회가 더욱 활성화되어야 하는 이유다.

다만, 학교가 처한 사정과 여건을 고려하여 학생자치회가 학급 단위에서부터 실제적으로 작동하면서, 전체 학교운영에 의사가 반영될 수 있도록 세심한 주의가 필요하다. 다음은 ○○초등학교에서 매월 주별로 학생

학생자치 구조
▶ 학생이 주체적으로 찾아서 해결하는 학교의 문제

· 공동체의 문제를 주체적으로 인식하고 해결하려는 주체적이고 공공적인 시민성 함양
· 우리 주변의 여러 문제를 민주적인 문제로 보고 해결하려는 인식 확산

| 매월 1주 | 학급회의를 통한 학교의 문제점 발견 | ▶ | 대의원회의를 통한 전교 의견 수렴 | ▶ | 안건 결정 및 공유 |

| 매월 2주 | 안건에 대한 학급회의 | ▶ | 대의원회의를 통한 전교 의견 수렴 | ▶ | 교장 선생님과의 간담회 | ▶ | 회의 결과 공유 (자치회 게시판 및 클래스팅) |

출처: 경기도교육청(2019), 민주주의 워킹그룹 최종발표회(자료집), 163쪽

자치회가 운영되는 흐름이다. 시기별로 학급회의를 통해 학생들의 의사를 모으고, 이를 학교운영에 반영하면서, 그 결과를 다시 공유하는 과정이 인상적이다.

학부모에게 학교운영에 동등한 파트너로 참여할 기회를 주는 학부모회

학부모회는 학부모들에게 학교운영의 파트너로서 동등하게 참여할 기회를 제공할 수 있다. 학교에서 부모는 국가(학교장, 교사 등)와 동등한 지위를 가짐에도 불구하고(97헌마130), 그동안 학교 교육에 참여할 기회가 적었다. 학교 구성원들, 특히 학부모 자신조차 학교에서 동등한 지위를 가진다는 점을 인식하지 못하는 경우가 대부분이다. 오히려 학부모가 학교 교육에 의견을 제시하거나 참여하는 것을 두고, 교육 활동에 간섭한다고 오해하거나 불편해하는 경우도 많다. 그동안 학부모들은 학교장에게 직접 전화를 걸거나, 찾아가는 방식으로 학교운영에 대한 의견을 전달하는 경우도 꽤 많았기 때문이다. 이는 정상적인 의사소통이라고 볼 수 없다.

이런 의미에서 학부모회가 제대로 활성화된다면, 학부모들에게 공식적으로 학교운영에 참여할 기회를 제공할 수 있다. 학부모를 위한 공식적인 자치기구를 통해 왜곡된 의사소통의 흐름을 어느 정도 막을 수 있기 때문이다. 다만, 현재 학교운영위원회가 마련되어 있지만, 소수의 학부모만 참여 가능하다는 한계가 있다. 학교운영에 되도록 많은 학부모가 단계적으로 참여할 수 있는 자치기구가 마련되어야 할 것이다.

다음은 ○○초등학교에서 학급(년)별 학부모회부터 학부모회, 학교운영위원회, 교육공동체 대토론회에 이르기까지, 학부모의 학교운영 관련 의사를 어떻게 반영할 것인지를 구조화한 흐름도이다. 특히 학부모의 학교

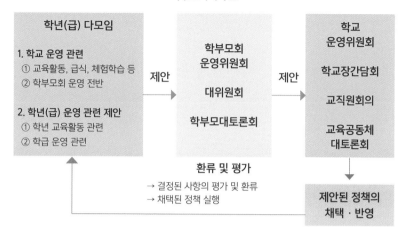

학부모자치 구조

학부모자치회 운영 방향

- 모든 단체를 자율성을 가지고 민주적 절차에 의해 운영
- 모든 학부모단체는 후원금이나 발전기금, 찬조금, 자체회비 모금을 금함
- 모든 임원은 학교교육에 대한 책무성을 가지고 민주적 리더십으로 단체를 운영
- 각 단체 간 정보를 공유하고, 상호 신뢰를 바탕으로 협력적이고 수평적인 관계를 가지도록 노력
- 소수 임원이나 회원이 아닌 모든 구성원의 의견을 수렴하여 운영하도록 노력
- 주요 업무 추진 시 학교와 소통을 통한 협의가 이루어지도록 함
- 토론 시 모든 결정의 기준은 학생과 교육, 공공성을 중심에 둠

출처: 경기도교육청(2019), 민주주의 워킹그룹 최종발표회(자료집), 162쪽

참여를 단계적으로 설계하고 있고, 학부모회 운영 원칙을 정하여 학부모 참여를 확대하려고 노력하고 있다.

참여와 성장의 민주적 실천

어느 조직이나 추구하는 목표와 가치가 있다. 이 비전을 공유하고 함께 실현하는 조직을 만들기 위해서는 구성원의 참여와 성숙한 결정 그리고 실천 역량이 필요하다. 민주학교에서 참여와 결정, 실천의 방식은 민주적이어야 한다. 학교 구성원이 공동체 운영에 최종적인 결정권을 가지고 있어야 하고, 학생과 교직원, 학부모들의 다양한 학습 모임, 토론 모임, 자치 모임을 제도적으로 보장하여 교육공동체 문제에 대한 토론과 직접적 참여를 보장해야 한다. 또한, 교육공동체의 모든 기구와 모임에서 숙의적 문화, 즉 토론을 통해 합리적 방안을 모색해가는 문화가 필요하다.

각 주체가 자신들의 문제에 대해 고민하고 해결 방법을 찾아 민주적으로 결정하고 실천해나가는 자치의 문화를 만드는 것은 주체적이고 공공적인 삶을 실천하는 시민을 기르는 삶 속에서의 민주시민교육 활동이다. 자발적 참여, 성숙한 결정, 결정보다 어려운 실천, 학교문화 진단 및 개선

등에 대한 구체적 내용과 실천사례를 함께 살펴보자.

무엇이 자발적 참여로 이끄는가?

공적행위와 사익

학교 구성원의 자발적 참여가 잘 이루어지기 위해서는 학교의 여러 가지 현안에 대해 관심을 가지고 참여하려는 마음이 있어야 한다. 그러나 학교의 구성원이 주인정신을 가지고 자발적으로 참여하게 만드는 데는 많은 노력이 필요하다. 그러면 자발적 참여의 마음은 어떻게 생길 수 있을까? 이와 관련하여 2019년 6·10 민주항쟁 기념식에서 대통령의 연설은 많은 시사점을 준다. 기념사에서는 민주주의가 제도로만 완성되는 것이 아니고 자신이 하고자 하는 일이 공동체에 어떤 영향을 미칠 것인지 생각하는 것이 민주주의라고 말한다. 또한, 공동체가 올바른 길로 가기 위해 참여해서 진실을 이야기하는 것이 민주주의를 위한 실천이라고 강조한다.

> 민주주의를 제도로만 생각하면, 이미 민주주의가 이뤄진 것처럼 생각할지 모릅니다. 민주주의는 제도이기 이전에 우리가 살아가는 방식입니다. 더 자주 실천하고 더 많이 민주주의자가 되어가는 것이 민주주의입니다. 민주주의는 아직 허허벌판에서 바람에 나부끼는 가냘픈 꽃에 불과합니다. 더 많이 햇볕을 받고, 때에 맞춰 물을 주어야 튼튼하게 자라날 수 있습니다.
> 민주주의는 대화로 시작되어 대화로 끝난다고 해도 과언이 아닙니다. 서로를 이해하기 위해 좋은 말을 골라 사용하는 것도 민주주의의 미덕입니다. 자신이

하고자 하는 일이 공동체에 어떤 영향을 미칠 것인지 생각하는 것도 민주주의입니다. 공동체가 올바른 길로 가기 위해 진실을 이야기하는 것이 민주주의를 위한 실천입니다. _ 2019. 6. 10. 대통령 '민주 항쟁 기념사'에서 발췌

　자발적 참여를 이끌어내기 위해서는 일방적인 이타적인 삶을 강요해서도, 개인의 권리만 주장해서도 안 된다. 앞의 기념사에서 자신이 하고자 하는 일이 공동체에 어떤 영향을 미칠 것인지 생각하는지와 관련하여 나의 공적인 행위가 나와 다른 모든 학교 구성원의 이익을 위해 꼭 필요한 것임을 끊임없이 설득하고 이야기해 줄 수 있어야 한다. 이에 대한 한 학교의 사례를 소개한다.

　실내 위생 상태가 매우 불결한 한 학교가 있었다. 그래서 학기 초 학부모들로부터 미세먼지도 많은데 학교 실내가 너무 더럽다는 민원이 많았다. 사실 요즘 학교에서의 청소는 교사, 학부모, 학생 어느 누구에게도 유쾌하지 않은 일이다. 모두가 청결한 상태를 원하지만, 누구도 손에 물을 묻히고 싶어 하지 않는다. 청소에 대한 학교 구성원의 생각은 이렇다.

학생: 학교는 공부하러 왔지, 청소하러 온 게 아니잖아.

학부모: 학부모가 학교 가서 청소한다는 것이 요즘 세상에 말이나 돼?

교사: 학생들에게 청소시켰다간 인권침해니, 뭐니 민원이 생길지도 몰라, 학교에서 청소 예산을 투입하거나 시설 관리 주무관님이 해야 하는 거 아니야? 우리는 아이들만 열심히 가르치면 되지.

행정실무사(시설주무관): 험하고 지저분한 일은 왜 항상 우리만 시켜.

학교장: 체면에 내가 빗자루 들고 쓸고, 걸레로 닦는 모습을 보여줄 수 있나?

학교 예산이 충분하다면 용역을 통하여 청소 문제를 해결할 수도 있지만, 예산이 넉넉지 못한 학교는 이마저도 어렵다. 이 문제는 모두의 문제이다. 이 학교는 이 문제를 교직원회의와 학생자치회에 안건으로 상정했고, 매주 금요일 8시 50분부터 9시 5분까지 학생과 교직원 모두가 참여하는 클린데이 운영을 결정했다. 모두가 깨끗한 환경을 원했지만 내가 나서기는 싫고, 특정한 누구에게 맡기면 자존감 떨어지는 일이라고 하기를 꺼렸던 청소를 모두가 함께하니 불만도 없고, 짧은 시간에 깨끗한 학교를 만들 수 있다는 것을 경험했다. 함께 논의하면 발전적인 방안이 마련되고 실현이 된다는 이런 경험이 쌓이면서 점차 학교 문제에 관심을 가지고 되고, 적극적으로 의견을 개진하려는 참여의 문화가 성숙해가고 있다.

참여와 관련하여 이병희 외(2018)는 상호 신뢰와 존중의 바탕 위에서 공동의 문제에 대해 함께 토론하는 문화형성은 학교에 대한 주인의식으로 이어져 자발적 참여와 실천을 이끌어낼 수 있다고 말한다. 여기에서도 구성원의 참여는 자신의 삶과 이해관계에 영향을 미치고 있는 사회적 행위의 결과가 갖는 의미를 파악하고 이를 해결하기 위한 공론의 장에 적극 참여하는 주체, 즉 '공중'으로서의 시민 삶에 주목할 필요가 있다고 말한다. 즉 내가 하는 공적인 참여와 실천 행위가 결국 나와 우리 공동체 모두에게 어떤 의미와 이익이 있는지를 성찰할 수 있는 역량을 길러줄 수 있을 때 자발적 참여로 이어질 수 있다고 설명한다.

학교비전과 교육철학의 공유

한편 적극적인 참여를 이끌어내기 위해서는 학교비전이나 교육철학에 대한 공유가 필요하다. 역량개발연구소(2019)의 '민주적 의사결정 체제 개발 연구보고서'에 따르면, 한 개인이 갖는 가치가 그의 행동에 영향을 미치듯 한 학교가 갖는 공유가치는 학교에 영향을 미친다. 나아가서 가치와 행동 간의 일치가 개인을 강건하게 만들 듯이 학교의 공유가치와 학교의 실제 실행들이 일치할 때 학교는 한 조직으로서 단단해진다고 분석한다.

이러한 학교에서는 일상의 대화와 사건들 속에서 가치와 지향이 자연스럽게 언급되고 판단의 준거로 작용하고, 학교장이 바뀌더라도 다수의 교사에 의해 학교의 가치와 지향이 쉽게 흔들리거나 일관성 없이 바뀌지 않는다. 그러나 공유된 가치 중심으로 운영하고, 철학과 비전을 공유하기 위해 지속해서 소통하고, 학교장이 민주적 리더십을 발휘함에도 불구하고 학교가 지향하는 가치에 부합하지 않는 행동을 하고 참여가 이루어지지 않는다면 본인과 학교 모두를 위해 어려운 결단을 해야 한다. 연구보고서에서 이와 관련하여 다음과 같은 사례를 소개하고 있다.

> 혁신학교는 틀이 없다. 기존의 틀, 관행에 연연하지 않고 새로운 것을 해나가는 거다. 학생 중심, 배려, 공감, 협력의 철학만 공유한다면, 뭐든 바꿔 갈 수 있는 거다. (중략) 수업, 모든 학생을 위한 협력, 배려의 수업 만들기… 이런 것에 생각을 달리하는 선생님들이 계신다면 2~3시간 대화해야 한다. 첫해 보니 4~5명이 있더라. 연수에도 불참하거나 하더라. 오자마자 교사 1인당 1시간 회의를 했다. 내 가치를 설명하기보다 선생님 어찌 생각하시냐, 내가 뭘 해야 할까요, 그런 이야기를 했다. 대답을 들으니 내가 듣기에 어이가 없더라. 그분들에게 함께 만들어가는 공동체, 수업에 대한 이야기를 했다. 2학기 때에 다시 면담하는 과정에서, 학교의 운영 방식에 대해 동의하지 않는데 인사철에 그 5명이 가겠다는 말을 안 하더라. 그분들에게도 지시나 요구가 별로 없으니 이 학

교가 편했던 거다, 교사의 자율을 강조하다 보니 지켜봐 주니 자기가 뭘 안 해도 잘못해도 늦게 해도 허용적이니… 그 다섯 분에게는 다른 학교로 내신을 내라고 솔직히 말했다. 깜짝 놀라더라. '가라는 거냐?'고 하더라. '가라는 게 아니라, 선생님은 이 학교의 방식이 혁신학교의 방식이 아니다. 독재라고 한다. 선생님이 생각하는 데에 적합한 학교가 있을 거라 본다. 혁신을 주도하는 선생님들로 인해 거북하고 부담스러운 거 아니냐. 그분들은 선생님들에게 상처를 받고 있다. (중략) 그래서 3명은 다른 학교로 내신을 냈고 2명은 기간제로 계약을 하지 않았다.

이 사례에서 학교장의 행동이 자칫 권위적이고, 갑질처럼 비칠 수 있으나 전달하고자 하는 메시지는 가치 공유를 위해 구성원 각자가 가진 가치에 관해 솔직하고 진지하게 대화하고 이해하는 노력을 통해 비전이나 교육 철학의 공유로 이어져야 한다는 것이다.

성숙한 결정

권위에 대한 저항 그리고 자기검열의 극복

학교장이 의장이 되어 운영하는 교직원회의, 교육공동체 대토론회, 생활협약 제정, 교직원회의 운영규칙 제정 등 제도적으로는 어느 정도 민주적 의사결정의 방법이 안내되고 학교에서도 정착되어 가는 양상을 보인다. 그러나 이렇게 제도적으로 민주적 의사결정 체제가 보장된다고 하면, '과연 학교공동체는 성숙한 결정을 할 준비가 되어 있는가?'에 대해서는 성찰이 필요하다. 절차에서의 민주주의가 잘 구축되어 있다 하더라도 그 제도를 사용하는 구성원의 역량과 문화가 성숙되어 있지 못하면 제도는 자칫 잘못된 방향으로 사용될 수 있다. 그래서 학교자치라는 구조를 만들고 민주적 의사결정 시스템이 제도적으로 갖추어졌을 때 구성원들이 얼마나 성숙하게 결정하는가의 문제는 또 다른 문제이다. 그동안 여러 학교 구성원들과의 소통을 통해 알게 된 성숙한 결정에 필요한 몇 가지 생각을 정리해본다.

교직원회의에 대한 교사들의 부정적인 묘사를 보면 '이런 것까지 회의로 결정해야 해? 그냥 알아서 하지', '잘 모르는데 이런 의견을 말해도 되나?'. '결론은 이미 정해져 있는데 이야기해서 뭐해', '눈치 없이 괜히 나섰나?', '퇴근 시간 다 되었는데 왜 이리 질질 끄는 거야' 등이다. 학교에서 무슨 문제가 생기면 그것은 교장의 문제이지 내 문제가 아니라고 생각하기도 한다. 대통령 국정농단이나 정치적 부조리에 대해서는 촛불을 들지만 정작 생활 속의 많은 문제를 민주적인 문제로 바라보지 않는 것에 대해 문제의식을 가져야 한다. 잘못된 것에 대해 누구 때문이라고 하지 말고, 촛불을 들어 변화를 만들어냈듯이 학교 내에서도 정의를 실천하려는 용기를 가져야 한다.

미국의 심리학자는 스탠리 밀그램(Stanley Milgram)은 1961년부터 예일대학에서 '권위에 대한 복종'에 관한 실험을 했다. 당시 진행 중이던 나치 전범 아이히만의 재판에 자극을 받은 밀그램은 이 실험에서 제2차 세계대전 중 자행된 나치의 대학살이 진정으로 악한 의도를 가진 사람들에 의해 이루어진 것인지를 알아보고 싶었다. 우선 예일대학 근교에서 모집된 피실험자에게 '전기충격으로 주어지는 처벌이 기억력에 어떤 영향을 미치는

지' 알아보기 위해 실험을 한다고 설명했다. 피실험자는 기억력 시험에서 틀린 답을 내는 사람에게 점점 더 강한 전기충격을 부과하는 시험관의 역할을 맡는다. 처음에는 일상적 분위기에서 시작되었지만, 전기충격을 받은 사람이 너무 고통스럽다며 실험을 그만두고 나가게 해달라고 불평과 애원을 하는 정도까지 이르게 된다. 대부분의 피실험자는 이런 상황에서도 실험을 계속할지를 흰 실험복을 입은 연구자에게 문의했지만 "실험은 계속되어야만 합니다"라는 사무적 대답만 듣는다. 연구자는 '내가 다 책임질 테니 계속하라'고 요구한다. 놀랍게도 상당수의 피실험자는 고통스러워하는 사람에게 치명적인 전류를 흘린다.

이 실험은 평범한 사람이 '강요되지 않은 상황'에서조차 권위에 의한 명령에 얼마나 쉽게 복종할 수 있는지를 보여준다. 학교의 구성원은 수평적이고 평등한 소통과 결정을 할 수 있는 문화를 만들어내야 한다. 이를 위해서는 권력관계가 개인들의 일상과 회의에 부당하게 관여되지 않도록 주의를 기울이고 삼가야 한다. 젠더 감수성이 성차별 언행을 예민하게 감지하는 인식을 일컫듯이, 민주 감수성은 지시와 통제의 언어, 평등과 자치를 억압하는 행위 등을 섬세하게 인식하는 감수성을 지칭한다. 이러한 감수성을 바탕으로 민주와 자치에 반하는 언행을 스스로 삼가고 타인의 비민주적 행위를 무심히 넘기지 않고 적절하게 대응할 수 있다.

역량개발연구소(2019)의 보고서에 따르면, 다른 사람들 앞에서 중요한 이야기를 해야 할 때, 결정을 해야 할 때, 자신의 말과 행동에 책임을 져야 한다고 생각할 때, 사람들은 어느 정도 긴장, 불안, 두려움 등을 경험한다고 한다. 그리고 대부분 자기 의견을 말하기 전에 자기의 생각과 역량, 자격 등을 헤아리고 따지며, 외부로 표출할 발언의 내용과 수위를 조절하고 거른다. 이러한 자기검열의 과정은 긍정적 기능도 하지만, 자유로운 발상과 주장의 힘을 떨어뜨리기도 한다. 지나친 부정적 자기검열은 소통과 결정의 에너지를 위축시키거나 소통과 결정 자체를 회피하게 만든다. 그러므로 자기검열의 과정과 의도를 섬세하게 인식하고 적절히 조절하며 소통과 결정에 참여함으로써 그에 따른 책임을 감당할 수 있게 해야 한다.

충분한 숙의의 문화가 필요하다

민주적인 학교문화를 만들어가기 위해서는 시간적 여유를 가지고 충분한 토론이 있는 숙의민주주의가 정착되어야 한다. 교육공동체의 협치 모습은 학교의 비전, 교육과정 운영, 생활협약과 같은 공동의 가치체계를 세우는 장면에서 많이 나타나는데 충분한 숙의가 없는 결정은 실천으로 이어지기 어렵다.

학교가 가지고 있는 특성이나 문제점에 대해 모두가 공감할 수 있는 숙의의 과정이 되기 위해서는 구성원들이 공동의 문제로 인식하고 해결하기 위한 주체성이 좀 더 적극적으로 살아나야 할 필요성이 있다. 학교민주주의의 숙의적 측면은 민주적 시민교육의 장이라는 학교 본연의 임무와 관련해서도 중요한 역할을 한다. 학교공동체에서의 활동을 통해 학생들은 미래의 민주시민으로 성장할 수 있으며, 이러한 목적을 달성하기 위해서는 숙의민주주의가 강조하는 숙의를 통한 학습 과정이 전제되어야 한다. 이는 학생들 스스로가 학교 공동체의 문제 그리고 자신들의 문제에 관해 토론하고 숙의할 기회를 보장해주는 것만으로는 달성되지 않는다. 무엇보다 교사와 학생 사이에 숙의적인 질서와 관계가 수립되고 적용되어야 한다. 이를 통해 학생들은 어떤 특정한 외부의 권위에 의해서가 아니라 오직 합리적인 논증과 설득의 힘에 의해 의사를 결정할 수 있는 능력과 태도를 겸비하게 될 것이다. 학교민주주의의 숙의적 요소는 학교 공동체의 기본 단위인 교실에서부터 실천되어야 한다.

학교민주주의의 숙의적 측면과 관련해서는 학교 공동체의 모든 기구와 모임에서 숙의적 문화, 즉 토론을 통해 학교 공동체의 합리적 방향을 모색해가는 문화를 정착하는 것과 더불어 특히 다음 두 가지를 강조할 필요가 있다. 첫째는 성숙한 리더십이다. 숙의민주주의에서 공동체의 리더는 구성원들을 대신하여 공동체의 주요 사안을 결정하고 집행하는 주체가 아니라, 구성원들의 숙의 과정을 이끌어가는 주체로서 인식된다. 특히 숙의적 리더는 공동체에 대한 자신의 비전과 목표를 구성원과 토론하는 과정에서 스스로 변화할 가능성을 열어놓는 열린 리더의 성격을 갖는다. 학교 공동체의 리더로서 자신의 비전을 구성원들에게 제시하는 것이 아니라 구성원들과의 토론과 숙의를 통해 학교공동체의 비전을 수립하는 문화가 정착될 때 학교공동체에 숙의민주주의적인 요소는 완성될 수 있다.

둘째, 학교 조직이 스스로 판단능력을 가지고 외부적 요인이나 권위에 의해 강요나 지시를 받지 않고 학교의 문제를 스스로 결정하고 그 결과에 대해 스스로 책임지는 학교경영 체제를 보장해주어야 한다. 이를 위해 교육과정 편성권과 자율권, 평가권, 예산편성 자율권, 부당한 행정명령 거부권 등 교육권한의 과감한 학교 배분과 불필요한 사무 폐지를 통해 학교자치의 여건을 조성해주어야 한다. 이것이 가능하기 위해서는 모든 학교는 그 상황과 여건에 맞게 창의적이고 특색 있는 교육을 주체적으로 만들어가는 역량을 길러야 한다. 이렇게 될 때 교육청은 아주 작은 기능을 담당하는 기능을 담당하게 될 것이다. 또한, 학교 자율운영 시 나타날 수 있는

지나친 편의성의 문제, 예로 프랑스에서 어려운 과목은 가르치지 않거나 학생 지도 면에서 무책임이 나타나는 경우를 일컬어 '교사공화국'라 비판받는 현상 등에 대해서 깊이 있는 고민이 필요하다.

지나친 권리 중심과 편의성의 극복

2015년부터 경기도교육청에서 조사해온 학교민주주의 지수 평가에서 교육 주체별로 극명하게 차이가 나는 부분이 학생인권과 교권이다. 학생은 교권에 비해 학생인권이 존중되지 못하고, 교사는 학생인권에 비해 교권이 존중받지 못한다고 평가한다. 이 인식의 차이는 2015년 학교민주주의 지수를 측정한 이래 지금까지 거의 변화가 없다. 이러한 현상에 대해 '학교문화가 권리 중심으로 치우친 것이 아닌가?'로 보는 우려의 목소리가 높아가고 있다.

어느 학교에서 '방학 중 근무 여부' 안건을 가지고 교직원회에서 토론을 했다. 근무를 하고 안 하고가 중요한 게 아니라 각각의 상황에 대해 타당한 이유를 찾지 못했다. '그냥 아무 할 일이 없기 때문에' 근무를 할 필요가 없다는 이유는 궁색하다. 또한, 최근에 어느 학교에서 금요일 교육과정을 모두 4교시로 편성하고 오후 2시만 되면 모든 교직원이 자율적으로 퇴근하는 것으로 결정하고 시행한다고 한다. 이 두 사례는 교사로서의 책무성과 개인의 행복 추구권이 충돌한다. 이러한 현상에 대해 앞서 말한 프랑스에서 교사공화국이라 비판받고 있는 것과 같은 맥락으로 비판을 받지 않을까 우려되는 부분이 있다.

일부 학부모의 경우 학교 활동에 참여하는 것은 부담스러워하면서 학교 교육활동에 대한 더 자세한 안내와 높은 질을 요구한다. 이러한 영향으로 교사는 많은 제재를 받는다는 생각에 학생의 지도를 포기하고 방임하기도 한다. 이런 상황에서 문제가 생기면 소통보다는 감정적인 문제가 되어 갈등이 발생한다. 이러한 예는 모두 상대방에 대한 존중과 배려보다는 부모로서 교육요구권, 교사의 교육활동보호권만이 강조될 때 흔히 발생한다.

결정보다 어려운 실천

실천에 이르게 하는 것들

학교에서 민주적인 절차를 거쳐 학교 구성원의 동의를 얻은 결정이라 하더라도 이것이 실천으로 이어지기는 쉽지 않다. 가장 흔한 예로, 많은 학교가 민주적인 절차에 따라 만든 규칙이나 약속, 학교의 비전, 교육과정 운영 등이 문서로만 남고 실천에 이르지 못한 경우를 쉽게 볼 수 있다.

실천에 이르기 위해서는 결정에 대한 구체적인 실천계획이 수립되고, 홍보해야 하며 끊임없이 노출하고 상기시켜 주어야 한다. 다음은 경기지역 한 초등학교에서 주체별 약속을 만들고 이를 지속해서 실천하기 위한 노력의 방법이다.

- 월 1회 학생자치 조회 시간 이행 상황 뉴스 보도
- 교직원 대상 월 1회 실천 이행 상황 자율적 설문 실시
- 학부모총회와 가정으로 휴대용 생활협약 배부
- 학교생활협약에 근거한 학급생활협약 제정
- 방학통지표 생활평가표란에 학생생활협약 내용으로 평가

- 학생자치실, 교직원회의실, 학부모자치실 주체별 협약 게시
- 학생자치회 화폐 뒷면에 학생생활협약을 인쇄하여 학생 모두에게 1장씩 배부

인간에게 요구되는 행동이 실천으로 이루어지기 위해서는 내면에 반성적 사고, 즉 마음속 성찰이 있을 때 자발적인 실천으로 이어질 수 있다. 너무 빠르거나 지시에 의한 결정은 이러한 반성적 사고나 성찰이 이루어지기 어렵다. 특히 생활지도 장면에서 학생의 행동을 수정하기 위해서는 이러한 과정이 꼭 필요한데, 다음의 예는 학생의 성찰이 행동의 수정에 얼마나 중요한지를 보여준다.

학생 A: 선생님, ○○○가 복도에서 뛰었어요.

교사: 그래 데려와.

(뛴 B 학생이 온 후)

교사: 너 복도에서 뛰었지. 다음에 한 번 더 뛰는 거 보면 혼난다.

신속한 문제 해결이 된 것처럼 보이나 학생 B는 선생님이 안 보이는 곳에서 또 뛴다.

학생 A: 선생님, ○○○가 복도에서 뛰었어요.

교사: 그래, 네가 가서 뛰지 않았으면 좋겠다고 말해주면 좋겠다.

학생 A: 나는 네가 복도에서 뛰다가 넘어져 다칠까 봐 걱정돼. 그러니 복도

에서는 천천히 걸어 다니면 좋겠어.

(그럼에도 행동수정이 안 되거나 복도에서 뛰는 학생이 더 많아졌다.)

학급회의 시간에 의제로 채택이 되고, 한 달 여 간의 치열한 토론 끝에 학급 내 약속이 만들어졌다. 느리지만 학생들이 스스로 문제를 인식하고 해결하려고 노력한다. 학생들은 다음부터 혹시 뛴다 하더라도 약속을 생각하게 되고 조금씩 행동이 수정해나갈 것으로 기대한다.

　사례에서 보듯이 결정이 실천에 이르기 위해서는 결정 안건이 우리의 문제이어야 하고 많은 사람이 문제를 인식하고 있어야 한다. 그리고 단기간의 결정이 아닌 충분한 토론과 공감이 있을 때 자발적인 실천으로 이어질 수 있다.

내가 참여하고 결정하니 어찌 따르지 않겠는가?

　실천으로 이어지도록 하는 데 필요한 것은 자기 결정권, 즉 주체성이다. 예루살렘히브리대학교 역사학 교수 유발 하라리(Yuval Noah Harari)는 "아이들이 지금 학교에서 배우는 지식의 대부분은 이들이 40살이 되었을 때 필요 없는 지식이 될 가능성이 크다"고 경고하면서 "변화하는 세상에서 완전히 다른 방식의 교육이 필요하다"고 강조한다. 과거에는 의문 나는 것을 백과사전을 찾아보면 답을 알 수 있었다. 그러나 현재는 궁금한 내용을 인터넷에서 검색하면 많은 답이 올라와 있다. 그 많은 답 중에서 무엇이 옳고 그른지, 어떤 것이 진실인지 아닌지는 스스로 결정해야 한다. 스스로 결정해야 하는 시대, 이처럼 미래사회에서는 개인의 주도성, 즉 내 삶의 결정권이나 문제해결력 등이 매우 중요하게 될 것이라고 예견한다.

2017년 OECD 미래교육 2030 회의에서는 미래교육의 방향을 학생 주도성으로 설정하고 '다른 사람이 대신 결정해주는 것이 아닌 스스로 결정하는 것', '누군가의 지시에 따라 행동하는 것이 아닌 능동적으로 행동하는 것', '자신의 미래를 만들어갈 것'을 강조했다. 남이 시켜서 억지로 하는 것, 다른 사람이 대신해주는 것, 창의적이지 못하고 흉내만 내는 것, 이런 것은 내 것이 아니다. 부족하지만 내가 계획하고, 결정하고, 실천하고 성취했을 때 인간은 진정으로 행복과 보람을 느낄 수 있다. 학생뿐 아니라 교직원, 학부모회 모두에게 이 에너지를 느끼도록 해주어야 한다.

생활 속의 문제를 읽어내는 감수성에 대한 좋은 사례가 있다. 여러 언론에 보도되기도 했는데, 학생들이 국립중앙박물관에 점심 먹는 공간을 만들었던 사례로 초등학교 6학년 사회 교과서에도 수록된 적이 있다.

2012년 서울의 모 초등학교 학생들이 국립중앙박물관으로 체험학습을 갔는데 날씨가 매우 궂고 비가 왔다. 박물관 식당에는 외부 음식물을 가지고 들어갈 수 없는 규정이 있고, 또한 비가 내려 야외 광장에서 도시락을 먹을 수 없어 학생들은 결국 차가운 돌계단에 앉아서 점심을 먹었다. 이를 경험한 몇몇 학생이 "많은 학생과 유치원생이 체험학습을 오는 국내 최대의 박물관에 도시락을 먹을 실내공간이 없다는 것은 이해할 수 없다"며 해결책을 찾기로 의견을 모으고 '박물관에서 도시락 편하게 먹기' 프로젝트를 진행한다. 이 학생들이 주로 한 활동은 이렇다. 우선 다른 박물관 사례를 조사하여 많은 수의 박물관이 실내에서도 도시락을 먹을 수 있는 공간이 있다는 것을 확인했다. 그리고 다른 관람객들도 식당 때문에 국립중앙박물관 측에 불편을 호소하고 있는 것을 확인했다. 다른 반 친구들의 서명까지 받아 박물관 홈페이지에 민원을 제기했다. 그러나 박물관 측에서는 "박물관의 쾌적한 전시환경과 유물 보존 때문에 실내에서 도시락을 먹을 공간을 마련하지 않았다"고 답변했다. 학생들은 여기에서 멈추지 않고 국립중앙박물관장에게 편지를 썼다. 초등학생의 편지 한 통이 국립중앙박물관을 움직였다. "관장님, 비바람을 피해 도시락 좀 먹을 수 있게 해 주세요"라는 초등학교 6학년생의 편지를 받은 국립중앙박물관이 체험학습실을 점심시간에 개방하기로 했다. 이후에도 제대로 된 식사 공간이 만들어질 때까지 이 노력은 계속 진행 중이다.

이 사례처럼 학교에서 학생들과 함께 우리 주변의 문제를 찾아 해결해 보는 사회참여 활동을 하는 데 참고가 될 만한 프로그램이 있다. 미국에서 학생들을 대상으로 운영한 '프로젝트 시티즌'이 그것이다. 프로젝트 시티즌은 네 단계로 매뉴얼화되어 있다. 생활 주변에서 불합리한 문제를 찾아내고, 제기된 문제를 꼼꼼히 연구하여 대안을 제시하고, 대안으로 제시된 해결책을 정책으로 평가하고 발전시켜 정책을 만들고, 이 정책을 당국이 채택하도록 행동하는 청소년용 사회참여 프로그램이다. 민주화운동기념사업회의 청소년 사회참여 프로젝트나 경기도 교육청의 학생 사회참여 동아리 정책이 이를 활용하여 운영하고 있다. 자세한 내용은 '민주화운동기념사업회' 홈페이지에서 볼 수 있으며, 이 네 단계가 실제로 어떻게 실천될 수 있는지 개략적인 내용을 살펴보면 다음과 같다.

★ 1단계. 문제점 찾기: 무엇을 주제로 선정할까?

문제를 해결하는 첫 번째 단계는 학교나 고장의 문제에 관심을 가지고 많은 사람을 불편하게 만드는 문제가 무엇인지 찾아보는 것이다. 큰 주제는 문제 접근도 어려울 뿐더러 실행하기가 어려운 부분이 있으므로 작은 주제를 선정하는 것이 좋으며 그것이 왜 문제이며 원인이 무엇인지 토론해보는 시간을 가져본다.

★ 2단계. 제기된 문제점에 대해 연구하고 대안 찾기

발견한 문제점과 관련된 정책을 조사해본다. 관련 정책, 제도, 통계, 연구자료 등 다양한 자료를 찾아보고, 신문 기사나 논문, 해외 사례가 있는지도 조사해본다. 또한, 정책과 제도가 있음에도 왜 문제가 해결되지 않는지, 현재 정책과 제도는 어떤 한계가 있는지를 꼼꼼히 따져 자녀와 이야기해본다.

★ 3단계. 해결 방법 만들기

조사한 자료와 다양한 사례를 바탕으로 공공정책을 제안하거나 기존에 만들어진 공공정책 변경을 요청해본다. 해결 방법이 모든 사람을 만족시킬 수 있는지, 또 다른 누군가에게 문제를 야기하지는 않는지를 꼼꼼히 따져본다.

★ 4단계. 개선을 위한 행동하기

자녀와 함께 만든 공공정책이나 해결 방안이 실현될 수 있도록 다양한 방법을 찾아본다. 공공정책과 관련된 정부 기관, 지방자치단체 담당 부서에 자신이 만든 공공정책을 보내거나, 지방의회나 국회에 청원서를 작성해서 보내는 활동을 해본다. 활동을 알리는 것도 중요한데 서명지를 만들어서 서명받기, 보도자료를 만들어서 언론사에 배포한다.

학교민주주의 지수를 통한 학교문화 진단 및 개선

학교민주주의 지수는 학교문화의 객관적인 진단 도구이다

올바른 정책 방향을 수립하기 위한 논의의 출발점은 정확한 현실 진단에 있다. 단위 학교에서 민주적 학교문화가 제대로 정착되어 있는지 정확한 진단이 필요한데, 이와 관련한 대표적인 진단 도구가 '학교민주주의 지수'이다. 경기도교육청은 2015년에 민주적인 학교문화의 진단을 위한 척도로써 학교민주주의 지수를 개발하여 학교 구성원을 대상으로 설문조사를 실시하고 있다.[25] 그러나 학교문화를 지수라는 양적 지표로 측정할 수 있는가에 대한 끊임없는 문제 제기가 있어 왔다.

경기도교육청은 2013년 전국 최초로 민주시민교육과를 신설하여 다양한 정책을 추진했으나 학교 현장은 민주적 학교문화가 추상적이라 구체적으로 무엇을 해야 하는지에 대한 이해가 부족했고, 학교장의 민주적 리더십과 역량에 따라 학교문화가 좌우되는 현상이 나타났다. 이에 따라 구체적이고 실천 가능한 객관적 척도를 제시하고, 이를 토대로 학교 구성원이 학교문화를 스스로 진단하고 함께 대안을 찾아 나가는 과정을 경험할 필요가 있다는 정책적인 판단으로 학교민주주의 지수를 개발하게 되었다. 학교민주주의 지수는 학교 구성원들이 민주적 의사결정 과정에 효과적으로 참여하고 있는지, 민주적 교육공동체를 위한 학교자치의 환경이 조성되어 있는지 등을 구체적으로 진단하고 평가할 수 있는 객관적인 척도로 도입되었다.[26]

학교민주주의 지수는 3개 대영역(학교구조, 학교문화, 민주시민교육 실천)과 9개 중분류, 25개 소분류 영역으로 구성되어 있다. 각 지표를 토대로 설문

대영역	중분류	소분류
학교문화	민주적 가치체계의 형성과 공유	민주적 가치의 형성
		가치의 공유와 평가
	민주적 소통과 수평적 관계 맺기	상호 존중
		민주적 소통문화
		갈등 해결
	인권 친화적 학교문화	기초적 인권의 보장
		학생 인권
		교권 보호
		책임의식
학교구조	학교민주주의를 위한 인적, 물적 자원과 토대	인적 자원
		물적 자원(재정과 시설)
		자원의 배분
	민주적 리더십 구축하기	권한과 책임의 민주적 규정
		정책 평가
		인사
	민주적인 의사결정체제 구축하기	참여의 제도화
		민주적 의사결정 과정
민주시민교육 실천	교육과정 속에서의 민주시민역량 함양	교육 내용과 방법
		교육과정 편성
		교육의 평가
	학교생활 속에서의 민주시민역량 함양	학생활동
		학교민주주의 평가
	학교 안과 밖의 연계를 통한 민주시민교육	지역사회와의 협력
		학부모의 참여
		사회 민주화에 기여

출처 : 홍석노 외(2015). 학교민주주의 지수 개발연구I. 경기도교육연구원.
장은주 외(2015). 학교민주주의 지수 개발연구II. 경기도교육연구원.

문항을 설계하여 학생, 학부모, 교직원 대상 조사를 실시하며, 그 결과를
토대로 학교의 문화를 진단하고 학교 구성원이 함께 대안을 모색한다. 특

히 지수 결과를 토대로 교육공동체 대토론회에서 논의한 대안을 차기 년도 교육과정 운영계획에 반영하는 노력은 교육적인 가치가 있다.

지수를 통해 학교가 스스로 진단하고 함께 대안을 찾는다

학교민주주의 지수는 현장 요구 수준을 반영하여 학교문화 내부를 세부 지표를 통해 스스로 진단해보고, 학교 구성원이 대안을 찾아 나가면서 함께 책임지고 성장하는 새로운 학교문화를 조성하는 데 근본 취지가 있다.

무엇보다 지수 결과를 토대로 단위 학교 스스로 진단과 대안 모색을 위한 성찰의 과정, 즉 피드백의 과정이 수반되어야 한다. 따라서 단위 학교에서는 다음 4단계의 과정을 통한 자체 피드백을 통해 학교 구성원 스스로가 문제점을 찾고 함께 대안을 찾아 나가는 데 노력해야 한다.

실제 수원의 A 고등학교의 경우, 지수 조사 결과에 따른 자체 분석과 교

단계	주요 피드백 내용
1	- 지수 결과 확인: 단위 학교 지수 결과 확인 및 출력
2	- 지수 결과 공유: 지수 결과를 교육공동체(학생, 학부모, 교직원) 안내·공유 * 학생은 학생자치회 대표, 학부모는 학부모회 대표와 학교운영위원회, 교직원은 부장회의와 교직원회 대표에게 직접 전달 공유
3	- 지수 결과 자체 분석: 단위 학교별 스스로 지수 결과 분석(강점과 약점 분석), 담당 부서·부장회의·전문적 학습공동체 등을 통한 자체 분석 * 분석 시 주안점: 지수조사 참여율은 어떠한가, 지수 항목별 강점과 약점은? 지수 대상별 지수 편차는 어떠한가, 학교별 특이사항 등
4	- 교육공동체 대토론회 개최 및 대안 마련: 학생, 학부모, 교직원이 함께하는 교육공동체 대토론회 운영(성찰과 대안 찾기 차원) * 토론 결과를 차기 년도 교육과정 운영계획이나 교육공동체 생활협약에 반영

육공동체 대토론회를 통해 실천 가능한 추진 과제를 도출해서 학교 구성원 전체가 함께 실천해나가고 있다. 그 자체 피드백 결과를 간략하게 정리하면 다음과 같다.

단계	주요 피드백 내용
우리 학교의 취약점	– 인권 친화적 학교문화에서 교권보호에 대한 교직원과 학부모 및 학생 간의 시각 차이가 있음 – 민주적 리더십 구축하기에서 인사의 공정성에 대한 개선이 필요 – 직권의 민주적 리더십 구축하기와 민주적 의사결정 체제 구축하기에서 개선 필요

↓

단계	주요 피드백 내용
취약점 해결을 위한 추진 과제	– 인권 친화적 학교문화 조성: 상호 존중어 사용, 소통 및 평화적 갈등 해결을 위한 '학년별 및 부서별 협의회' 운영, 회복적 생활교육 활성화 노력 – 인사의 공정성 확보: 인사자문위원회 활동 강화(담임, 부장 및 업무분장 배정을 인사자문위원회에서 결정), 교사의 개인 희망을 반영한 인사(교사의 희망을 최대한 반영하되 학교운영 상 반영이 어려울 경우 사전에 교사의 양해를 구하도록 함), 교직원 전체 의견을 반영한 합리적 인사 규정 마련 노력 – 민주적 의사결정 체제 구축: 소통과 토의 중심의 교직원회의 및 부장회의 활성화, 정책 결정 시 부장 교사뿐만 아니라 교사 전체 의견수렴, 의사결정 사항에 대한 전 교직원 공유 및 회의 결과의 피드백 강화

↓

단계	주요 피드백 내용
학교문화 변화 모습	– 교육공동체가 자신의 의견을 자유롭게 제안하고 존중과 배려, 소통하는 회의문화가 조성됨. – 학생 주도로 학교생활을 기획하고 실행함으로써 주인의식을 갖고 적극적으로 학교생활을 하게 되고 갈등을 평화적으로 해결하며 학교를 신뢰하게 됨. – 학부모 모임을 통한 학부모의 교육활동 참여와 교육적인 의견 제시로 학교문화 개선에 도움을 줌. – 학생, 학부모, 교직원 간의 의사소통과 상호존중으로 학교에 대한 애착과 공교육에 대한 신뢰도가 향상됨.

파주 G 초등학교의 경우는 타 학교들과는 다른 점이 있다. 학교에서는 학교민주주의 지수 조사 이후 조사 문항과 그 결과를 전체 학교 구성원에게 공개하고, 교육 주체별 상위문항과 하위문항은 어떻게 나왔는지, 왜 이렇게 교육 주체별로 차이가 나는지 등에 대해 함께 분석했다. 학교 스스로 취약점을 분석한 결과는 다음과 같다.

- 학생의 경우 '우리 반 선생님과 학생들은 다른 사람의 마음을 아프게 하는 말이나 행동을 하지 않는다' 문항에서 여전히 가장 낮게 나타남.
- 학부모의 경우 '학부모가 교직원들을 대할 때 존중하는 태도와 언어를 사용하고 있는가'라는 문항에서 전년도에 비해 지수 결과가 낮아졌음.
- 교직원의 경우, 학부모와 학생은 '교권을 잘 존중한다'고 응답한 반면 교직원들은 '학생과 학부모로부터 교권을 존중받고 있는가'라는 문항에서 가장 낮은 응답을 보임.
- 학교 구성원 모두 '학교 현안 해결, 의견수렴 과정 동참, 교육 활동 참여 등에 주인의식을 가지고 참여하고 있는가'라는 자기평가 문항에서 낮은 인식을 보임.

이후 지수 결과에 대해 생각을 나눠보는 다양한 교육협의회와 교육공동체 대토론회를 실시했고, 교육공동체가 희망하는 민주적인 학교 만들기에 대한 구체적인 실천 방안을 자율적으로 이끌어내려고 노력했다. 구체적인 실천 방안을 교육공동체 생활협약으로 만들어 함께 실천해나가면서 '즐거운 배움으로 꿈을 키우며 더불어 성장하는 행복한 학교'로 차츰 변화해나가고 있다. 특히 대안으로 제안된 내용을 중심으로 교육공동체 생활협약을 함께 만들고 실천해나가는 과정까지 확장했다는 점에서 다른

파주 G 초등학교 교육공동체 생활협약 내용(일부 발췌)

학생	1. 학생의 인권을 존중하겠습니다. · 하루에 1번 친구를 칭찬한다. · 일주일에 1번 존중어 사용 데이를 운영한다. · 신체폭력, 언어폭력, 따돌림, 사이버 폭력을 하지 않는다. · '배려하겠습니다' 인사말의 의미를 생각하며 생활한다.
교사	1. 학생의 인권을 존중하겠습니다. · 만나는 모든 학생과 따뜻한 인사를 나눈다. · 학생의 이야기를 끝까지 잘 들어주도록 노력한다.
학부모	1. 학생의 인권을 존중하겠습니다. · 학생 누구에게나 반갑게 먼저 인사한다. · 아이들의 눈을 바라보며 말을 끝까지 들어준다. · 본인 자녀 외의 학생을 직접 훈계하여 불안한 심리를 만들지 않는다.

학교들과는 차별성이 있다.

위 표는 교육공동체 생활협약 중 '학생 인권 존중'과 관련된 일부 내용이다.

1 박순걸(2018). 학교 내부자들. 에듀니티.

2 월드컬쳐 오픈소식(강범식 교장 인터뷰 자료(2017.11.24.) (월드 컬쳐디자이너 : 방혜인 인턴 리포터와 교장 인터뷰)

3 교권권 확립을 위한 교육주체 대상 교육권 만족도 조사결과(조사기간: 2019.8.15.~8.30, 조사대상: 학생 751명, 학부모 366명, 교사 636명. 조사기관: 전교조)

4 서울시교육연구원(2015). 학교장의 민주적 의사결정 방식과 직무몰입 간의 관계. 서울교육 이슈페이퍼 제3호.

5 Hoy, W. K. & Miskel, C.G.(2013). Educational administration: Theory, research and practice (9th ed.). Boston, MA: Allyn & Bacon.

6 박정민 외(2019). 학교 내 민주적 협의문화 발전을 위한 개선 방안 탐색. 교육혁신연구, 29(1). pp.423~441.

7 김성렬(2007). 교육민주화의 재음미: 교육제도의 민주적 통제를 중심으로. 교육사상연구, 21(3). pp.41~63.

8 엄준용 외(2016). 민주적 학교문화 요인과 학교효과성 요인 간 구조 분석. 교육문제연구, 29(4). pp.139~162.

9 장은주 외(2015). 학교민주주의 지수개발 연구(Ⅱ). 경기도교육연구원. p.48.

10 임연기 외(2018). 교직실무-교직의 이해와 혁신. 도서출판 공동체. p.311.

11 임연기 외(2018). 교직실무-교직의 이해와 혁신. 도서출판 공동체. pp.315~316.

12 조세핀 김(2014). 교실 속 자존감. 비전과 리더십. pp.233~237.

13 윤구희(2015). 생활협약을 통해 꽃 피운 학생자치: 국사봉중학교를 찾아서. 서울시교육청.

14 2014.9.16.자 경향신문 참조(기사 제목: 생활협약 선포 3년 맞은 서울 상도동 국사봉중 "스스로 정하니 더 잘 지켜요" 성취감 쑥쑥)

15 거트 비에스타(2019). 학교민주시민교육 국제 포럼 자료집. 한겨레 신문사.

16 세종특별자치시교육청 블로그(https://blog.naver.com/sje_go_kr). 학교로부터 온 소식 코너-연서초등학교, 3주체 연석회의 개최

17 ○○고등학교 학생들은 제2외국어 수업을 담당하는 교사가 배포하는 수업 자료나, 발언 등이 친일적이며, 교육의 정치적 중립성을 위반했다는 이유로 해당 교사에 대한 징계를 요청하는 글을 청와대 국민청원 게시판에 올린 바 있다.

18 이들 학교자치 관련 조례는 그동안 끊임없이 적법성 논란에 시달리며 대법원까지 계류된 바 있다. 우여곡절 끝에 현재 세 건의 조례가 제정되어 시행 중이다.

19 제11조 제3항: "학교의 장은 교무회의의 심의 결과에 대하여 특별한 사유가 없을 때에는 이를 받아들인다. 다만, 학교의 장은 교무회의의 심의 결과에 이의가 있을 때 교무회의에 재논의를 요구할 수 있으며, 재논의의 절차 및 의사결정에 관한 사항 등은 교무회의 운영규정으로 정한다."

20 제8조 제2항: "학교자치회의는 다음 각 호의 사항을 협의 조정한다. 1. 제4조의 자치기구 간 의견 종합에 관한 사항 2. 제4조의 자치기구 간 분쟁 조정에 관한 사항"

21 제8조 제5항: "교직원회의 협의결과에 대하여 학교의 장은 이를 존중하도록 노력한다."

22 "이것(학교운영위원회)은 출범 이후 지금까지 머리는 있는데, 손발이 없는 기형적인 기구라고 본다. 학운위가 제대로 가동되려면, 그것의 법제화와 더불어 각 구성원 집단의 법제화도 동시에 이뤄져야 할 것

이다(허종렬, 2005: 92)."

23 김경래 외(2019). 경기혁신교육 10년-혁신학교에서 마을교육까지. 경기도교육청. pp.142~143.

24 경기도교육청(2017). 민주적 교직원회의 운영 실태 조사 결과.

25 광주광역시교육청에서도 2013년 '학교 민주인권친화지수 측정 조사'를 실시했으나 학교민주주의 내용
    보다는 학생인권 보장의 실태 진단 중심이었다는 점에서 학교민주주의 지수와는 차별성을 갖는다. '학
    교 민주인권친화지수'는 학교민주주의 여부를 측정할 수 있는 지표는 매우 한정되어 있다는 점, 그 측
    정 대상도 학생 및 교직원으로 제한되어 학부모 등 다른 교육당사자들은 제외되어 있다는 점 그리고 민
    주적 학교자치공동체의 환경 조성 여부 등 단위 학교의 민주주의 여부를 측정할 수 있는 구체적인 지표
    로써 활용될 수 있는가에 대해선 한계가 있다(장은주 외, 2015: 5)

26 김경래 외(2019). 경기혁신교육 10년-혁신학교에서 마을교육까지. 경기도교육청. pp.91~92.

제4장

민주학교의
지속적 성장을 위하여

민주시민교육을 넘어
사회정의교육을 지향하는 민주학교

누가 옳은가? 우리는 무엇을 지향해야 하는가?

얼마 전 우리 사회는 법무부 장관 임명을 둘러싼 찬반 여론으로 뜨겁게 달아올랐다. 특히 그 자녀의 입시 공정성 문제는 대학가를 뜨겁게 달굴 만큼, 수많은 젊은 세대가 분노했다. 그러나 이 과정에서 젊은 세대가 보여준 상반된 모습은 우리를 매우 당황스럽게 만들었다. 하나는 입시 공정성 문제와 사회정의를 외치던 젊은 세대의 모습, 다른 하나는 이런 젊은 세대를 비판하는 또 다른 젊은 세대의 모습 그리고 입시 비리와 교육의 공정성에 관한 문제를 제기하는 과정에서 같은 대학의 지방 캠퍼스 학생을 소외시켰던 젊은 세대의 모습은 우리를 씁쓸하게 만들었다.

다음에 나오는 첫 번째 사진은 지난 2019년 8월 23일 서울대에서 관련 장관후보자의 사퇴 및 자녀의 입시 비리 의혹 해소 촉구, 입시의 공정성

2019년 8월 23일 서울대인 1차 집회. 출처: 연합뉴스

2019년 8월 28일. 서울대 2차 집회를 반대하는 대자보. 출처: 뉴스1

논란과 사회정의 문제를 제기하며 개최한 1차 집회의 장면이다. 다른 대학에서도 같은 성격의 집회가 잇따라 열리면서, 공정성과 사회정의 문제는 젊은 세대의 화두가 되었다. 두 번째 사진은 같은 해 8월 28일 서울대 2차 집회를 반대하는 대자보가 붙은 장면이다. 대자보의 내용은 학생들의 주장에 어느 정도 공감하면서도, "우리가 외치는 정의는 어떤 정의냐", "우리가 청년 세대의 정의감을 얘기하기에는, 우리가 못 본 체했으며 모른 체해 온, 최소한의 사회적 정의도 제대로 누려보지 못한 청년이 너무나 많

지 않느냐"고 하면서, 요즘 젊은 세대가 말하는 공정성과 사회정의를 근본적으로 성찰해보자는 주문을 했다. 여기에 모 대학에서 집회 참여에 같은 대학의 지방 캠퍼스의 학생을 소외시키는 해프닝이 일어나면서, 대자보의 내용은 크게 공감을 얻었다.[1] 마지막 해프닝은 말 그대로 해프닝으로 치더라도, 누구의 주장이 옳은 것일까?

공중을 넘어 사회정의를 추구하는 시민상으로

우선 젊은 세대의 서로 다른 두 주장은 모두 옳다고 볼 수 있다. 어느 하나 공정성과 사회정의 문제와 연관되지 않은 것이 없기 때문이다. 특히 젊은 세대가 분노하는 입시 비리와 공정성 문제는 그들이 이미 겪었을 치열한 경쟁과 현재 처한 상황에 비추어볼 때 절박한 문제임이 분명하다. 다만 여기서 그치면, 우리가 추구하는 시민상과 관련하여 중요한 것을 놓칠 위험성이 있다. 그래서 두 번째 문제를 제기한 젊은 세대의 목소리에 특별히 귀 기울일 필요가 있다.

우리가 현재 이상적인 시민상으로 잡고 있는 공중(公衆, The Public)은 '공동체의 문제가 나와 무슨 상관이 있는가?' 라는 물음으로부터 출발한다. 즉 공동체의 문제가 나와 상관이 있을 때 의미를 가질 수 있다. 그러나 이는 자칫 '나와 직접적 상관성이 있을 때만 비로소 공적 문제에 관심을 가질 수 있다' 는 함정에 빠질 수 있다. 마치 나와 너의 일이 아니면, 누구의 일도 아니라고 생각할 수 있는 위험성이다. 만약 나와 직접적 상관성이 없을지라도, 그것이 누구의 일도 아닌 바로 나와 우리의 일로 인식하고 공감할 수 있다면, 그것도 결국 나의 문제임을 깨달을 수 있다면, 시민상이 확대·진화한 것으로 볼 수 있지 않을까?

이런 의미에서 요즘 '참여하는 시민(The Participatory Citizen)', '책임지는 시민(The Personally Responsible Citizen)'을 넘어, '사회정의를 추구하는 시민(The Social Justice-Oriented Citizen)'을 형성해야 한다는 주장이 주목받고 있다(Joel Westheimer, 2015: 35-67). 즉, 조엘 웨스트하이머는 오늘날 자신을 둘러싼 사회 구조를 정확히 판단하고, 문제의 근원과 구조 자체를 바꿀 수 있는 전략을 적극적으로 탐색할 줄 아는 이른바 '사회정의를 추구하는 시민상'을 강조한다. 그의 이런 주장은 오늘날 공중으로서 시민상에 대한 오해와 함정에서 벗어나도록 도움을 줄 수 있다. 사회정의를 추구하는 시민이야말로, 공동체의 문제가 바로 내 문제일 수밖에 없다고 생각하는 공중이기 때문이다. 이들은 공적 문제에 대한 공감대와 사회적 연대감이 형성되어 있는 시민이다. 그렇다면 앞으로 민주학교는 무엇을 과제로 삼아야 할까?

무엇보다 우리 사회와 전 지구적 차원의 부정의와 구조적 불평등 문제를 학교에서 직접 다룰 수 있는 경험을 제공해야 할 것이다. 그 단 한 번의 경험이, 한 개인을 넘어 시민의 영혼으로 이끌 수 있기 때문이다. 이런 의미에서 앞으로 민주학교는 민주시민교육을 넘어 사회정의교육을 지향하는 학교로 성장할 수 있도록 고민해야 할 것이다. 아직 민주학교에서 민주시민교육이 제대로 정착되지 않은 상태에서 사회정의교육을 언급하는 것이 이른 감이 있지만, 앞으로 민주학교가 한 개인을 위대한 시민의 영혼으로 이끄는 '창(窓)' 되려면 피할 수 없는 과제이다.

민주학교 작동 방식으로서
학교 시민사회화

미래에 대한 논의는 바람직한 미래사회의 비전이나 목표, 미래 변화에 대한 탐구와 대안을 제시하는 것이다. 미래 예측은 과거 데이터의 연장선에서 이루어지는 단순한 예견(forecasting)을 넘어 미래에 대해 창조적 의지와 실천적 열정이 담긴 예측(foresight)이라는 의미를 지닌다. 4차 산업혁명의 물결 속에서 '미래 학교는 이렇게 변화할 것이다'라는 것은 '예견'이다. 반면 4차 산업혁명의 기술적 · 물리적 변화에서 시민성의 확장을 위해 학교는 어떤 의지와 실천이 필요한가를 논의하는 것이 '예측'이다. 따라서 민주학교의 모습과 작동 방식은 예견에 기초한 설계가 아니라, 예측에 기초한 비전 설정이 필요하다.[2] 예측의 관점에서 보면, 지속 가능한 민주학교는 지금 우리가 어떤 선택과 결정을 하느냐에 따라 그 모습이 달라질 수 있기 때문이다.

교육은 기본적으로 문화적, 정치적 영향을 훨씬 더 크게 받는 영역이다.

인간은 기술 발전의 영향을 받는 존재이기도 하지만, 동시에 기술 발전의 방향과 질을 결정할 수 있는 존재이기도 하다. 사회가 아무리 변해도 배움의 본질은 변하지 않는다. '출신 배경에 상관없이 아동의 타고난 재능을 살려 잠재력을 최대치로 실현시키기, 민주시민이 되기, 좋은 가족 및 배우자 되기, 다양성을 존중하고 타인과 협력하면서 살아가는 능력 키우기, 도덕성에 기초한 실천 의지 가지기, 도전적 과제에 직면해서 이를 해결할 수 있는 창의적 문제해결 능력 가지기' 등은 시대가 변해도 지속되어야 할 교육의 지향점이다.

미래 비전은 가장 기본적인 가치, 소망, 목적들에 대한 언명이며, 효율성과 유익성 그리고 미래에 대한 이미지를 나타낸다. 이런 점에서 미래 비전은 가치, 미션, 목적으로 구성되어 있다. 즉, 미래 비전이 학교가 어떠한 상태나 조건에 도달하기를 원하는가를 나타낸다면, 그에 따른 전략은 '어떻게 그러한 상태나 조건에 도달하겠는가' 라는 문제와 연결된다. 예측이라는 관점에서 기초한 민주학교와 학교시민교육의 전략은 어떻게 설정되어야 하는가? 우선 여기에는 두 가지 근원적 질문이 전제되어야 할 것이다.

학교시민교육의 두 가지 근원적 질문

1. 미래사회에 적합한 인재를 키우는 데 학교시민교육(민주학교)이 필요한가? (시민교육의 타당성 문제)
   - 삶에 대한 교육, 삶을 통한 교육, 삶을 위한 교육인가?
   - 민주주의에 대한 교육, 민주주의를 통한 교육, 민주주의를 위한 교육인가?

2. 학교시민교육(민주학교)은 미래사회를 인간화하는 데 어떻게 기여할 수 있는가?

(시민교육의 공정성 문제)

- 양극화 해소의 계층 사다리 역할

- 인간다운 삶의 가치를 추구하는 교육

사실 시민성은 모든 사람의 자유와 존엄이 걸린 21세기의 생필품이라고 할 수 있다. 가까운 미래에 인공지능과 로봇, 드론을 활용한 자동생산이 폭발적으로 늘어날 것이고 결과적으로 지금 우리에게 익숙한 많은 직종의 일자리가 사라질 가능성이 크다. 배달, 운송, 캐셔 등이 대표적인 예지만, 어지간한 사무직과 전문직도 무사하지 않을 전망이다. 일자리가 없는 이른바 '직업 없는 사람'의 양산으로 분배 불평등은 더 심해질 것이고 불가피하게 이 사람들의 저항과 소요가 늘어날 것으로 예상된다. 첨단 과학기술의 융·복합 발전으로 물질의 풍요는 계속 늘어나지만, 양극화의 심화에 따라 사회불안정이 불가피한 사회 조건에서는 민주주의가 확대, 심화되지 않으면 어떤 바람직한 변화도 일어나지 않을 것이다. 그런데 이런 조건에서는 민주주의 자체가 어렵다. 일을 함으로써 갖게 되는 자존감과 사회관계를 상실한 사람들은 민주주의가 요구하는 적극적 시민성의 결여로 민주주의의 효능감을 체험하지 못한 채 생활고에 짓눌리며 사적 영역에서 각자도생하다 시들어버릴 가능성이 크기 때문이다.

4차 산업혁명이 미래사회에 대한 단순한 레토릭을 넘어 우리 사회의 민주주의, 학교시민교육에 실질적 변화를 가져오고 있다는 점에 이견이 있을 수 없다. 하지만 이는 4차 산업혁명이라는 사회적 개념과 담론적 실천에 대한 수동적인 인식 방식이다. 오히려 새로운 민주주의[3]와 학교시민교육이 불확실성으로서의 미래사회에 대한 인간적인 방향을 제시하고 견인할 수 있다는 입장이 보다 적극적인 인식 구조이다. 미래 학교에 대한 논의는 예측 가능한 학교의 변화를 제시하여 어떤 것은 피하고, 어떤 것을 실행해야 할 것인가에 대한 해결 방안을 마련해줌과 동시에 일어날 가능성이 큰 미래를 확인시켜준다. 미래 예측은 미래의 가시적인 경향, 대안, 가능한 미래를 설정하여 인간적인 미래를 창조할 수 있게 해주기 때문이다.

학교시민교육의 기본 전제와 토대

시민교육의 토대는 공동체 구성원들의 다양하고 일상적인 삶의 경험과 고민 그리고 희망이 교류하고 부딪히는 과정이어야 한다. 계층을 가로지르는 교류의 장소, 계급 횡단적인 만남의 장소가 학교다. 그런 점에서 학교는 민주주의의 보루이고, 시민교육을 위한 최적화된 장소다. 문제는 그것이 어떻게 작동하도록 도모할 것인가에 있다. 이 같은 문제의식은 학교 시민교육의 작동을 위한 근본적 전략으로서의 학교 시민사회화에 대한 논의와 연결된다.

학교는 다양한 사고실험이 펼쳐질 수 있는 장소이다. 지식사회학에서 말하는 존재의 입장 구속성을 초월하여 사고할 수 있는 객관적 장소가 학교다. 학교는 민주적 삶과 관련해서 우리가 직면하고 있는 이념적 경직성, 근본주의적 사고, 맹목적 신념이나 상대에 대한 이유 없는 혐오나 적대감을 점검하고 성찰할 수 있는 장소여야 한다.

이런 학교의 모습은 시민사회와 유사하다. 왜냐하면 사적·공적 관계에서의 민주성이 있고, 자발성에 기초해서 학교의 비전과 철학을 공유하며, 이를 개인적 범위를 넘어 공공의 영역 안에서 교육 담론으로 지식화해내며, 이를 토대로 학교 안에서의 민주적 규정과 합의를 통해 교육적 실천을 하기 때문이다. 절차적 민주화는 성취했으나, 구체적 삶에서의 비민주성이 사라지지 않고 있는 현실에서, 학교 시민사회화는 민주주의가 교문 안을 넘어 교실 안에서도 작동할 수 있는 중요한 학교 문법인 것이다.

학교시민교육의 가치 영역, 시민상

학교시민교육은 1장에서 논의했던 것처럼 개인적 존엄에 기초한 공적인 일에 책임을 느끼고 함께 참여하며 사회정의를 추구하는 시민상에서 출발한다. 이는 타인에 대한 존중, 책임감, 공정, 정직, 배려, 공동체에 대한 헌신 및 이상적인 민주주의 실현과 맥락을 같이한다. 한편 사회정의 실현을 위해 사회적 불평등에 대한 학생들의 인식 수준을 높이고, 사회 불평등이 유지되는 것이 어떤 제도, 기관 및 개인의 역할 때문인지 비판적 관점을 가지게 하며, 이러한 불평등을 시정하기 위해 사회적 실천을 중시한다. 사회정의 실현이란 민주적 원칙과 개인에 대한 존엄을 바탕으로 공정과 형평성의 핵심 원리를 구현하고 사회의 모든 기회에 동등한 접근이 보장되는 것을 말한다. 따라서 사회정의 교육은 어떤 특권도 없고 학업성취가 낮은 학생들의 어려움을 해결하기 위해 열정을 모으는 것에서 시작되어야 한다. 불평등에 대한 이해는 물론 완화 방안까지 학교 교육에서 다룰 필요가 있다.

또한, 공적 담론의 영역을 확장하여 자유롭고 평등한 조건에서 공동의 관심사에 관해 이야기할 수 있어야 한다. 그렇게 함으로써 사적인 이해 관심을 공적인 의제로 바꾸어놓을 수 있는 공중이 형성되는 것이다.

민주학교의 작동 방식으로서의 학교 문화와 구조

민주시민교육을 위한 민주학교의 작동 방식으로서 학교 시민사회화에 대한 논의는 그 의미가 명확하지 않을 수 있다. 왜냐하면, 시민사회에 대한 논의[4] 자체가 복합적이고 다층적이며, 서구의 시민사회와 한국의 시민사회의 모습이 시대에 따라 상이하기 때문이다. 다양한 층위의 시민사회론과 상이한 역사적 배경을 논의하는 것보다는 국가, 시민사회, 시장이라는 세 영역을 병렬적인 관계로 설정하고 논의해보자.

자본주의가 극단화되고 과학기술 문명이 진화해갈수록 사회적으로 인간은 개별화, 파편화될 것이다. 학교 안에서의 교육 방식도 점차 개인화, 개별화, 차별화됨으로써 연대나 공존, 경쟁과 고립, 독점과 소유 중심의 사회로 바뀌어 갈 것이다. 그리고 공동체보다는 집단, 집단보다는 개인에 집중하게 될 것이다. 이와 같은 학교 문화와 구조는 '공적 인간의 몰락'으로 이어질 것이다.

이는 두 가지 차원으로 그 원인을 찾을 수 있다. 하나는 자기중심적 사고에 기반한 욕망 추구라는 경제적 필요성이고, 다른 하나는 부적절하고 나르시스적인 친밀성의 충동이다. 즉 진정성과 자기표현만으로는 의미 있는 공적 삶을 구성할 수 없다는 것이다. 모든 의미를 자아 내에서 찾게 되면, 낯선 사람과 공동의 목적을 위하여 일하는 것이 어려워지므로 공적 삶의 죽음을 초래하게 된다. 사적인 이해관계를 중심으로 사고하는 행위, 사적인 것에 의미를 두고 거기에 머무르는 삶, 사적인 것을 공적인 것으로 인식하는 편협한 삶은 결국 사회적 삶을 영위하는 인간의 존재 기반을 무너뜨릴 것이다.

개인에 기반을 둔 '공적 인간의 부활'은 인간화된 시민사회의 필요충분 조건이다. 그렇다면, 과연 학교 시민사회화는 공적 인간의 부활을 위한 만병통치약이 될 수 있는가? 시민사회는 최선도 최악도 아닌, 우리의 노력을 요구하는 불완전한 대안일 수 있다. 왜냐하면, 서구와 다른 한국 사회 시민사회의 지형, 예컨대 시민 없는 시민사회, 시민사회 내부의 비민주성, 시장과 국가에 의해 왜곡된 시민사회의 역사 등이 그것이다. 시민사회를 국가와 개인(시장) 사이에 존재하는 자발적 결사체의 중간 영역으로 전제한다면[5], 시장과 거리를 두며 국가와 분리된 중간 영역의 시민사회의 성장과 작동은 '시장으로부터의 인간화'와 '국가로부터의 민주화'를 담보할 수 있는 최선은 아니지만, 기대를 걸어볼 수 있는 대안적 영역임이 분명하다. 왜냐하면, 자발적 결사체의 중간 영역으로서의 시민사회는 개인의 고립이나 민주를 가장한 전제를 막을 수 있는 민주주의 학교이기 때문이다.

학교는 시민(학생시민, 학부모시민, 교사시민)이 함께 성장하는 공간이다. 학교는 의사소통적 합리성이 기능적 합리성이나 행정적 합리성을 지배할 수 있는 담화윤리의 실천 공간이기도 하다. 생활세계의 식민화, 학교 사회의 시장화를 거부할 수 있는 의사소통적 합리성의 영향력이 불확실하다는 점에서 낙관적인 희망이기는 하지만 학교시민교육은 의사소통 행위와 담화윤리에서 출발할 수 있다. 자유롭고 무제약적인 의사소통이 개별적 이해관계로부터 공공의 이익을 보호하는 방안이 될 수 있다.

　과거 학교가 국가에 의해 식민화되었다면, 오늘날에는 시장에 의해 식민화되고 있다. 그 해독제는 국가와 시장(개인) 사이의 '결사와 담론의 영역'인 시민사회를 통해 사적인 것을 공적으로 만들어가는 의사소통 합리성이 될 것이다. 이런 점에서 학교의 시민사회화(관계, 담론, 결사, 제도의 영역)는 민주학교의 기본 작동 방식이 될 수 있다. 이를 통하여 삶과 연계된 학교시민교육은 정형화된 학교 구조와 기능, 운영 방식을 전면적으로 전환할 수 있을 것이다. 학교시민교육은 학교문화와 구조의 변화이자 교육과정 혁신이며, 학교시민사회화(국가–시민사회–시장의 상호 침투 과정)는 새로운 학교 시스템인 민주학교로 가는 과정이자 결과가 될 것이다.

학교 교육과정의 초점화

교육과정은 학교가 제공하는 공식적인 교과목의 목록뿐만 아니라 교사, 학생, 학부모들이 함께 만들고 실천하는 다양한 교육활동의 목적, 내용, 방법, 평가 등의 총체라고 할 수 있다. 학교는 교육과정을 어떻게 만들어서 운영하고 있을까? 각 시·도교육청은 국가 수준의 교육과정을 바탕으로 '교육과정 편성·운영 지침'을 통해 각 학교가 학교 실정에 알맞은 학교 교육과정을 편성·운영하도록 안내하고 있다. 교육과정 편성·운영 지침은 교과와 창의적 체험활동의 편성, 시간 배당 기준, 수업 일수와 수업 시수를 안내하고 있다. 또 학교 교육과정 편성·운영의 기본 사항과 교과(군), 창의적 체험활동, 평가 활동 등에 대한 강조 사항을 제시하고 있다.

이렇게 만들어지고 운영되는 학교 교육과정은 어떤 모습일까? 학교마다 그 내용과 분량에 차이는 있지만, 보통은 200여 페이지를 훌쩍 넘어서 아주 많은 내용을 담고 있다.

I. ○○교육과정 편성·운영의 기저	IV. ○○교육과정 운영 계획
1. 상위 목표 분석	1. 기본방향
2. 2019 ○○교육과정의 기저	2. 교과(군)
3. 학교공동체 의견 및 실태분석	3. 창의적 체험활동
	4. 입학 초기 학교 적응활동 지도
II. ○○교육의 방향	5. 전입생 미이수/중복이수 해결방안
1. ○○교육의 철학과 비전	
2. 교육목표 및 교육중점	V. ○○교육과정 운영 지원활동 계획
3. 혁신학교 운영	1. 존중·배려 인성교육
4. 마을학교 운영	2. 배움 실천 창의성 교육
5. 꿈학교 운영	3. 문화 예술 감성교육
6. 특성화 교육활동	4. 기초 체력 건강교육
	5. 소통·협력 행복한 교육공동체
III. ○○교육과정의 편성·운영	
1. ○○교육과정의 성격 및 편성 방향	VI. 부록
2. ○○교육과정 편성·운영 절차	1. 학교 연혁 및 현황
3. ○○교육과정 자율화 방안	2. 업무 분장표
4. 교육과정 시간 편제 및 학사일정	

이 많은 내용의 학교 교육과정 문서를 교사들은 읽어볼까? 학생은? 학부모는? 학생과 학부모들은 학교 교육과정 문서의 존재조차도 모르는 경우가 많다. 교원의 전문성을 바탕으로 민주적인 절차로 학교공동체의 합의에 따라 편성·운영되어야 할 학교 교육과정이 문서로서만 존재하거나 모두의 관심 밖에 있지 않아야 한다.

그래서 학교 교육과정의 '대강화'를 이야기한다. 학교 교육과정의 대강화는 학교 수준의 교육과정 체제와 내용을 간략하게 구성하는 것, 학년 및 학급 단위의 교육과정 편성·운영에 보다 많은 재량권과 탄력성을 부여하는 것, 학년·학급 교육과정에 중요한 최소 요건을 명료화하여 필수적

인 것만으로 문서의 양을 간소화하는 것을 의미한다.[6]

아래 그림처럼 학교 교육과정의 체제와 내용을 대강화해볼 수 있다. 그러나 아쉬운 부분은 없을까? 이 책을 통해서 민주학교의 의미와 그 운영의 의미를 이해했다면 '민주적인 그 무엇'이 빠졌다는 것을 공감할 수 있을 것이다. 학교 교육과정은 학교공동체 구성원들이 참여하는 민주적인 절차에 의해, 공동체의 합의에 따라 만들어지고 운영되는 교육활동이어야 한다. 1장에서 논의한 민주학교의 의미를 다시 한번 떠올려 보자. 민주학교는 학교의 민주적인 구조와 과정을 실천하는 민주적인 학교문화 속에서 민주시민교육을 핵심 교육과정으로 운영하여 민주시민을 양성하는

학교 교육과정 대강화

Ⅰ. △△교육과정 편성·운영의 바탕
   1. 법적 근거
   2. 초등학교 교육의 목표
   3. 경기교육의 기본체계
   4. △△교육의 기본체계

Ⅱ. △△교육의 방향
   1. 2015 국가수준 교육과정 개정의 방향
   2. 2016 경기도 교육과정 개정의 배경
   3. 경기도 교육과정 개정의 방향
   4. 경기도 교육과정 개정의 주요 내용

Ⅲ. △△교육과정의 편성·운영
   1. △△교육의 지향 및 목표
   2. 교육목표 구현을 위한 주요 교육활동
   3. △△교육과정 편성·운영
   4. 교과 및 창의적 체험활동의 편성·운영
   5. 기타 교육과정 운영 사항

Ⅳ. △△교육과정 재구성-수업-평가 일체화 방안
   1. 교육과정 재구성-수업-평가 일체화 의미
   2. 교육과정 재구성-수업-평가 일체화 방안
   3. 배움 중심 수업
   4. 성장 중심 평가

Ⅴ. 부록
   1. 학교 교육과정에 반영해야 할 교육시수
   2. 남매 맺기 및 다모임 활동 일정
   3. 수업나눔 및 전문적 학습공동체 운영 계획
   4. 취약 시기 학사운영 지도 계획
   5. 각종 위원회 통폐합 현황
   6. 교육과정 운영 중심의 업무분장

학교이다. 바로 학생, 학부모, 교직원이 교육활동의 주체가 되어 민주적인 학교문화와 민주시민교육 교육과정이 역동적으로 상호작용하는 생생한 모습이 학교 교육과정 속에 담겨야 한다. 2장과 3장에서 살펴본 민주학교의 핵심적인 내용을 떠올려 보자.

2장 민주학교, 교육과정을 만나다

- 공동체 비전 세우기
- 공동체상(像) 정하기
- 공동체 역량 정하기
- '우리 학교' 공유하기
- 민주시민교육 핵심 주제와 내용 확인하기
- 민주시민교육 재구성하기
- 상호존중의 민주적 수업
- 다양한 수업 방법 적용하기
- 함께 성장하는 민주적 학생 평가

3장 민주학교, 학교문화가 중요하다

- 함께 만들고 실천하는 생활협약
- 학생자치활동 활성화
- 민주적 의사소통
- 민주적 의사결정 시스템
- 안건과 토론이 있는 민주적 교직원회의
- 참여와 성장의 민주적 실천

이러한 생생한 모습이 학교 교육과정에 담겨 있어야 하지 않을까? 이러한 내용은 학교 교육과정의 '본질'적인 부분이 아니라, 학교 교육과정을 효율적으로 운영하기 위한 '지원'과 관련된 내용이라고 이야기할 수도 있다. 그러나 우리나라 교육이념에서 말하는 '민주시민으로서 필요한 자질을 갖춘 민주시민'을 기르고, 2015 개정 교육과정에서 이야기하는 '공동체 의식을 가지고 세계와 소통하는 민주시민으로서 배려와 나눔을 실천하는 더불어 사는 사람'을 기르기 위해서는 민주학교의 핵심인 민주적 학교문화와 민주시민교육 교육과정 운영을 더 이상 뒷전으로 물려 놓을 수만은 없다. 민주적인 학교문화와 민주시민교육을 핵심 교육과정으로 운영하는 학교 교육과정을 이런 체계로 만들어보는 것은 어떨까?

○○민주학교 교육과정

함께 만들고 실천하는 ○○학교 교육과정

Ⅰ. 함께 만들어갈 우리 학교
  1. 소중한 가치
  2. 공동체 비전(목표)
  3. 공동체 상
  4. 공동체 역량
  5. 학년중점교육

Ⅱ. 함께 실천하는 ○○교육
  1. 편제와 시간 배당
  2. 수업 일수와 수업 시수
  3. 교과(군) 편성·운영
  4. 창의적 체험활동 편성·운영
  5. 민주적인 교수·학습
    가. 민주적인 교수·학습 원칙
    나. 민주적인 교수·학습 방법

6. 민주적인 평가
7. 민주시민교육 재구성
    가. 민주시민교육 주제와 내용
    나. 민주시민교육 재구성-수업-평가
       일체화

Ⅲ. 함께 세우는 학교문화
  1. 신뢰와 존중의 학교·학급문화
  2. 주인 되는 학생자치
  3. 주인 되는 학부모자치
  4. 민주적 교직원회의
  5. 민주적 의사결정 시스템

Ⅳ. 부록

학교 공간의 민주성:
공간주권의 회복

멋지게 꾸민 결과보다는 과정이 중요

공간에는 그 공간에 머무는 사람들의 철학이 반영된다. 요즘 집을 옛날과 비교하면 달라진 것이 많다. 한 방에 여러 명이 함께 자면서 서로의 체온으로 이불을 데워주며 아침이면 화장실 앞에서 줄을 서서 기다리던 옛날과는 달리, 개인의 프라이버시 존중과 공간 확보가 중요해졌다. 옛날에는 볼 수 없었던 드레스룸이라는 것이 생겨났고, 화장실도 2개 이상 있는 곳을 선호한다. 어떤 사람은 집을 고를 때 방의 크기가 중요하고, 어떤 사람은 방보다는 거실 크기가 중요할 수 있다. 무엇을 더 소중히 여기냐에 따라 같은 크기의 공간을 구성하더라도 달라질 수 있다.

그렇다면 학교 공간은 어떤가? 옛날과 크게 다를 것이 없다. 신설 학교는 그나마 지금까지의 단점을 보완하여 현대식으로 점점 좋아지고 있지만, 그리 큰 변화는 찾아보기 어렵다.

학교는 중앙현관을 책을 읽고 놀이를 할 수 있는 카페 같은 공간을 만들수도 있고, 전체가 협의할 수 있는 강당이 중요할 수도 있고, 개별 교실을 다른 학교에 비해 1.5배 정도 크게 만들어 협력학습을 충분히 할 수 있는 공간으로 만들 수도 있다. 또, 학생의 선택권에 따른 소인수 과목이 늘어나고 있으니 기존의 여유 교실을 반으로 나누어 다양한 과목을 수용하는 작은 수업 공간으로 만들 수도 있다.

건물로 둘러싸인 세모난 중정을 만들어 도란도란 협의할 수 있는 멋진 공간을 만든 학교도 있고, 교실의 4면 벽을 따라 한 면씩 칠판으로, 전시 공간으로, 공연 공간으로 나눈 창의적인 공간 구성을 한 학교도 있다. 그러나 무엇보다 가장 중요한 것은 '우리 학교' 공간을 어떻게 구성할 것인지에 대한 공동체의 합의 과정이 중요하다.

그렇다면, 여기서 교육공동체란 누구일까? 그리고 교육공동체는 누구

남양주 동화고등학교의 삼각형 건축구조물, 건물에 둘러싸인 중정에서
학생들은 도란도란 이야기도 나누고 연주회도 열고 하늘도 본다.
출처: http://www.donghwa.hs.kr/

를 위해서 그런 합의를 하는 것일까? 교육공동체인 학부모도 교직원도 마을 사람들도 '학교'라는 공간을 누구를 위해서 혁신하고 변화하고 싶어 하는 것일까? 이에 대한 대답은 다 알고 있을 듯하다. 적어도 자기 자신들을 위해서 공간혁신을 하려고 하는 것은 아닐 것이다.

공간의 주인은 누구인가?

학교 공간을 공간의 주인인 아이들에게 돌려주어야 한다. 누군가에게 주어진 공간이 아닌 내가 주체가 되는 공간주권으로. '공간주권(space sovereignty)'[7]은 공간 개념을 주권 개념과 결합한 것으로, 시민 스스로가 자신의 구체적인 삶이 전개되는 공간에 대해서도 주권자로서의 권력을 행사할 수 있어야 한다는 점을 강조한 용어이다. '주권'이라는 표현을 사용함으로써 시민 스스로가 공간을 구상하고 운영하는 데 최고의 권한을 갖고 더불어 책임감 있게 지속해서 이를 수행해야 함도 의미한다.

책임감이라는 용어에 대해 우리는 잠시 숙고해보아야 한다. 우리가 자유를 주장할 때 책임을 동반해야 한다고 이야기하는 것과 마찬가지로 공간주권이 주어진 주체들에게는 그 공간을 공공적이고 민주적인 공간으로 구성하고 가꾸어야 할 책임이 주어진다. 우리는 이러한 점을 학생들과 나누고 그들이 어떤 역할을 해야 하는지 찾을 수 있도록 도와주어야 한다.

일할 맛, 공부할 맛 나는 민주적 학교 공간

덩치가 커진 아이들에게 네모난 공간에 다닥다닥 붙어 앉아 아침부터 온종일 한 공간에 있으라는 것은 다소 과격하게 표현하자면 인간의 존엄을 무시하는 처사라고 할 수 있다. 학생들에게는 이 공간 저 공간 재미나게 누리고 다니며 상상하고 이야기하며 배우며 놀 권리가 있다.

이제는 교육과정의 변화로 중·고등학교에서 선택수업, 블록수업, 특별수업, 동아리 수업 등으로 자기 교실에 앉아 있는 시간이 그리 많지 않다. 담임제와 몇 학년 몇 반 교실이 있는 지금과 같은 제도도 계속 유지될지 의문이다. 공간 혁신과 교실 환경의 변화 없이는 학생의 선택권 보장을 위한 수업 다양화, 교사별 교육과정이나 학생 맞춤형 교육과정 등은 이루어질 수 없다.

무엇보다 공간을 바꾸고자 하는 교육공동체의 의지가 중요하지만 현실적인 문제로는, 학교 공간의 혁신에는 예산과 시간, 인력풀, 제도적인 뒷받침, 단계적으로 철저한 계획이 필요하다는 것이다. 이러한 충분한 준비 없이 공간 혁신이라는 이름으로 난립하듯 어떤 공간이 만들어졌다가 몇 년 후 천덕꾸러기처럼 쓸모없는 공간으로 버려지지 않기를 바란다.

첫 번째 대안

우리 학교에 아직도 존재하는 권위적이고 쓸모없는 공간은 어디인지 알아보고 민주적인 공간으로 변화시키자. 학교 안의 공간은 모두가 필요하고 평등하며 서로 존중받을 수 있는 공간이어야 한다. 누군가가 장악한 공간, 누군가만 존중받고 누구는 무시당하는 공간이어서는 안 된다.

두 번째 대안

여전히 학교 안에는 우리 학교만의 특징적인 공간인 그 무엇, 교육공동체가 함께 만들어 꾸준히 사랑받는 그런 공간이 부족하다. 그 학교만의 특징 어린, 애정 어린, 자랑거리인 공간을 만들면 좋겠다. 그 공간에는 사람이 머물고 추억이 머무는 그 학교의 랜드마크가 될 것이다. 그 공간은 카페 같은 곳일 수도 있고, 도서관일 수도 있다. 현관일 수도 있고 다목적 공간일 수도 있다. 한 공간부터 시작하자.

세 번째 대안

교육공동체에게 사랑받는 공간은 그 공간이 만들어지는 시작부터 가꾸어나가는 과정까지 교육공동체의 공간주권이 발휘된 곳이어야 한다. 소통과 협업의 과정을 통해 만들어보자.

네 번째 대안

공간에 대한 공부가 필요하다. 공간은 빛, 색, 바람, 재질 등 고려해야 할 것이 많다. 공부 없이 섣부르게 몇몇에 의해 주도해서 만든 공간은 지속적으로 지지받기 어렵다. 건축가, 설계전문가 등 건축 전문가의 도움도 필요하고 학교이니만큼 교육청의 정책과 시스템 등 뒷받침되어야 할 것이 많다. 무엇보다 공부가 필요하다는 것은 충분한 시간과 준비 그리고 기다림이 필요하다는 의미이다.

다섯째 대안

시작은 논의와 공부에서 혹은 한 교실에서 미약하게 시작하더라도 꿈은

창대하게 상상하자. 5년이나 10년을 바라보고 우리 학교가 완전히 바뀌었을 때의 모습을 상상하고 그에 맞추어 하나씩 하나씩 추진해나가야 한다.

학교마다 중점 철학과 환경이 다를 것이다. 학교 자체도 그렇지만 주변 인구, 문화 등도 변수가 될 것이다. 그에 따른 큰 그림을 함께 꿈꾸어 볼 때가 되었다.

학교장의 민주적 리더십

학교장의 리더십, 왜 민주성이 우선인가?

학교민주주의를 중시하는 혁신학교의 등장 이후 학교장의 민주적 리더십에 대한 기대와 요구가 높아지고 있다. 그간 학교에도 올바른 스승상을 표상하는 민주적 관리자가 적지 않게 존재해왔다. 이러한 관리자들의 영향으로 학교는 교육의 본질을 추구할 수 있었고, 이러한 환경에서 성장한 인재들이 대한민국 현대사의 '풍요'와 '민주주의'를 일굴 수 있었다. 이처럼 한국 현대 교육사에서 학교장들의 민주적 의식이 꾸준히 성장해온 것은 사실이다.

그러나 객관적으로 판단해 보건대, 대한민국 학교의 지배구조는 아직 전반적으로 민주적이지 못하다. 이 비민주성은 교육 및 학교행정의 구조화된 관행과 더불어 관료적이고 통제적인 리더십에서 비롯된다. 학생에 대한 교육관, 교사의 위상, 학교의 기능과 의미, 교육행정 체계 등은 많은 부분에서 전통적이고 권위적인 성격을 유지하고 있다.

무엇보다 관료적, 일방적 리더십은 민주적 태도와 전문적 식견을 갖춘 열의 있는 교사들의 혁신적 교육 실천을 방해하고, 그들의 창의성을 억압하는 경향이 있다. 결국 관료적, 일방적 리더십 하에서 교사들의 열의는 좌절되기 쉽고, 그러한 좌절이 쌓일수록 교사들은 상황을 변화시키려 하기보다는 현실에 순응하고 타성적으로 안주할 가능성이 크다. 이렇게 되면 학교는 그 본질인 '역동적 교육'으로부터 멀어질 것이다. 이 과정에서 교사는 교육의 본질을 자각하고, 학생들과 더불어 질적으로 고양된 교육을 실천하려는 '교육지성인'이 아니라, 비민주적인 학교의 모습을 '수긍'해버리고 그 속에 '안주'하는 기능적 교사, 즉 '기능적 직업인'의 모습을 보일 수도 있다. 이러한 상황은 질적으로 아주 우수한 지성과 잠재능력이 있는 교사들의 가능성을 억압하고, 교사 스스로 교육을 포기하게 만드는 파괴적 상황을 만들어낸다. 학교의 교육적 본질을 회복하도록 함에 있어서 관료적·군림적 리더십, 혹은 행정 통제적 학교 지배구조를 변화시켜주는 것이 모든 문제를 해결해주지는 못한다고 하더라도, 최소한의 필요조건이자 출발점이 될 수 있다.

학교장에게 요구되는 민주주의자로서의 자질

학교장과 관련하여 학교 구성원들이 언급하는 부정적인 모습은 학교장의 의지대로 결정, 무사안일주의, 성과주의, 교직원회에서 결정된 내용 번복, 자신의 교육철학을 펼쳐 획기적으로 바꾸고자 하는 것 등이다. 교사가 한 학교에서 최대 5년을 근무한다면, 보통 2~3명의 교장을 만나게 되는데 적어도 한 번쯤은 부정적인 모습을 가진 교장을 경험한다. 부정적인 유형의 교장이 학교에 발령이 나면 설령 이전에 교육공동체가 합의한 비전과 교육철학이 있었다 하더라도 교육적 의미와 가치보다는 개인의 생각과 기호에 따라 학교를 운영하는 낮은 수준의 행동을 보이는 경우가 많다. 경기도교육청이 의뢰하고 역량개발연구소가 수행한 '민주적 학교 의사결정 체제 개발 보고서' (2019)에서는 민주성을 평가하는 학교장의 리더십 행동을 다음과 같이 분류하고 있다.

[낮은 단계]

• 권위와 위계, 통제와 관리 위주의 관료제적 방법에 의존하여 결정한다.

• 주요 의사결정에서 공공성보다 자신의 주관적 신념, 선호, 판단을 우선하며 자신의 생각을 관철하려 한다.

• 자리보전하기, 문제 생기지 않게 하기, 적당히 타협하기를 우선한다.

• 교육적 의미와 가치에 대한 고려 없이 임기응변적으로 결정한다.

• 교육적 의미와 가치가 있는 시도에 대해 제지하고 억압한다.

[중간 단계]

• 큰 문제가 생기지 않는 범위 내에서 교사들의 자발적이고 새로운 시도를 격려하고 지원한다.

- 시대 변화에 맞춰 교사 등 학교 구성원을 존중하고 배려한다.
- 사회나 구성원이 가진 한계 혹은 틀 속에서 제한적인 노력을 기울인다.
- 어려운 결정을 회의체에 떠넘기거나 다수 의견을 따르거나 무난한 선택을 한다.

[높은 단계]

- 어려운 결정, 다수결이 아닌 철학과 원칙에 입각한 결정, 결과를 알기 어려운 불확실한 결정을 기꺼이 감당하여 용단한다.
- 자신의 의사결정 권한을 가능한 선까지 최대한 학교 구성원들에게 위임하되 책임은 공유한다.
- 교사자치에 대한 비전과 신념을 밝히고 그에 부합하는 행동을 요구한다.
- 회의 시, 여러 참석자 중의 한 사람(1/n)으로서 발언하고, 의사결정자보다는 의사결정 과정의 합리적 관리자로 행동한다.

"학교장이 되면 무엇을 하고 싶으세요?"라고 물으면 자신의 교육적 이상을 펼치기 위해서라고 답하는 분이 의외로 많다. 교장이 되기 위해서는 보통 30년 이상의 교직 경력이 필요하다. 교사 시절 나름대로 학생교육에 대한 가치관을 형성해왔을 것이다. 자신이 관심 있게 해오고, 성공적이라 생각했던 수업이나 생활교육 방식이 있을 것이다. 또한 교장, 교감의 부정적인 모습을 볼 때마다 '장차 교장이 되면 이런 학교는 만들지 말아야지'라고 수도 없이 되뇌인 것도 있을 것이다. 그런데 마침내 교장이 되어 자신의 경험 중 좋았던 것, 바꾸고 싶었던 것을 실천하면 정말 세상에서 가장 행복하고 멋진 학교가 될까? 자신의 성공 경험을 타인에게 강요할 때 '꼰대'가 되고, '우리'의 학교에서 '교장'의 학교가 될 수 있다.

앞에서 소개한 '학교장의 리더십 행동' 유형 설명은 의사결정 장면에서 교장은 진행자, 경청자, 방향 제시자, 격려자의 역할을 목적과 상황에 맞게 수행하기를 원하는 교사들의 요구이다.

학교장의 항변

학교장이 민주적 리더십을 발휘하고 싶어도 교육청 등 상부기관의 끊임없는 책임 행정 요구는 민주적 학교운영의 걸림돌이 된다. 오동석 외(2013)는 학교에 잔존하는 비민주성의 원인을 간단하게 리더십, 즉 관리자들에게만 돌릴 수는 없다고 말한다. 역사적으로 볼 때, 한국의 학교 제도는 1980년대까지의 관료 통제적 교육행정 그리고 현재의 관리―장학형 교육행정 속에서 시민육성을 위한 '자치적 교육공동체'로서 자리매김하기보다는, 상명하달식의 '기능적 교육조직'으로 자리매김했다고 보고 이 과정에서 학교에서도 자연스럽게 위계적 계서(階序)를 갖는 관료적 문화가 일반화되었다고 주장한다. 그러한 관료적 행정문화의 대행자로서 관리직, 즉 교장이 존재했고, 관리자 개개인의 성향이나 특질보다는 제도적, 구조적 관행 속에서 학교는 민주주의로부터 격리되어 있었다고 말한다.

초 · 중등교육법 제20조에서 규정한 교장의 역할은 '교무를 통할하고, 소속 교직원을 지도감독하며, 학생을 교육한다'이다. 이를 위해 인사, 재정, 장학, 교육과정 운영, 학생생활지도, 시설관리 등에서 권한을 행사하도록 하고 있으며, 권한에 따른 책임을 요구한다. 2019년 교사에서 공모교장이 된 ○○초 이○○ 교장은 앞에서 말한 학교장의 역할과 관련하여 행정적인 업무와 더불어 감당해야 할 고충을 다음과 같이 말하고 있다.[8]

> 학교 규모가 크다 보니 격주로 열리는 교사 다모임 외에도 업무팀 회의, 팀장 회의, 관리자 회의, 각종 업무와 관련된 위원회 등 회의에 많은 시간을 투입한다. 빈번한 회의로 힘들긴 하나 어느 것 하나 소홀히 할 수 없는 이유는 매일 논의해야 할 현안이 빈번하게 생기고, 원활한 업무 수행을 위해 불가피한 과정이기 때문이다.
>
> 학생들 간의 크고 작은 갈등, 교사의 폭력적 교육 방식이나 인권 감수성 결여 등 다양한 요인으로 인해 종종 학부모 민원과 마주하게 되고, 민원 해결 과정에서 자칫 서로의 마음이 다치고, 감정의 골이 깊어지는 경험은 학교장으로서 가장 힘든 역할인 것 같다.
>
> 시설, 회계 관련뿐 아니라 매일 결재 30~50건(급식, 방과 후, 돌봄, 복지, 물품 구입, 가정통신문, 체험학습 추진 등), 매일 공람된 공문서 30여 건을 검토해야 한다.

학교민주주의가 잘 정착되기 위해서는 우선 학교 구성원이 학교의 여러 가지 현안에 관심을 가지고 참여하여 논의하려는 마음이 있어야 한다. 위 사례에서 언급된 것처럼 학교장이 짊어지고 책임져야 할 직무의 범위가 매우 광범위한데, 이는 아직도 가르치는 일과 업무 모두를 담당해야 하는 교사들이 함께 짊어지고 가야 할 짐이기도 하다. 학교는 학교장에게 과도하게 집중된 업무와 권한을 나누기 위하여 전결 규정을 만드는 등 나름대로 자구책을 마련하고 있지만, 학교장은 본인만큼 교직원들이 책임감 있게 고민해줄 것을 기대하기가 쉽지 않다. 이런 생각을 극복하지 못하면 교장은 책임감 때문에 많은 업무에 관여하게 되고, 권한을 본인에게 집중시키면서 교직원들과의 갈등을 유발한다.

학교장이 결정하는 데 가장 어려움을 느끼는 경우는 교육공동체의 결정이 지침에 위배되거나, 교사들과의 가치가 충돌되는 경우이다. 학교 구성원의 협의를 통해 정해진 결정이라 할지라도 분명한 교육적 기준에 따라 최종적인 책임자로서 교장의 판단이 필요한 부분이 분명히 존재한다.

> 어느 초등학교에서 많은 사람의 수고로 준비한 체육대회가 열리는 날이 되었다. 그런데 이날 미세먼지와 초미세먼지가 경계선을 조금 넘었다. 교육청에서 메시지가 온다. 오늘은 미세먼지가 기준치를 초과했으니 야외 활동을 자제하라는 내용이다. 교장은 고민이다. 그냥 강행할 것인지 아니면 연기할 것인지. 작년 태풍 때 학생들의 등교를 학교장 재량으로 결정하라는 교육청의 권고에 따라 등교를 결정했다가 학부모들로부터 거센 민원도 경험했다. 아이들이 교장 선생님께 괜찮으니 제발 체육대회를 하자고 한다. 교사들은 이 행사를 준비하는 데 많은 에너지가 소모되었으니 강행하자고 한다. 체육대회 개최에 대한 아이들의 간절한 눈망울과 교사들의 수고를 생각하니 그냥 진행했으면 하는 마음도 든다. 긴급 부장회의를 소집하여 이 문제에 대해 의논했다. 부장들 대부분이 강행하자는 쪽으로 의견이 모였다.

이는 학교에서 흔히 맞닥뜨리는 상황이다. 만약 취소나 연기를 하면 결과를 뒤집는 비민주적인 교장이 될 것이다. 강행하면 일부 학부모의 민원이 발생할 것이 뻔하다. 이럴 때 판단의 기준이 되어야 할 것은 민원도, 교사의 반발도 아닌 '교육과 학생'이어야 한다. 미세먼지로 인한 학생들, 특히 호흡기 민감군 학생의 건강이 판단의 기준이 되어야 한다. 그렇다고 일방적인 결정은 금물이다. 교사들의 반발에 대해 직접 그들을 만나서 설득해야 한다. 학년부장에게 '교장이 연기하랬어'라고 전달받는 것과 교장에게 직접 듣는 것은 공감의 차원이 다르다.

민주학교의 지속 가능성

민주학교는 민주시민교육을 중심으로 교육과정을 운영하고, 민주적 학교문화 속에서 일상의 민주주의를 경험하고 실천하는 공교육 모델학교로서 일종의 실험학교이다. 민주시민교육의 실험학교로서 기능해야 한다는 것은 혁신학교의 성공 사례에도 불구하고 자칫 기존의 교육부 및 교육청 차원의 연구·시범학교들과도 구별되어야 한다는 점을 의미한다.[9] 무엇보다도 민주학교의 지속 가능성 확보가 중요한데, 이를 위해 민주학교의 선정, 운영, 지원, 확산 등에 있어서 보다 치밀한 준비와 계획, 실천 과정이 뒤따라야 한다.

2009년 이후 혁신학교의 도입과 성장 그리고 발전과정의 성찰은 민주학교의 지속 가능성 확보 면에서 여러 가지로 시사하는 바가 크다. 그동안 연구·시범학교 등의 정책학교는 기존 정책과의 연계성을 충분히 고려하지 않은 채 하향식 정책 추진과 성과주의 방식으로 인해 학교 현장의 피로

감과 냉소주의 팽배를 가져왔고 이로 인해 지속 가능한 확산 전략에는 한계를 노정했다. 또한, 교육부나 교육청의 행·재정적 지원이 한시적 기간 동안 유지되고, 한 학교에 몰아주기식의 선별적 지원 정책은 인근의 행·재정적 지원을 받지 못하는 학생들에게는 박탈감과 상실감 등을 주어 성과를 공유·확산하는 데 부정적 영향을 초래했다.[10]

　그렇다면 민주학교의 지속 가능성을 어떻게 확보하고 유지해나갈 것인가? 우선 민주학교에 대한 학교 나름의 비전 설정과 공유가 전제되어야 한다. 민주학교의 신청 과정과 필요성, 내용에 관해 구성원들에게 충분히 설명하고 인식을 공유할 필요가 있다. 학교 구성원의 민주학교 신청 동의율 반영이나 학교운영위원회 등을 통한 민주적 논의 절차 등도 고려해야 한다. 이를 토대로 민주학교 스스로 새로운 비전을 설정하고 운영과제를 실천하며, 함께 책임지는 새로운 학교문화가 실현될 수 있으며, 이는 민주학교의 지속 가능성을 담보하는 기본적 전제조건이다. 비전 도출이나 공유과정 없이 민주학교가 작동된다면, 자칫 소수의 빅마우스에 의해 학교가 작동되고 학생과 학부모들은 학교운영 과정에 소외되거나 무관심해질 수 있다.

　다음은 별내고등학교 민주학교에서 비전을 설정한 사례이다.

별내고등학교 민주학교 비전
- 학교문화, 교과수업, 지구·지역 이슈 등 생활 장면을 통한 배움이 일어나는 학교
- 우리 모두가 학교라는 의식을 바탕으로 의사소통 구조를 형성하는 학교
- 구성원과 함께 시민상을 공유하고 시민성과 학교자치를 연결하는 학교

실제 이러한 비전을 토대로 지난 일 년 동안 민주학교를 성실하게 운영한 결과, 2019 학교민주주의 지수가 전년도에 비해 상승했다고 한다. 이는 학교 구성원들의 학교 교육에 대한 신뢰와 만족도를 증가시켜 교육공동체의 행복한 성장에도 기여했다고 볼 수 있다.

"민주주의자들은 태어나는 게 아니라 길러지는 것이다"[11]라는 말처럼, 민주학교에서 진정한 민주주의자를 만들기 위한 민주시민교육의 역할은 중요하다. 무엇보다 체계적인 민주시민교육 역량강화가 요구되며, 교사의 자발적 성장과 네트워크 연대가 수반되어야 가능하다. 실제 교육부나 시·도교육청 단위에서 현장 교사들을 위해 다양한 역량강화 연수(학교장, 담당 교사, 일반 교사 등) 등을 개설·운영해오고 있다. 하지만 대부분의 교사 연수 시스템은 교사의 자발적인 것이 아닌 사회의 요구, 교육부 등 외부로부터 요구되고 수용되어 기관 중심의 연수 활동이 주를 이루다 보니 학교 단위의 학습공동체 활동은 부족하고 학교문화 개선을 위한 집단 노력도 제한적이었다. 컨설팅, 멘토링 등 개별 교사 전문성 강화 방안 역시 통제 수단으로 인식함으로써 협력을 통한 학교 역량의 축적으로 이어지지 못했다.[12]

이에 대한 대안으로 학교 안과 밖의 전문적 학습공동체 조직 및 운영 활성화가 강조된다. 교사의 자발성 효과와 전문적 학습공동체의 성장 가능성은 이미 혁신학교 운영 사례에서 충분히 입증된 바 있다. 민주학교에서 전문적 학습공동체 운영은 학교 구성원들의 협력적 실천을 통한 집단역량강화 과정이며, 이를 토대로 교과별, 지역별 민주학교 실천가 네트워크 구축·연대도 가능하다.

실제 경기도교육청에서는 시민교육 교사 역량강화 연수 체계를 단계별

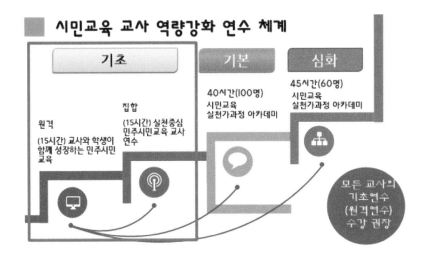

시민교육 교사 역량강화 연수 체계

기초

원격

(15시간) 교사와 학생이 함께 성장하는 민주시민교육

집합

(15시간) 실천중심 민주시민교육 교사 연수

기본

40시간(100명) 시민교육 실천가과정 아카데미

심화

45시간(60명) 시민교육 실천가과정 아카데미

모든 교사의 기초연수 (원격연수) 수강 권장

(기초-기본-심화 과정)로 기획하여 운영했다. 이와 함께 민주시민교육 정책 실행연구회, 학교 내 교과연구회(전문적 학습공동체), 지역 협력네트워크 등 도 함께 운영하면서 시민교육 역량을 극대화했다.

특히 학교장 대상 민주적 리더십 연수는 민주학교 지속성 확보 차원에 서 매우 중요하다. 학교장이 스스로 민주주의자가 되기 위한 마인드 제고 와 민주적 학교문화 조성을 위한 다양한 실천사례 고민과 토론과정의 참 여는 의미가 크다. 여전히 학교 현장은 학교장이 변화해야 학교문화가 바 뀐다는 불변의 진리가 작동하고 있기 때문이다.

다음은 청주교육대학교 교육연수원에서 기획한 민주적인 학교운영을 위한 학교장의 새로운 리더십 연수과정(2박 3일 과정, 2019.6.~2020.1.)의 주요 내용이다.

일시	주요내용	비고
1일 차 (5시간)	[생각 열기 Ⅰ] 마음 열기 '인간 빙고 게임'	모둠활동
	[생각 열기 Ⅱ] 마음 열기 '교장의 희로애락'	모둠활동
	[생각 열기 Ⅲ] 고민 열기 '교장의 직무와 고민 나누기'	짧은 영상, 이야기 모둠활동 및 전체 공유
2일 차 (7시간)	[생각 나누기 Ⅰ] '함께 읽고 책 생각 나누기'	모둠활동
	[생각 나누기 Ⅱ] '설문지로 보는 학교 민주성'	모둠활동 및 전체 공유 짧은 영상, 이야기
	[생각 나누기 Ⅲ] '새로운 리더십, 주제가 있는 100분 TALK'	주제별 활동
	[생각 나누기 Ⅳ] 함께 하는 토크쇼'학교 민주 주의, 성찰과 나눔'	전체 공유
3일 차 (4시간)	[생각 담기 Ⅰ] 선택강의 Ⅰ, 선택강의 Ⅱ	선택강의
	[생각 담기 Ⅱ] 연수 결과 소감 나누기 '배느실'	모둠활동
	[생각 담기 Ⅲ] 공통강의 '한국의 학교 민주주의, 현황과 쟁점'	전체 공유

무엇보다 민주학교의 지속성 확보를 위해선 교육부나 시·도교육청 단위의 노력도 절실하다. 교육부는 민주학교 지속성 확보를 위한 제도화에 대한 고민이 필요하다. 우선 조직(인력)이나 예산의 지속적 확보를 위해선 관련 법령 등에 '민주학교 운영'을 명시하여 체계적으로 지원을 보장하는 접근이 필요하다. 최근 학교민주시민교육법안(이철희 의원 대표발의, 2019.11.12.)[13]이 발의되었는데, 이 법안 내용에 '민주학교 운영과 지원' 내

용을 추가할 수 있다. 또한, 일부 시·도교육청별로 학교민주시민교육 진흥조례가 제정·운영되고 있는데, 여기에도 '민주학교 운영과 지원'을 추가할 수 있다. 무엇보다 교육부나 각 시·도교육청 차원에서 민주학교 운영과 민주시민교육 관련 예산 확보 면에서 확실한 근거가 될 수 있기 때문이다.

이 밖에도 초·중등교육법 제61조(학교 및 교육과정 운영의 특례)와 동법 시행령 제105조(학교 및 교육과정 운영의 특례) 등을 통해 '교육과정의 민주주의'를 실현해나갈 수 있으며, 민주학교의 성격 및 안정적 운영·지원을 위해선 민주학교를 자율학교로 지정하는 방안도 검토되어야 한다.

민주학교는 교육부가 주도하기보다는 지역의 특색을 반영하여 지정·운영을 하고, 자체 계획을 수립해 운영해나갈 수 있도록 시·도교육청의 자율성 확보가 필요하다. 민주학교로 한번 선정되면 학교 구성원이 희망할 경우 최소 3~5년 정도 운영 기간을 확보해주어야 한다. 만일 1년 단위로 매년 평가를 통해 새롭게 지정하는 방식이라면, 민주학교의 안정성을 해칠 뿐만 아니라 본래 실험학교의 근본 취지를 달성하지 못하고 연구·시범학교의 수준에 머물고 말 것이기 때문이다.

교육부와 시·도교육청은 민주학교 정책 추진에 있어서 하향식(top-down)이 아닌 상향식(bottom-up) 업무 추진이 필요하다. 또한 민주학교 스스로 변화하고 성장할 수 있도록 조력자, 지원자로서 민주학교 간 네트워크 구축을 통해 상호 협력하면서 성장해나갈 수 있는 문화적 풍토를 만들어주어야 한다. 전국 단위나 각 시·도교육청 단위에서 민주학교 운영 플랫폼을 구축하여 운영 사례를 발굴하여 공유하고 일반 학교로 확산해나가는 전략적 접근도 필요하다. 예를 들어, 4개 시·도교육청 주관의 '2019

학교민주시민교육 국제포럼(2019.6.22.)', 교육부가 주관한 '2019 민주시민교육 배움 전국 공유회(2019.11.22.~23.)' 등은 대표적인 성공 사례이다. 이를 위해 교육부나 시·도교육청 차원에서는 학교와 지역을 넘어서 민주시민교육 실천으로 함께 네트워크 연대가 가능한 협력지원 체계를 구축하여 현장을 지원해야 한다.

또한, 각 시·도교육청 차원에서 민주학교 평가 시스템과 지원전략도 새롭게 모색할 필요가 있다. 기존처럼 성과보고서나 양적지표 등을 토대로 컨설팅이나 일회성으로 점검하는 방식이 아니라 민주학교 스스로 자체 진단하고 문제점을 해결해나가는 시스템이면 좋을 것이다. '찾아가는 민주학교 정담회' 등의 방식으로 민주학교와 자연스럽게 소통하면서 추진하면서 어려운 점과 지원해야 할 사항 등을 파악하고 자체 성장하도록 도와주는 평가체제가 마련되어야 한다. 아울러 민주학교가 더디더라도 구성원 스스로 성장하면서 꾸려나갈 수 있도록 믿고 기다려주는 여유가 필요하다. 필요하다면 민주학교 실천 정책연구회나 단위 학교 자체 전문적 학습공동체 등을 통해 민주학교 간의 상호 교차평가나 정담회 방식으로 추진되도록 하고, 경쟁적인 우수사례 발굴보다는 실천과제 운영과정을 직접 이야기하고 논의하면서 함께 배우고 성장하는 과정을 경험하도록 해야 한다. 이런 자체 평가과정에 학교민주주의 지수나 학교조직진단도구[14], 학교 자체평가 도구 등을 적절히 활용할 수 있다.

결국 민주학교 스스로 성찰 과정을 통해 학교 조직과 문화를 변화시켜 나가는 행동이 뒤따라야 한다. 민주학교 지정 및 운영과정을 학교 구성원과 함께 공유하고 대토론회 과정 등을 통해 성찰해나가는 과정을 경험하도록 한다. 또한, 민주학교 담당 부서를 학생생활인권(생활교육) 관련 부서

보다는 교육과정이나 학교혁신 관련 부서 등으로 지정하여 교육과정 연계성 확보뿐만 아니라 전 교사가 동참할 수 있는 분위기를 만들어나가야 한다. 새롭게 민주시민교육 부서를 신설·운영하는 시도도 필요하다. 실제 학교 현장에서 민주시민교육이나 학생자치활동 등이 학교폭력이나 생활인권 등의 부서에 편재되다 보니 제대로 된 기능을 다 하지 못한다는 비판이 꾸준히 제기되어 왔기 때문이다.

또한, 지정 부서의 업무 담당자가 모든 것을 책임지는 것이 아닌 실천과제별로 관련 부서나 담당자끼리 TF팀을 조직하여 협업으로 추진하는 방식도 고민해야 한다. 실제 교육과정 연계 민주시민교육 실천이나 공간의 민주성 수업프로젝트의 경우엔 관련 교과나 부서의 협업시스템이 작동되면 효과적이다. 민주학교 업무 담당자가 전보내신 등으로 갑작스럽게 학교를 떠나더라도 협업체제가 작동하게 된다면 업무 추진상 공백이 최소화될 수 있을 것이다.

끝으로 "민주시민교육이 아젠다가 아닌 삶의 실천원리로 작동해야 한다"[15]는 말처럼, 민주학교에서도 자연스럽게 학교생활의 실천원리로서 운영되어야 한다. 여기에는 두 가지 의미를 내포한다. 하나는 민주학교의 운영을 특정 부서의 업무에만 한정하지 말고 모든 부서의 전 교사가 동참해야 한다는 것이다. 또 하나는 민주시민교육을 특정 교과로 한정하거나 별도 과목으로 추진하기보다는 모든 교과의 교육과정 속에서 실천되고, 학교생활 속에서 자연스럽게 녹아 들어가는 삶의 모습이어야 한다는 것을 잊어서는 안 된다.

1 [사이·다] "세종캠은 안 돼"…대학가 '조국 반대' 집회의 모순(머니투데이, 2019.09.28.): [학생들끼리 본·분교 가르고, '학벌=지위' 발언도…학생들 "집회 참여 설득력 떨어져"] "고려대 집회 참가자들이 모인 오픈채팅방에는 19일 진행된 '조 장관 사퇴 촉구' 4차 집회 집행부에 세종캠 학생이 1명 참여했다는 사실이 알려지면서 논쟁으로 번졌습니다. 세종캠 학생의 집행부 참여에 문제를 제기한 학생들은 "안암캠 입학처 대상 집회를 왜 세종캠 학생이 주최하냐"며 "세종캠 입학처에서 입시비리가 일어났다고 안암캠 학생들이 집회를 열지는 않을 것"이라고 주장했습니다.… 익명을 요구한 고려대 재학생 A씨는… "특권계층의 계급세습을 비판하는 집회에서 학벌 계급을 공고히 하는 논리를 내세우며 집회를 참여하라고 하니 설득력이 떨어진다"고 지적했습니다."

2 예견에 기초한 전략은 수동적인 대응일 수 있다. 즉, 사실에서 당위를 이끌어내는 논의다. 반면에 예측에 토대한 전략은 보다 능동적 대응이다. 이는 비전에 기초한 규범적 논의이기 때문이다. 또한, 미래교육이 정형화된 문제일 경우의 전략 설계인지 아니면 비정형화된 문제일 경우의 전략 설계인지를 나누어 탐색할 필요가 있다.

3 민주주의는 날마다 새로워지고, 새로운 얼굴을 할 때만 그 가치를 지닌다.

4 시민사회론을 여기서는 세 가지로 구분한다. 첫째, 국가를 중심으로 한 공적인 정치사회를 시민사회로 보는 공화주의 시민사회론, 둘째, 시장을 중심으로 한 사적인 경제사회를 시민사회로 보는 자유주의와 마르크스주의 시민사회론, 셋째, 국가와 시장(개인) 사이의 결사와 담론의 영역을 시민사회로 보는 중간영역 시민사회론이 그것이다.

5 여기서 개념화하는 시민사회는 근대적인 서구 시민사회의 재생이나 부활을 의미하지 않는다. 그렇다고 근대적인 시민사회와 결별과도 환치되지도 않는다. 이미 근대 시민사회는 욕구의 체계나 계급사회로서 비판받은 바 있으며 마르크스나 헤겔에 의해서 극복되어야 할 대상으로 그려졌다. 여기서 말하는 시민사회는 국가와 분리될 뿐만 아니라 시장과도 거리를 두는 중간 영역으로 재구조화된 것이다. 이와 같은 의미에서 본다면 비판적 담론과 실천의 영역으로 작용할 뿐만 아니라, 새로운 가치를 창출하고 이를 정당화하는 민주주의의 핵심적인 공간으로서 작용할 것이다.

6 경기도교육청(2017). 함께 만들어가는 교육과정.

7 강현수 외, SSK 공간주권 연구팀 엮음(2013). 공간주권으로의 초대. 한울아카데미

8 이희숙(2019). 학교자치와 학교장의 역할. 2019 학교민주시민교육 국제포럼 자료집.

9 정원규 외(2018). 민주시민교육: 초중등학교 민주시민교육 추진 제안서. 이화여자대학교 학교폭력예방연구소. p.77.

10 서길원(2019). 경기혁신교육 10년, 확산에서 확장으로. 경기혁신교육 10주년 국제콘퍼런스 자료집. p.122.

11 Parker, W.(1996). Introduction, Schools as laboratories of democracy. In W. Parker(Ed), Educating the democratic mind. Albany:SUNY Press. p.20.

12 서길원(2019). 경기혁신교육 10년, 확산에서 확장으로. 경기혁신교육 10주년 국제콘퍼런스 자료집. p.124.

13 이 법안은 "국가와 지방자치단체는 학교민주시민교육의 기회를 충분히 제공하고 이를 활성화하는 데 필요한 행정적, 재정적 지원을 해야 한다"고 규정하고 있다. 민주시민교육이 몇몇 뜻있는 교사들에 의해 진행되는 것이 아니라 국가 사무임을 분명히 한 것이다. 현재 학교에서 민주시민교육을 할 수 있는 법적 근거가 미흡하여 체계적인 민주시민교육이 이루어지지 못하고 있는 상황에서 민주시민 육성을 위

한 교육이 학교에서 체계적이고 종합적으로 실시될 수 있도록 법적 기반을 마련하고자 하는 차원으로 볼 수 있다.

14 경기도교육청은 2015년에 '경기도 학교조직진단 도구 개발연구'에 따라 학교조직진단 도구를 개발해 적용하였는데, 학교조직을 구조적 관점(형식, 시스템)과 문화적 관점(내용, 공동체)에서 진단하도록 문항이 설계되었다. 또한 한국교육개발원(KEDI)은 2019년에 '학교 민주성 진단도구 개발을 위한 기초연구'에 따라 학생과 교사가 학교의 민주성을 진단할 수 있는 문항들로 구성된 진단도구를 개발하였다. 이러한 도구를 통해 학교조직의 구성요소를 비전 및 목표, 운영구조, 운영절차, 구성원, 학교문화로 구분하고 각 요소별로 책임, 존중, 참여, 연대 등의 민주주의 가치를 실현되는 양상을 구체화하였다.

15 Biesta, G.J.J.,(2019). Democracy, Citizenship and Education: From Agenda to Principle. p.6.

저자 소개

이대성(능곡고등학교 교감, 교육학박사-사회과교육전공)

경기도교육청 민주시민교육과에서 장학사로 근무하며 실천 중심의 민주시민교육과 학교민주주의 정착을 지원하였다. 함께하는 학교민주주의 실천을 고민하며 민주적 학교문화 조성, 학교민주주의 지수 조사·활용, 학교자치조례 제정·실천에 관한 정책 등을 추진하였다. 현재는 고양 능곡고등학교 교감으로 전직하여 학교민주주의를 넘어 학교자치 실현으로 교육공동체가 행복한 학교를 상상하며 실천하고 있다.

이병희(샘모루초등학교 교감, 교육학박사-교육심리전공)

경기도교육청 민주시민교육과에서 장학사로 근무하며 회복적 생활교육, 평화로운 학급공동체 운영을 지원하였다. 또 경기도교육연구원 연구위원으로 '경기도 학교 민주시민교육 발전 방안 연구', '경기청소년교육의회 구성 및 운영 방안', '지능정보사회의 학교평생교육 운영 모델 개발 연구' 등에 관한 교육정책 연구를 수행하였다. 현재는 샘모루초등학교 교감으로 전직하여 교육과정 중심의 민주시민교육을 실천하기 위해 노력하고 있다.

이지명(경기도연천교육지원청 장학관, 교육학박사-윤리교육전공)

경기도교육청 민주시민교육과, 감사관실에서 장학사로 근무하며 민주적인 학교문화 현장 안착을 지원하였다. 학교의 기능화를 극복하기 위해서는 이론보다 실천이, 현상보다 본질이, 기능보다 관계가 중요함을 알아가며 학교 공간 속에서 민주시민교육을 위한 아름다운 길을 찾고자 모색 중이다. 별내고등학교 교감으로 민주시민교육 실천학교 운영 및 민주시민교육 정책실행연구회를 운영하였고, 현재는 연천교육지원청 장학관으로 전직하여 지속 가능한 삶을 위한 민주시민교육 실천을 고민하고 있다.

이진희(경기도교육청 장학사, 교육학박사-교육심리전공)

경기도교육청 민주시민교육과에서 장학사로 근무하며 참여 · 실천하는 민주시민교육과 시민적 인성교육을 담당하며 민주학교의 태동을 위해 힘썼다. 학교와 사회를 바라보는 새로운 시각을 열어준 민시민교육에 항상 빚을 지고 있다는 생각으로 내가 있는 자리에서 실천하기 위해 노력하고 있다. 현재는 학교교육과정과에 근무하며 교육과정과 수업, 평가 장면에서 교육공동체의 민주성이 발휘될 수 있는 방안을 마련하고 있다.

최종철(산들초등학교 교감, 교육학박사-교육사회전공)

경기도교육청 민주시민교육과 장학사로 근무하며 학생자치활동, 학생사회참여, 토론동아리, 교과서 속 민주시민 체험활동 등 삶과 연계된 민주시민교육을 지원하였다. 교감으로 전직한 후에는 '경기도학교민주시민교육 발전 방안 연구', '경기학교 민주주주의 정책실행연구회'와 '학교자치워킹그룹' 회장을 맡아 학교 현장에 활용될 수 있는 실천사례를 만들고 확산하는 데 노력하였다. 현재는 산들초등학교 교감으로 민주시민교육과정 운영과 민주적 학교문화 실현을 위해 노력하고 있다.

홍석노(세종특별자치시교육청 교육연구사, 법학박사-헌법전공)

고등학교 교사로 근무하며 경기도교육연구원 연구위원으로 파견되어 학교민주주의 지수 개발, 학교자치조례 제정, 학교민주시민교육 정책을 집중적으로 연구했다. 다양한 정책연구와 입법 지원 활동을 통해 모든 학교 구성원이 시민으로서 '민주적 삶을 살아낼 수 있는(living in democracy)' 학교 문화와 구조를 만드는 일에 힘쓰고 있다. 현재는 세종특별자치시교육청 교육정책연구소 교육연구사로 전직하여 학교가 시민을 탄생시킬 수 있는 방안을 고민하고 있다.

그림책 놀이 82

성은숙, 이미영, 이은주, 한혜전, 홍표선 지음

그림책과 놀이의 즐거운 만남

상상놀이에서 인성놀이, 자연놀이, 문제해결놀이까지 그림책을 읽고 아이들과 함께 쉽고 재미
있게 할 수 있는 다양한 놀이를 소개한다.

놀이중심 교육과정

정나라, 정유진 지음

놀이중심 교육과정에 대한 유치원 현장의 고민에 답하다

유아의 놀이를 지원해줄 수 있는 연간, 월간, 주간교육계획 수록! 실제 사례로 살펴보는 놀이중
심 교육과정의 의미와 궁금증에 대한 해답, 놀이 속 교사의 역할과 기록까지!

격려 수업

린 로트, 바버라 멘덴홀 지음, 김성환 옮김

어제의 내가 오늘의 나에게 주는 용기

지금 겪고 있는 문제를 해결하도록 돕는다. 무엇보다 용기를 잃고 낙담한 자신에게 용기를 준다.
주위 환경을 탓하고 자신을 비난하는 것이 아니라 어떻게 노력하여 성장하는지에 초점을 둔다

나랑 너랑 우리랑

박광철, 박현웅, 임대진, 공창수, 황정회, 정유진 지음

건강하고 행복한 교실을 만드는 관계의 지혜

건강한 관계는 평화롭고 행복한 교실의 시작과 끝이다! 첫 만남의 순간부터 헤어짐의 순간까지
일 년 동안 학급에서 건강한 관계를 맺고 유지하고 회복하는 데 도움이 되는 활동을 소개한다.

서준호 선생님의 토닥토닥

서준호, 노동현 지음

힘들고 지친 교사의 마음 안아주기

"괜찮아요." "완벽하지 않아도 돼요." "잘하고 있어요." 교실과 학급, 수업, 학생, 학부모, 학교 내
관계 그리고 업무까지. 고민하고 아파하는 교사들에게 건네는 따뜻한 위로와 부드러운 조언.

교사, 여행에서 나를 찾다 ★ 2019 세종도서 교양부문

차승민 지음

대한민국 교사들의 'PDC' 실천기

한국 교사들이 학급긍정훈육법(PDC)을 실천하고 적용해본 이야기를 담았다. 한국 교실의 사
례를 담은 최초의 책으로 마치 '내 교실', '내 이야기' 같은 생생함과 공감을 느낄 수 있을 것이다.

그림책 학급운영

그림책사랑교사모임 지음

그림책에서 찾아낸 학급운영의 지혜

평화로운 학급을 위해서는 학급 구성원 간의 관계가 중요하다. 관계를 형성하려면 대화가 이루
어져야 하는데, 그러려면 먼저 마음을 열어야 한다. 이 책은 그 해답으로 '그림책'을 제시한다.

놀이로 풀어보는 유치원 학급운영

정유진, 정나라 지음

"이 책을 읽고 빨리 아이들을 만나고 싶어졌다!"

'황금의 5주' 3월을 위한 놀이 중심 학급운영. 기본생활습관 지도를 위한 다양한 활동과 팁, 친밀감을 높이는 관계형성놀이 그리고 교사의 마음가짐과 준비할 것들을 소개한다.

교육학 콘서트

밥 베이츠 지음, 사람과교육 번역연구팀 옮김

교육학을 만든 위대한 생각들

소크라테스, 플라톤, 아리스토텔레스에서 듀이, 비고츠키, 몬테소리, 가드너, 드웩, 블룸 등 고대에서 현대에 이르는 백여 명의 사상가의 이론과 모델을 도표와 사례로 쉽게 이해할 수 있다.

유치원 학급운영 어떻게 할까?

뿌리 깊은 유치원 교사 연구회 지음

유치원 현장 교사들의 연구와 실천 지식을 담은 첫 책!

유치원 학급운영을 고민하는 교사들에게 교실 환경 구성에서 모둠 운영까지, 등원 지도에서 귀가 지도까지, 문제해결을 위한 기술에서 학부모 상담까지 학급운영을 위한 모든 것을 알려준다.

제라드의 우주쉼터

제인 넬슨 지음, 빌 쇼어 그림, 김성환 옮김

어린이를 위한 긍정의 훈육 그림책

'긍정의 훈육'의 창시자인 제인 넬슨은 이 책에서 아이 스스로 감정을 조절할 수 있는 '긍정의 타임아웃'이 무엇인지, 이 공간을 활용하여 어떻게 자기감정을 조절할 수 있는지 알 수 있다.

리질리언스 ★ 2018 세종도서 교양부문

천경호 지음

아이의 회복탄력성을 키워주고 싶은 교사와 부모를 위한 긍정심리학

현직 교사인 저자는 '어떻게 하면 아이들이 역경을 성장의 밑거름으로 삼도록 도울 수 있는지', 아이들에게 리질리언스를 키워주려면 가정과 사회가 어떤 노력을 해야 하는지 이야기한다.

학급긍정훈육법 실천편

PD 코리아 지음

대한민국 교사들의 'PDC' 실천기

한국 교사들이 학급긍정훈육법(PDC)을 실천하고 적용해본 이야기를 담았다. 한국 교실의 사례를 담은 최초의 책으로 마치 '내 교실', '내 이야기' 같은 생생함과 공감을 느낄 수 있을 것이다.

교육전문출판사를 지향하는 '교육과실천'은
현장에서 교육을 실천하시는 선생님들의 목소리를 잘 담아낸 한 권의 책이
아이들의 행복은 물론 학부모의 삶과 교사의 삶,
나아가 우리 교육이 더 나아지는 데 보탬이 된다고 믿습니다.

· 도서 구입 문의: 02-2264-7775 ·